新编21世纪房地产系列教材

房地产经纪理论与实务

张秀智 黄 英 曹伊清 等 著

Real Estate Brokerage: Theory and Practice

中国人民大学出版社
·北京·

内容简介

《房地产经纪理论与实务》一书是中国人民大学“十三五”规划教材。全书坚持房子是用来住的、不是用来炒的定位，系统阐述了房地产经纪的基本理论与实务操作。本书梳理了中国房地产经纪的历史发展脉络，介绍了房地产经纪的基本概念和重要理论，并从房地产经纪业务流程、服务合同、服务纠纷、企业管理、委托代理等角度，重点阐述了房地产经纪的实务操作内容。此外，从比较研究的角度出发，介绍了美国及我国香港和台湾地区房地产经纪行业的发展状况、法律制度、行业监管特色等内容。在教材内容上，本书突出房地产经纪的行业特色和发展趋势，并尽可能地纳入新时代背景下房地产经纪行业的新知识、新理念和新政策，使教材具有鲜明的时代特征。在教材编写体例上，本书突出问题导向，通过案例提出问题，围绕问题铺开主体内容，采用复习思考题、实战训练等方式，提高读者理解和掌握相关理论并解决问题的能力。

本书可作为高校房地产经纪及相关课程教材，同时也是房地产经纪从业人员系统学习房地产经纪理论与实务知识的理想培训教材或参考用书。

作者简介

张秀智　中国人民大学公共管理学院副教授、硕士生导师，管理学博士。兼任住房和城乡建设部科学技术委员会房地产市场服务专业委员会委员、中国房地产估价师与房地产经纪人学会常务理事、中国国土经济学会理事、中国城镇供水排水协会城镇水务市场发展专业委员会副主任委员、北京土地学会副会长、中国人民大学教育基金会林增杰土地科学发展基金秘书长等。长期从事城乡土地管理、房地产经纪、水务政策与管理等领域的教学和研究工作。出版《中国房地产经纪人生存状况研究》等专著十余部，在《中国土地科学》等学术期刊上发表论文20余篇。

黄　英　沈阳工程学院经济与管理学院教授，工学博士，全国房地产经纪人资格考试用书编审委员会委员。主要研究方向为房地产估价、房地产经纪、房地产投资分析等。主持科研课题数十项；主编教材5部，发表学术论文20余篇。

曹伊清　同济大学法学院教授、博士生导师，法学博士。曾在地方房地产市场行政管理部门工作多年，参与政策制定和地方房地产经纪相关立法工作。主持科研项目多个；出版《法制现代化视野中的清末房地产契证制度》等专著，发表学术论文40余篇。

总序

“21 世纪房地产系列教材”自 2002 年出版以来，广受兄弟院校同行和读者们的厚爱。许多高等院校以此系列作为房地产相关专业的教材使用，推动了房地产理论与实践在我国的传播与发展。2007 年后，“21 世纪房地产系列教材”中已出版的教材陆续开始修订，并增加了部分新教材，以更好地反映我国房地产实践的发展和变化。如今，在我国经济进入全面建成小康社会、房地产改革逐渐深入、房地产市场步入存量时代的新阶段，为满足新时代背景下国内高校房地产相关专业的教学需要，我们在原有的“21 世纪房地产系列教材”的基础上进行整合、修订，推出“新编 21 世纪房地产系列教材”。

本系列教材汇集了房地产市场研究的精华，呈现了房地产市场发展的一般规律，搭建了房地产相关学科专业的基础知识体系。20 年来，房地产市场环境、政策、企业经营管理模式、消费者消费模式、政府调控目标、政策法规等均发生了巨大变化。自 1998 年住房制度改革以来，我国房地产企业数量、房地产开发投资、房屋建筑面积、商品房销售面积均大幅增加，政府对房地产市场注重加强引导和调控，规范促进房地产市场健康发展。2016 年中央经济工作会议首次提出坚持“房子是用来住的，不是用来炒的”。近年来出台的货币政策、土地政策、金融政策、税收政策和市场监管政策，包括租购并举、大力发展住房租赁市场等政策，导向都是坚持“房住不炒”，都是在逐步建立房地产长效机制。民众对房地产产品的认识也不断深入，房地产产品从百姓的生活必需消费品向具有投资消费双重属性的商品过渡，百姓的需求从刚需“住得起”到改善性住房“住得好”转变，投资置业观念越来越理性。

国家出台了一系列稳定房地产市场的金融、土地、住房、税收等政策，我国房地产业也从初期野蛮生长阶段进入了规范发展阶段，房地产理论与实践取得了长足进步。不论是房地产金融、房地产政策制度、房企经营管理、房地产营销、房地产经纪、房地产投资与开发，还是不动产估价，学科研究不断深入。

“新编 21 世纪房地产系列教材”是中国人民大学土地管理系教师在长期教学、研究基础上吸收兄弟单位相关学者的成果编写而成的，多本教材入选国家级教材和北京市高等教育精品教材。希望本系列教材的出版，能成为广大房地产相关专业学者和学生以及其他从事、热爱、关心房地产业读者的教材或重要参考书。

中国人民大学于 1985 年设立土地管理本科专业，1988 年成立土地管理系，1992 年开始招收房地产经营管理专业的本科生，是全国最早开始土地管理以及房地产教学、科研的大学之一。经过 30 余年的发展，目前形成了包括本科（土地资源管理）、硕士研究生（土地资源管理、房地产经济与管理）、MPA（专业方向）以及博士研究生（土地资源管理、房地产经济与管理）教育的多层次、完整的中高级复合型人才培养体系。本科教育一直是土地管理系教学的重点，我们也很重视教材和著作的编写、引进，如出版“（新编）21 世纪房地产系列教材”“（新编）21 世纪土地管理系列教材”“房地产经典译丛”“房地产前沿丛书”等。2021 年，我校土地资源管理专业正式被教育部认定为“2020 年度国家级一流本科专业建设点”，土地资源管理同时为国家级和北京市级一流本科专业建设点。

感谢中国人民大学出版社朱海燕等编辑的辛勤付出，感谢所有作者在承担大量日常教学及科研任务的同时参与本系列教材的编写，更感谢本学科的所有前辈、同行，对学科的教材体系建设做出杰出贡献。在进入绿色生态高质量发展、全面实现城镇化的关键时期，稳定、高质量、绿色、低碳是房地产业发展的时代新特征。教材中尚有许多待完善、提升之处，望广大读者和同行不吝赐教。

叶剑平

2021 年 8 月

于中国人民大学求是楼

前言

房地产经纪是一个古老又现代的行业。春秋战国时代的牙人是中介的最早雏形。到了五代十国时期，广泛出现的“庄宅牙人”已成为土地市场的重要组成部分，为促成土地交易达成起了中介和见证的作用。20 世纪 50 年代，我国建立了社会主义土地公有制，取消了城乡土地和房地产的自由交易市场，直至改革开放，房地产业再次走向繁荣，房地产中介作为市场的黏合剂应运而生。1994 年《房地产管理法》首次确认了房地产中介的合法地位，2004 年首次对房地产经纪人实施职业资格准入制度，2011 年首次颁布了《房地产经纪管理条例》。经过了十几年的发展，房地产经纪行业已经成为现代服务业的重要组成部分，从业人员超过百万，2019 年全国房地产机构佣金收入超过 2 000 亿元。但行业存在人才匮乏、专业化水平低、从业人员素质参差不齐的现象，亟待通过加强房地产经纪专业人才的培养以及对现有从业人员的培训，提高房地产经纪行业的专业化服务水平和监管水平。

在我国，很多设立了房地产专业的高校，或开设房地产经纪课程，或开展房地产经纪理论和实践的相关研究。目前，市场上虽然已出版了很多房地产经纪类教材，但多数是针对从业人员的职业培训教材，内容偏重实务，理论性不强，国际化程度不高，还没有一本适合本科层次、将房地产经纪理论与实践有机结合在一起的专业教材。根据我国房地产经纪行业发展趋势以及行业对中高级房地产经纪人才的需求状况，出版一本兼顾理论与实践的高质量的房地产经纪领域的教材，对培养房地产经纪中高级人才具有一定的作用。

本教材在内容体系、教材体例、编写风格上力求创新，增强教材的前沿性、趣味性、实用性、互动性。在内容体系上，安排中国房地产经纪历史脉络、房地产经纪理论、房地产经纪实务、发达国家（地区）房地产经纪行业四个模块来统领教材。在教材写作体例上，采用问题导向，通过案例提出问题，围绕问题展开主体内容，采用思考题、实战训练等方式提高和强化学生分析和解决问题的能力。在编写风格上，力求将最新研究成果、媒体消息、丰富多彩的案例以图表等形式呈现给读者，激发学生阅读教材的热情。总体上，本教材编写理念体现在以下四个方面：

第一，理论基础与应用能力培养并重。教材以信息经济学为基础，将房地产经纪委托代理理论、房地产信息与房地产交易效率、房地产经纪合同类型与效率等房地产经纪系统基础理论融入其中，同时与房地产经纪业务流程、纠纷处理等房地产经纪实务进行有机的融合，使学生在掌握系统房地产经纪理论的同时，能够较好地运用这些理论去分析和解决实际问题。

第二，体现行业发展趋势，突出教材的时代特征。该教材不仅系统介绍我国自春秋战国时期以来各个时期房地产经纪发展状况，使读者充分了解中国房地产经纪历史脉络，同时根据房地产经纪行业发展的需要，尽可能多地在教材中体现本行业的新知识、新理念、新政策，使教材具有鲜明的时代特征。

第三，创新教材编写模式，突出问题导向、案例引领的编写思路。在教材体例设计方面，按照学生的认知规律，利用问题导向、案例引领的编写思路，提出问题、分析问题并最终解决问题，做到理论学习有载体、工作实训有实体，通过让学生参与解决问题的全过程，提高其分析问题和解决问题的能力。

第四，致力于培养具有国际视野的房地产经纪人才。教材积极吸收国家（地区）关于房地产经纪研究的最新成果，重点介绍美国等国家（地区）房地产经纪行业发展状况、法律制度、行业监管特色、现代科学技术的应用等，加深对房地产经纪行业的认识。

本教材由张秀智副教授、黄英教授、曹伊清教授和施昱年副教授主持编写。其中，张秀智副教授和施昱年副教授来自中国人民大学公共管理学院，黄英教授来自沈阳工程学院，曹伊清教授来自同济大学法学院。四位教授多年从事房地产经纪教学与科研工作，科研成果丰富，教学评价优秀。张秀智副教授、黄英教授和曹伊清教授是中国房地产估价师与房地产经纪人学会理事，一直从事中国房地产经纪人职业资格教育培训工作，对房地产经纪实务非常了解。本教材各章作者为：第一章：黄英；第二章：张秀智、吴铮子；第三章：张秀智、高赫、方孝亘；第四章和第五章：曹伊清；第六章：邓丽丽；第七章：张秀智、宋志鹏、陆同源；第八章：张秀智、张道阳、陆同源；第九章：黄英；第十章：张秀智；第十一章：施昱年、邱晏彤、张秀智。同济大学周晋、蔡雯珺两位同学参与部分资料收集和部分内容写作。在教材写作团队的通力合作下，本教材得以顺利完成。

一本好的教材，不仅是学生了解专业基础知识的参考书，更要成为一本通过阅读实现深入思考问题、形成研究选题的专业书。我们希望依托中国人民大学出版社在人文社科领域教材出版的高质量和优秀的市场表现力，将《房地产经纪理论与实务》打造为一本内容丰富、形式高雅的高品质教材，为高校房地产专业人才培养需求提供支持。

张秀智

2021 年 7 月

目录

第1章 房地产经纪业概述

第2章 中国古代房地产经纪业的形成与发展

第3章 房地产经纪业务流程

第1章

房地产经纪业概述

本章导读

当今社会，房地产经纪行业作为房地产市场的重要组成部分，在降低房地产交易成本、提高房地产交易效率、保障房地产交易安全等方面发挥着不可替代的重要作用。近年来，我国房地产经纪行业迅速发展，行业规模日益壮大，职业化和专业化水平不断提高。据统计，目前全国共有房地产经纪机构25万家，从业人员超过150万，其中21万取得了国家房地产经纪专业人员职业资格，并出现了一批经营门店过千、人员过万的大型房地产经纪机构①。房地产经纪机构和房地产经纪人员是房地产经纪服务的直接提供者，其在发展途径、经营模式、服务方式和水平、技术应用与创新等方面的选择与水平，加上房地产经纪行业管理的正确引导与规范，共同决定了房地产经纪行业未来的发展方向与发展空间。

① 黄鑫. 房地产经纪面临大变革. 经济日报，2019-06-19.

知识结构图

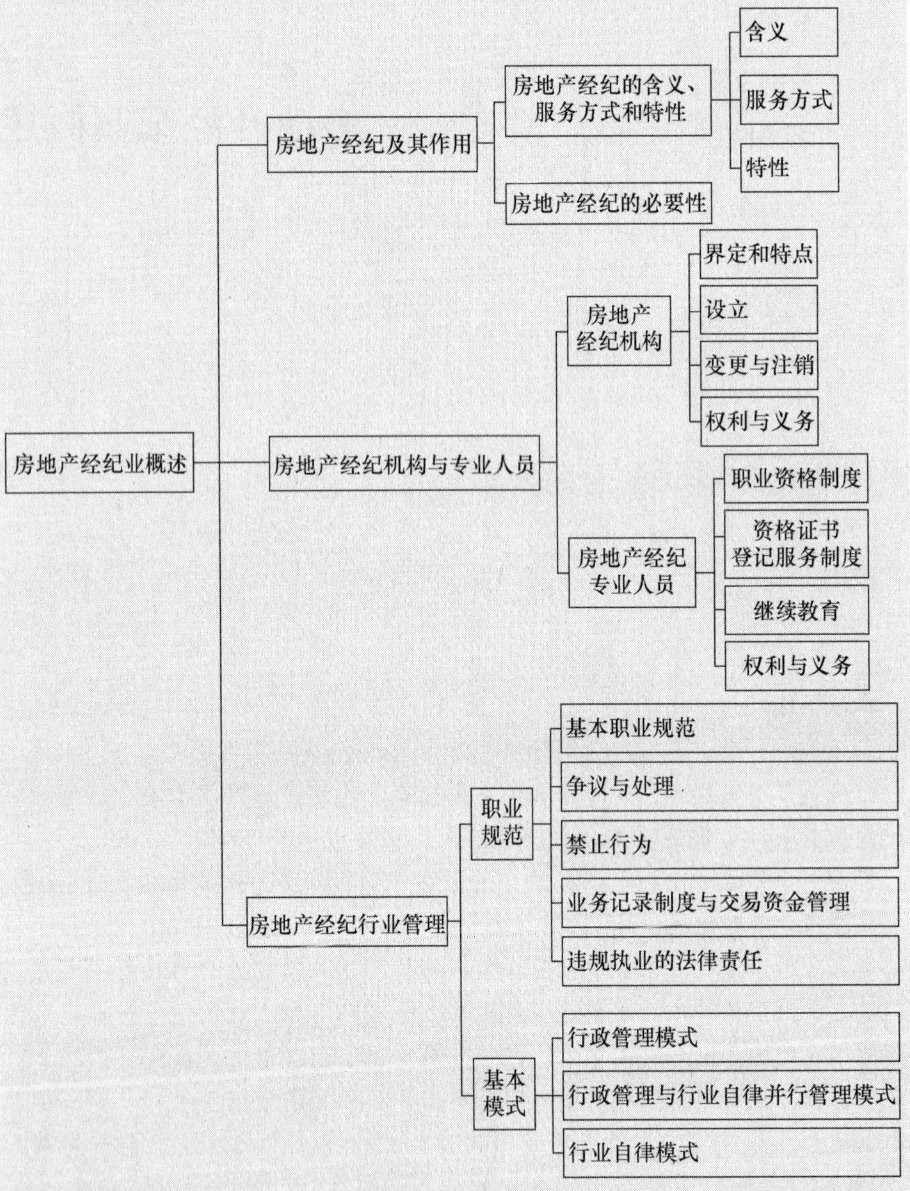

重点问题

- 房地产经纪的含义以及服务方式
- 房地产经纪的必要性和作用
- 房地产经纪专业人员的资格注册
- 房地产经纪专业人员的权利与义务
- 房地产经纪机构的设立、变更与注销

1.1　房地产经纪及其作用

1.1.1　房地产经纪的含义、服务方式和特性

1.1.1.1　房地产经纪的含义

1. 经纪的含义

经纪是指自然人、法人和其他经济组织通过居间（中介）、代理、行纪等服务方式，促成委托人与他人的交易，并向委托人收取佣金的服务活动。其中，居间是指经纪人向委托人报告订立合同的机会或者提供订立合同的媒介服务，撮合交易成功并向委托人收取佣金等经纪服务费用的经济行为。代理是指经纪人在受托权限内，以委托人的名义与第三方进行交易，并由委托人承担相应法律责任的经济行为。行纪则是指经纪人受委托人的委托，以自己的名义与第三方进行交易，并承担相应的法律责任的经济行为。

2. 房地产经纪的含义

房地产经纪，是指房地产经纪机构和房地产经纪人员为促成房地产交易，向委托人提供房地产居间、代理等服务并收取佣金的行为。

因为房地产经纪属于服务业，有时也称为房地产经纪服务，以突出其服务行业的特点。房地产经纪的特征包括三个方面：一是以收取佣金为目的，属于有偿服务；二是服务的主要方式为居间介绍或委托代理，而不是房地产经纪人员直接作为当事人参与房地产交易；三是房地产经纪活动所包含的内容较为广泛，除了提供信息促成交易、委托代理买卖以外，还可以延伸到代办抵押贷款、代办房地产登记等业务。

房地产经纪服务的直接参与者为选择房地产经纪服务的买卖双方、房地产经纪机构（人）和房地产经纪行业管理部门。买卖双方是房地产经纪服务的需求者，房地产经纪机构是房地产经纪服务的供给者，而行业管理部门是房地产经纪服务的法律法规、规章制度以及执业规则等的制定者和监督者。

房地产经纪服务的委托人，即提出房地产经纪服务需要的法人单位或个人，是房地产经纪服务的需求者，主要包括房地产出卖人、出租人、购买人和承租人。

在我国，根据《房地产经纪管理办法》，房地产经纪活动的主体特指经工商部门注册并在房地产管理部门备案的房地产经纪机构和取得房地产经纪职业资格的房地产经纪专业人员和其他从业人员。

房地产经纪是一种市场化的有偿服务，房地产经纪机构可以依据有关法律法规和房地产经纪服务合同，向房地产经纪服务的委托人收取房地产经纪服务费（包括佣金和其他服务费）。

房地产经纪活动的客体包括各种类型的房地产，不仅包括二手房，还包括新建商品房；不仅包括住宅，还包括商业用房、写字楼、工业用房、农业用房等非住宅不动产；不仅包括房屋，还包括房地产开发用地、房地产开发在建项目；等等。目前，二手住房和新

建商品住房是房地产经纪活动的主要客体。

在现实工作中，为了更好地为委托人服务，房地产经纪机构和经纪人员除了向委托人提供房地产交易相关信息、实地看房、代拟房地产交易合同、协助委托人与他人订立房地产交易合同服务等基本的房地产经纪服务外，还常常向委托人提供代办贷款、代办房地产登记等房地产经纪延伸服务（简称“其他服务”）。

1.1.1.2 房地产经纪的服务方式

房地产经纪的服务方式主要分为房地产居间与房地产代理两大类。

1. 房地产居间

房地产居间是指房地产经纪机构和房地产经纪人员向委托人报告订立房地产交易合同的机会或者提供订立房地产交易合同的媒介服务，并向委托人收取佣金的房地产经纪行为。

从理论上讲，居间可分为指示居间和媒介居间，指示居间即居间人向委托人报告订约的机会，媒介居间则是居间人根据委托人的要求将交易目的相近或相符的双方委托人以媒介方式促成交易的行为。在房地产经纪活动的实际运作中，这两种方式并不完全独立，而是相互结合的。房地产经纪机构和房地产经纪人员不仅向委托人提供房地产的交易信息，包括交易的数量、交易行情、交易方式等，使委托人能够选择符合自己交易目的的房地产，而且为委托人提供订立房地产交易合同的媒介服务。

房地产经纪机构和房地产经纪人可以接受房地产交易中的一方或同时接受房地产交易的相对两方的委托，向一方或相对两方委托人提供居间服务。但无论是接受一方还是相对两方的委托，在房地产居间活动中，房地产经纪机构和房地产经纪人员始终都是中间人，因此既不能以一方的名义，也不能以自己的名义或为委托人的利益，而充当与第三人订立合同的当事人。房地产经纪人只能按照委托人的指示和要求从事居间活动。由此看来，房地产居间是起源最早的房地产经纪方式。

2. 房地产代理

房地产代理是指房地产经纪机构及人员以委托人的名义，在委托协议约定的范围内，代表委托人与第三人进行房地产交易，并向委托人收取佣金的经纪行为。

房地产代理与房地产居间在法律性质上有明显的差异。各国法律都没有有关代理人可以同时接受相对两方委托人的委托代理业务的解释。因此，在房地产代理业务中，房地产经纪机构只能接受一方委托人的委托代理事务，同时也只能向一方收取佣金。根据委托人在房地产交易中的角色——买方（包括承租方）或卖方（包括出租方），房地产代理实质上可分为买方代理和卖方代理。正因为如此，在房地产代理服务中，房地产经纪机构与委托人之间的法律关系更清晰；正因为如此，在房地产经纪的发展历史中，房地产代理逐步取代了起源更早的房地产居间，成为许多发达国家主流的房地产经纪方式。

民事代理可分为法定代理、指定代理和委托代理。房地产代理是以房地产经纪服务委托人确定委托代理权限和房地产经纪机构接受授权的房地产经纪服务合同而产生的，属于委托代理。因此，房地产经纪机构及人员的代理行为受经纪服务合同规定的代理权限限制，合同未规定的内容，代理人无权处理。

房地产经纪机构代理客户与第三方进行房地产交易的行为，不同于一般的民事代理，而是一种商事代理行为。与一般民事代理可以采取书面合同或口头合同不同，房地产代理必须签订书面合同。

1.1.1.3　房地产经纪的特性

1. 房地产经纪具有经纪活动的一般特性

经纪作为一种特殊的商贸活动，具有区别于其他商贸活动的自身特性，主要表现为以下四个方面：

（1）活动主体的专业性。

经纪活动主体的专业性是经纪活动本身的必然要求。经纪活动实际上是一种交易的辅助活动，它存在的前提是：一项交易中存在着关于交易标的和交易程序的信息不对称以及由此造成的交易决策的不确定性，因而需要他人辅助达成交易。因此，经纪活动的主体必然是专业化的主体。一方面，表现为经纪活动的主体对自己所促成的交易活动及其市场具有丰富的专业知识、技能和从业经验；另一方面，表现为不同行业、市场的经纪活动具有很强的专业差别，经纪活动的主体通常只能专注于某一个行业和市场，而难以跨行从业。

（2）活动地位的中介性。

从哲学含义上讲，中介是指不同事物或同一事物内部不同要素之间的联系。经纪活动的中介性，就是从这种意义上讲的。经纪是为促成其他相对两方的交易而提供服务的活动。在经纪活动中，发生委托行为的必要前提是存在着可能实现委托人目的的第三主体，即委托人与之进行交易的相对人。而提供经纪服务的行为人，正是为委托人与其交易相对人所进行的交易发挥沟通、撮合的联系作用。接受不存在第三主体的委托事项，不属于经纪服务。

（3）活动内容的服务性。

在经纪活动中，经纪主体只是为促成交易提供服务，不直接作为交易主体从事交易。经纪机构对其所中介的商品没有所有权、使用权、抵押权等，不存在买卖行为。经纪机构的自营买卖不属于经纪行为。如果一个经纪机构作为交易主体进行了具体商品的交易，那么这项活动就不属于经纪活动。

（4）活动收入的后验性。

虽然经纪活动是一种有偿服务，但经纪服务提供方所获得的收入是根据服务的后果来最终确定的。首先，无论经纪服务的提供方在经纪服务过程中所提供的各项具体服务内容的数量与质量如何，最终是否能够获得佣金，完全取决于经纪服务是否使委托人与交易相对人达成了交易。其次，经纪服务佣金的数额大小最终由交易额来决定。

2. 房地产经纪的特性

房地产经纪作为一种特殊商品的经纪活动，除了具有经纪活动的一般特性之外，还具有不同于其他经纪活动的两个特性：

（1）活动范围的地域性。

房地产是不动产，房地产市场是区域性市场，无法像其他商品市场那样，通过商品从某个区域向另一个区域的空间移动来平衡不同区域的市场供求。因此，每个地区、城市的房地产市场，都具有极强的区域特性，其市场供求、交易方式都受到当地特定的社会、经济条件及其历史演变以及地方政府政策的影响。因此，房地产经纪活动的自然主体（房地产经纪人员）在一定时期内，通常只能专注于某一个特定的区域市场——城市乃至城市中的特定区域。而房地产经纪活动的法律主体（房地产经纪机构）的跨区域运作，也比其他经纪活动困难得多，而且必须依靠不同区域的当地房地产经纪人员来进行。

（2）活动后果的社会性。

房地产是各种社会经济活动的基础载体，既是最基本的生产资料，又是最基本的生活资料。房地产经纪活动直接影响到这种生产、生活资料的使用效率，因而其活动后果具有广泛的社会性，对各行各业和人民生活都有直接的影响。而且，由于房地产的价值高昂和房地产交易的复杂性，房地产交易中潜伏着巨大的经济风险，并有可能引发相应的社会风险，因此，房地产经纪活动的后果具有巨大的社会影响力。一方面，规范、专业的房地产经纪活动，有助于保障房地产交易的安全，避免巨大的经济风险；另一方面，由于房地产市场的信息不对称现象特别普遍，如果从事房地产经纪活动的主体凭借自身的专业知识，利用信息不对称来谋取私利，则会导致严重的经济和社会风险。

1.1.2 房地产经纪的必要性

1. 房地产的特殊性决定房地产经纪服务必不可少

首先，房地产是不可移动的商品，无法像一般商品那样，集中到固定的市场上进行展示和交易，相反，其交易过程是把供求信息汇集、匹配，或者把购买者集中到房地产所在地进行交易。而房地产经纪正是通过专业化分工来提高房地产交易过程中顾客会集、商品展示等环节的效率，从而促成交易。

其次，房地产是构成要素极为复杂的商品。影响房地产使用价值和价值的因素不仅包括房屋结构、质量、房型、周边环境等物质因素，还包括产权类型、他项权利设立情况等法律因素，以及房地产所在地区的人口素质、历史背景等社会、人文因素。大多数房地产交易主体都难以在较短的时间内掌握这些因素的信息，并把握其对房地产的使用和市场价值的影响。这种状况，对房地产交易具有显著的阻滞效应。房地产经纪活动正是通过房地产经纪机构和经纪人员的专业化服务来帮助房地产交易主体克服非专业缺陷，从而促进房地产商品流通。因此，房地产经纪活动是房地产市场必不可少的组成部分。

最后，在商品经济运行体系中，大多数商品的流通环节是由商品经销商来完成的。但是，由于房地产价格昂贵，维持房地产这类存货的费用太高，在绝大多数情况下，经销商难以承受，因此房地产难以通过经销商来流通。房地产经纪活动的主体，不需要像一般商品的经销商那样购置大量商品存货，而是主要通过专业人员的经纪服务来促进房地产交易，使房地产流通环节以比较经济的方式运行。

2. 房地产交易的复杂性决定了房地产经纪活动的必要性

首先，任何一宗商品交易都包含交易标的和交易对象的信息搜寻、交易谈判与决策、交易标的交割这三大环节。房地产商品构成要素的复杂性和无法通过有形市场集中展示的特征，造成了房地产市场信息搜寻极其困难、成本高昂。房地产商品的超强异质性（没有两宗房地产是完全相同的）又导致房地产交易主体难以对交易标的进行市场比较。并且，房地产作为基础的生产、生活资料，其效用与使用房地产的主体的生产、生活方式密切相关。因此，不同的主体对同一宗房地产常常会产生极不相同的看法。此外，在大多数情况下，房地产都不是供个人使用的商品，而是供集体（家庭、企业、机构等）使用的商品，房地产交易的决策通常需要多人的共同参与和相互妥协。这些均导致了房地产交易中的谈判和决策非常困难。

其次，房地产交易标的交割不仅涉及房地产产权过户和房款的交割，还涉及物业维修基金、物业服务费账户的更名与费用结算乃至户口迁移等诸多环节，在很多情况下还涉及卖方原有贷款的还清和买方购房贷款的申请、房地产抵押手续办理和贷款发放等事宜，其中任何一个环节的失败都可能导致房地产交易无法安全、顺利完成，而大多数房地产交易主体对这些复杂的交易环节缺乏经验，独立操作难以保证交易安全、顺利进行。房地产经纪正是通过房地产经纪机构和人员的专业化服务，来提高房地产交易的信息搜寻效率，降低信息搜寻成本，克服交易谈判和决策的困难，避免决策失误，保证交易标的安全、顺利交割。因此，房地产经纪是房地产市场流通不可缺少的环节。

3. 房地产信息的不对称性决定房地产经纪必不可少

市场经济发展的历史表明，在市场经济条件下，信息不对称的现象经常存在，信息不对称会催生欺诈、寻租等机会主义行为，从而给市场经济活动的主体带来经济风险。房地产商品和房地产交易的复杂性，强化了房地产市场的信息不对称。这不仅对房地产交易具有明显的阻滞效应，同时也使得房地产交易的风险大大增加。房地产商品高昂的价格，使得房地产交易中隐含的经济风险特别巨大。同时，由于房地产涉及各行各业的生产活动和广大人民群众的基本生活，房地产交易中的经济风险很容易演变成社会风险。因此，房地产市场特别需要专业的房地产经纪机构和人员，通过为买卖双方提供各种专业服务，规范房地产交易行为，保证房地产交易安全，从而避免产生巨大的经济和社会风险。

1.2　房地产经纪机构与专业人员

房地产经纪专业人员是专业化房地产经纪服务的直接提供者；房地产经纪机构是承接房地产经纪业务的主要载体，房地产经纪专业人员必须依托房地产经纪机构开展业务，并收取服务佣金。本书中的房地产经纪人员一般是指取得房地产经纪专业人员职业资格证书的人员，包括房地产经纪人协理、房地产经纪人和高级房地产经纪人。

1.2.1　房地产经纪机构

《房地产经纪管理办法》第十四条明确规定：“房地产经纪业务应当由房地产经纪机构统一承接，服务报酬由房地产经纪机构统一收取。分支机构应当以设立该分支机构的房地产经纪机构名义承揽业务。房地产经纪人员不得以个人名义承接房地产经纪业务和收取费用。”由此可见，房地产经纪机构是房地产经纪行业运行的基本载体，是开展房地产经纪业务的基本法律主体，也是房地产经纪人员从事房地产经纪活动必须依附的经济实体。

1.2.1.1 房地产经纪机构的界定和特点

1. 房地产经纪机构的界定

房地产经纪机构（包括分支机构），是指依法设立并到工商登记所在地的县级以上人民政府建设（房地产）主管部门备案，从事房地产经纪活动的中介服务机构。

房地产经纪机构是房地产经纪业运行的基本载体，是开展房地产经纪业务的基本法律主体，也是将房地产市场中交易双方联系在一起的桥梁。同时，房地产经纪机构是统一承接房地产经纪业务、统一收取服务报酬的法律主体，也就是说，房地产经纪机构是房地产经纪人员从事房地产经纪活动、获得报酬所必须依附的经济实体。

2. 房地产经纪机构的特点

（1）房地产经纪机构是企业性质的中介服务机构。

房地产经纪机构是一个依法设立的企业，从事具有中介性质的房地产经纪活动。房地产经纪机构致力于为房地产市场中的交易各方提供媒介、居间和代理服务，有效解决房地产交易过程中当事人对房地产市场行情、交易标的、交易程序等不了解而阻滞交易等问题。房地产经纪机构所提供的服务使交易各方较为准确、及时地了解市场行情、交易标的和交易程序等信息，有效地克服房地产交易中的信息不对称，提高了交易效率，保障了交易安全。房地产经纪活动的成果以是否成交来体现，其服务收入的基本形式是佣金。

（2）房地产经纪机构是轻资产类型的企业。

房地产经纪机构是通过人力资本提供信息服务从而获取佣金收入的轻资产行业，其资金密集程度低，持有资产相对较少，经营效益的高低主要取决于企业治理结构、内部管理、人员培训、企业文化等软实力。尽管在信息化的时代，房地产经纪机构也必须配备大量的信息技术设备，但与钢铁、机械制造、物流等行业的企业相比较，房地产经纪机构的资产中，固定资产所占的比例较少，其核心资产主要是商业模式、品牌、管理制度、专有技术等无形资产。与重资产类型企业相比，轻资产类型企业往往具有更好的成长性，随着房地产市场竞争的加剧，轻资产也是企业转型和变革发展的重要趋势之一。

（3）房地产经纪机构的企业规模具有巨大的可选择范围。

无论在发达国家还是在中国，房地产经纪机构的企业规模都具有巨大的可选择范围。在美国，约有80%的房地产经纪公司为1～4人的小公司，但同时存在着房地产经纪人数量达到1 000以上的大公司。目前在中国，员工逾万、分支机构过千家的超大型房地产经纪机构与10名以下员工的小机构并存，它们在市场中都有生存和发展的空间。这是由于房地产经纪服务具有地域性，其地域性特征又源于房地产的不可移动性，大多数房地产经纪机构通常会选择在其所熟悉的城市、市区或某一区域设店并提供相应的经纪服务。因此，即使是规模化的大型房地产经纪机构也不可能覆盖全部房地产市场，这为大量中小型房地产经纪机构创造了广阔的生存空间。

1.2.1.2 房地产经纪机构的设立

1. 房地产经纪机构设立的条件

房地产经纪机构的设立应符合《中华人民共和国公司法》《中华人民共和国合伙企业

法》《中华人民共和国个人独资企业法》等法律法规及其实施细则和工商登记管理的具体规定。设立房地产经纪机构应当具备一定数量的注册资金和足够数量的房地产经纪专业人员，具体数量由各省（区、市）建设（房地产）主管部门确定。

2. 房地产经纪机构设立的程序

（1）工商登记。

设立房地产经纪机构，应当首先向当地工商行政管理部门申请办理工商登记。企业名称应以“房地产经纪”为其行业特征，经营项目统一核定为“房地产经纪”。

（2）备案。

房地产经纪机构及其分支机构应当自领取营业执照之日起 30 日内，到所在直辖市、市、县人民政府建设（房地产）主管部门，将房地产经纪机构及其分支机构的名称、住所、法定代表人（执行合伙人）或者负责人、注册资本、房地产经纪人员等信息进行备案。对于符合备案条件的，建设（房地产）主管部门应向其发放房地产经纪机构备案证书或房地产经纪机构分支机构备案证书。自 2017 年 10 月起，天津市率先将住房租赁企业纳入备案管理范围。

根据《房地产经纪管理办法》，直辖市、市、县人民政府建设（房地产）主管部门应当建立统一的房地产经纪网上管理和服务平台，为备案的房地产经纪机构提供下列服务：

1）房地产经纪机构备案信息公示；

2）房地产交易与登记信息查询；

3）房地产交易合同网上签订；

4）房地产经纪信用档案公示；

5）法律、法规和规章规定的其他事项。

经备案的房地产经纪机构可以取得网上签约资格。

1.2.1.3　房地产经纪机构的变更与注销

1. 房地产经纪机构的变更

房地产经纪机构（含分支机构）的名称、法定代表人（执行合伙人、负责人）、住所、登记房地产经纪人员等备案信息发生变更的，应当在变更后 30 日内，向原备案机构办理备案变更手续。

2. 房地产经纪机构的注销

房地产经纪机构的注销，标志着其主体资格的终止。注销后的房地产经纪机构不再有资格从事房地产经纪业务，注销时尚未完成的房地产经纪业务应与委托人协商处理，可以转由他人代为完成，也可以终止合同并赔偿损失，在符合法律规定的前提下，经委托人约定，还可以用其他方法进行处理。

房地产经纪机构的备案证书被撤销后，应当在规定的期限内向所在地的工商行政管理部门办理注销登记。房地产经纪机构歇业或因其他原因终止经纪活动的，应当在向工商行政管理部门办理注销登记后 30 日内向原办理登记备案手续的房地产管理部门办理注销手续，逾期不办理视为自动撤销。房地产经纪机构注销备案的，其下设的分支机构一并注销备案。

1.2.1.4 房地产经纪机构的权利与义务

1. 房地产经纪机构的权利

（1）在工商行政管理部门核准的经营范围内经营，依法开展各项经营活动，并按规定标准收取佣金及其他服务费用。

（2）按照国家有关规定制定各项规章制度，并以此约束本机构中房地产经纪人员的执业行为。

（3）在委托人隐瞒与委托业务有关的重要事项、提供不实信息或者要求提供违法服务时，中止经纪服务。

（4）当委托人给房地产经纪机构或房地产经纪人员造成经济损失时，向委托人提出赔偿要求。

（5）向房地产管理部门提出专业培训的要求和建议。

（6）法律、法规和规章规定的其他权利。

2. 房地产经纪机构的义务

（1）依照法律、法规和政策开展经营活动；

（2）在经营场所公示营业执照、备案证明文件、服务项目、业务流程、收费标准等义务；

（3）认真履行房地产经纪服务合同，督促房地产经纪人员认真开展经纪业；

（4）维护委托人的合法权益，按照约定为委托人保守商业秘密；

（5）按照约定标准收取佣金及其他服务费用；

（6）依法缴纳各项税费；

（7）接受房地产管理部门的监督和检查；

（8）法律、法规和规章规定的其他义务。

1.2.2 房地产经纪专业人员

房地产经纪专业人员是指取得房地产经纪专业人员职业资格证书的人员，包括房地产经纪人协理、房地产经纪人和高级房地产经纪人。从2014年起，根据《国务院机构改革和职能转变方案》和《国务院关于取消和调整一批行政审批项目等事项的决定》有关取消“房地产经纪人职业资格许可”的要求，我国房地产经纪专业人员开始实行水平评价类职业资格制度，并纳入全国专业技术人员职业资格证书制度统一规划①。

1.2.2.1 房地产经纪专业人员职业资格制度

根据《房地产经纪专业人员职业资格制度暂行规定》，在我国房地产经纪专业人员职业资格分为房地产经纪人协理、房地产经纪人和高级房地产经纪人三个级别。房地产经纪人协理和房地产经纪人职业资格实行统一考试的评价方式。高级房地产经纪人职业资格评价的具体办法另行规定。通过房地产经纪人协理、房地产经纪人职业资格考试，取得相应级别职业

---

① 房地产经纪专业人员职业资格制度暂行规定．http://www.agents.org.cn/article/info-850.html.

资格证书的人员，表明其已具备从事房地产经纪相应级别专业岗位工作的职业能力和水平。

1. 房地产经纪专业人员职业资格考试办法

根据《房地产经纪专业人员职业资格制度暂行规定》，房地产经纪人协理、房地产经纪人职业资格实行全国统一大纲、统一命题、统一组织的考试制度①。原则上每年举行 1 次考试，有些房地产交易量大的城市，如北京、上海等城市，在每年的 4 月、5 月还举办 1 次考试。

中国房地产估价师与房地产经纪人学会负责房地产经纪专业人员职业资格评价的管理和实施工作，组织成立考试专家委员会，研究拟定考试科目、考试大纲、考试试题和考试合格标准。人力资源和社会保障部、住房和城乡建设部指导中国房地产估价师与房地产经纪人学会确定房地产经纪人协理、房地产经纪人职业资格考试科目、考试大纲、考试试题和考试合格标准，并对其实施房地产经纪人协理、房地产经纪人职业资格考试工作进行监督、检查。

2. 申请参加房地产经纪专业人员职业资格考试的条件

1）基本条件：包括遵守国家法律、法规和行业标准与规范；秉承诚信、公平、公正的基本原则以及恪守职业道德。

2）申请参加房地产经纪人协理职业资格考试的人员，除具备上述基本条件外，还必须具备中专或者高中及以上学历。

3）申请参加房地产经纪人职业资格考试的人员，除具备上述基本条件外，还必须符合下列条件之一：

a 通过考试取得房地产经纪人协理职业资格证书后，从事房地产经纪业务工作满 6 年；

b 取得大专学历，工作满 6 年，其中从事房地产经纪业务工作满 3 年；

c 取得大学本科学历，工作满 4 年，其中从事房地产经纪业务工作满 2 年；

d 取得双学士学位或研究生班毕业，工作满 3 年，其中从事房地产经纪业务工作满 1 年；

e 取得硕士学历（学位），工作满 2 年，其中从事房地产经纪业务工作满 1 年；

f 取得博士学历（学位）。

3. 房地产经纪人员应该具备的职业能力

1）房地产经纪人协理。

a 了解房地产经纪行业的法律法规和管理规定；

b 基本掌握房地产交易流程，具有一定的房地产交易运作能力；

c 独立完成房地产经纪业务的一般性工作；

d 在房地产经纪人的指导下，完成较复杂的房地产经纪业务。

2）房地产经纪人。

a 熟悉房地产经纪行业的法律法规和管理规定；

b 熟悉房地产交易流程，能完成较为复杂的房地产经纪工作，处理解决房地产经纪业

---

① 房地产经纪专业人员考试的具体办法详见《房地产经纪专业人员职业资格考试实施办法》。

务的疑难问题；

c 运用丰富的房地产经纪实践经验，分析判断房地产经纪市场的发展趋势，开拓创新房地产经纪业务；

d 指导房地产经纪人协理和协助高级房地产经纪人工作。

4. 房地产经纪人员职业资格的实施与管理

根据《房地产经纪专业人员职业资格制度暂行规定》，人力资源和社会保障部、住房和城乡建设部共同负责房地产经纪专业人员职业资格制度的政策制定，并按职责分工对房地产经纪专业人员职业资格制度的实施进行指导、监督和检查。中国房地产估价师与房地产经纪人学会具体承担房地产经纪专业人员职业资格的评价与管理。

1.2.2.2 房地产经纪人员资格证书登记服务制度

根据《房地产经纪专业人员职业资格制度暂行规定》，房地产经纪专业人员资格证书实行登记服务制度。登记服务的具体工作由中国房地产估价师与房地产经纪人学会负责。

中国房地产估价师与房地产经纪人学会定期向社会公布房地产经纪专业人员资格证书的登记情况，建立持证人员的诚信档案，并为用人单位提供取得房地产经纪专业人员资格证书的信息查询服务。

取得房地产经纪专业人员资格证书的人员，应当自觉接受中国房地产估价师与房地产经纪人学会的管理和社会公众的监督。对其在工作中违反相关法律、法规、规章或者职业道德且造成不良影响的，由中国房地产估价师与房地产经纪人学会取消登记，并收回其职业资格证书。

1.2.2.3 房地产经纪人员的继续教育

继续教育是房地产经纪人员职业资格制度的重要内容。房地产经纪人员定期参加继续教育或者后续培训是一些国家（地区）的普遍做法，美国房地产经纪人、中国香港地产代理和中国台湾的不动产经纪人都要定期参加相应的培训。

根据《房地产经纪专业人员职业资格制度暂行规定》，取得相应级别房地产经纪专业人员资格证书的人员，应当按照国家专业技术人员继续教育及房地产经纪行业管理的有关规定，参加继续教育，不断更新专业知识，提高职业素质和业务能力①。

目前，房地产经纪人继续教育的方式主要有三种：

一是参加继续教育培训。包括网络继续教育培训和面授继续教育培训。

二是参加相关活动。包括讲授继续教育培训课程，参加房地产行政主管部门或者房地产经纪行业组织主办的经纪相关研讨会和经验交流会，参与房地产经纪人执业资格考试的命题、审题工作。

三是撰写发表房地产经纪专业文章。包括在房地产行政主管部门或者房地产经纪行业组织主办的刊物、网站，编写的著作上发表房地产经纪相关文章，参加全国房地产经纪人执业资格考试大纲、用书编写等。

---

① 房地产经纪专业人员继续教育办法．http://www.agents.org.cn/article/info-1413.html.

1.2.2.4　房地产经纪人员的权利

房地产经纪人员除享有《中华人民共和国宪法》所赋予的公民的基本权利与义务之外，还享有专业从事房地产经纪职业所有具有的特殊的权利。房地产经纪人员的权利是房地产经纪人员依法享有从事房地产经纪活动的保障，依法保障房地产经纪人员的权利是房地产经纪人员顺利执业的前提。

《房地产经纪管理办法》《房地产经纪专业人员职业资格制度暂行规定》《房地产经纪执业规则》等规定了房地产经纪专业人员的主要权利。

1. 房地产经纪人的权利

(1) 依法发起设立房地产经纪机构的权利；

(2) 受聘房地产经纪机构，承担关键岗位的权利；

(3) 执行房地产经纪业务的权利；

(4) 在经办业务的房地产经纪服务合同等业务文书上签名的权利；

(5) 要求委托人提供与交易有关的资料的权利；

(6) 拒绝执行受聘机构或者委托人发出的违法指令的权利；

(7) 获得合理报酬的权利。

2. 房地产经纪人协理的权利

(1) 受聘房地产经纪机构，承担辅助工作岗位的权利；

(2) 协助房地产经纪人处理经纪有关事务的权利；

(3) 在经办业务的房地产经纪服务合同上签名的权利；

(4) 获得合理的报酬的权利。

1.2.2.5　房地产经纪人员的义务

房地产经纪人员除承担《中华人民共和国宪法》所规定的公民的基本义务之外，还承担从事房地产经纪职业应尽的特殊义务。

1. 房地产经纪人的义务

(1) 遵守法律、法规、规章、行业管理规定和职业规范，恪守职业道德的义务；

(2) 不得同时受聘于两个或两个以上房地产经纪机构执行业务的义务；

(3) 依法维护当事人合法权益的义务；

(4) 指导房产经纪人协理进行房地产经纪业务的义务；

(5) 向委托人披露相关信息的义务；

(6) 为委托人保守个人隐私及商业秘密的义务；

(7) 接受职业继续教育，不断提高业务水平的义务；

(8) 不得进行不正当竞争的义务。

(9) 接受住房和城乡建设（房地产）行政主管部门和政府相关部门的监督检查的义务。

2. 房地产经纪人协理的义务

房地产经纪人协理的义务除了“指导房产经纪人协理进行房地产经纪业务的义务”之外，其他义务都与房地产经纪人相同。

1.3 房地产经纪行业管理

1.3.1 房地产经纪职业规范

1.3.1.1 房地产经纪基本职业规范

1. 告示责任

为了使委托人在与房地产经纪机构签订经纪合同之前，对其主体资格有一定的了解，以初步确保经纪合同的效力，房地产经纪机构从事房地产经纪活动，应当在经营场所公开悬挂并明示下列内容：

（1）营业执照；

（2）备案证明；

（3）房地产经纪人员姓名、照片、注册号；

（4）服务项目、内容、标准；

（5）收费项目、依据、标准、对象；

（6）信用档案查询方式；

（7）投诉方式和途径；

（8）政府主管部门或行业组织推荐使用的房地产经纪服务合同示范文本；

（9）法律、法规、规章规定的其他事项。

2. 告知责任

房地产经纪机构在接受委托时，应当由房地产经纪人向委托人书面告知下列与委托业务相关的事项：

（1）委托项目相关的市场行情、可选择的房地产交易方式；

（2）法律、法规和政策对房地产交易的限制性、禁止性规定；

（3）应由委托人协助的工作，提供的必要文件和证明；

（4）房地产交易应办理的手续、应由委托人缴纳的税费，以及房地产经纪机构可为委托人代办的事项；

（5）交易物在权属、质量、安全、环境等方面存在的瑕疵及可能产生的法律后果；

（6）发票的样式和内容；

（7）经纪业务完成的标准。

因告知不清或者告知不实，给委托人造成经济损失的，房地产经纪机构应当承担相应责任。

3. 执业范围

房地产经纪人经所在房地产经纪机构授权，可以独立开展房地产经纪活动。房地产经纪协理在所在房地产经纪机构的房地产经纪人指导下，可以协助开展房地产经纪活动。为保证经纪活动的公平、公正，房地产经纪人不得同时在两个或两个以上的房地产经纪机构从事房地产经纪活动。

4. **回避制度**

为保持经纪活动的公正性，在房地产经纪活动中，房地产经纪人员与房地产交易一方当事人有利害关系的，房地产经纪人员应当回避，但征得另一方当事人同意的除外。

5. **业务承接**

房地产经纪机构应当统一承接房地产经纪业务，并指派或者由委托人选定注册在本机构的房地产经纪人为经纪业务的承办人。承办人可以委派房地产经纪人协理为经纪业务的协办人，协助执行经纪业务。承办人委派协办人的，应当对协办人执行的经纪业务进行指导和监督。

房地产经纪人员在办理承接业务时，应当要求委托人提供真实有效的身份证明。对于委托出售、出租房地产的，还应当要求委托人向房地产经纪机构提供真实有效的房地产权属证明、权利人的身份证明。委托人未能提供这些资料的，房地产经纪机构应当拒绝接受委托。如委托人向房地产经纪机构提供虚假资料，给另一方当事人或经纪机构造成损害的，应当承担相应的法律责任。

房地产经纪机构、房地产经纪人员不得招揽已由另一房地产经纪机构独家代理的经纪业务；不得承接、承办自己不能胜任的经纪业务；应当拒绝接受违法违规或者违背社会公德、损害社会公共利益的房地产经纪业务。

6. **重要文件署名**

为将经纪合同责任落实到每个执业房地产经纪人，增强承办经纪人的责任心，切实保护委托人利益，房地产经纪合同和书面告知材料等重要文书应当由房地产经纪机构授权的房地产经纪人签章，并在文书上注明其所持的中华人民共和国房地产经纪人注册证的编号。

7. **佣金**

房地产经纪机构必须与委托当事人签订经纪服务合同。根据合同约定方可收取佣金，并由房地产经纪机构出具发票。房地产经纪机构收取佣金不得违反国家法律法规，不得赚取差价及谋取合同约定以外的非法收益；不得利用虚假信息骗取中介费、服务费、看房费等费用。

房地产经纪机构未完成经纪服务合同约定事项，或者服务未达到合同约定标准的，不应当收取佣金，但可以依据合同约定要求委托人支付从事房地产经纪活动支出的必要费用。房地产经纪机构事先未与委托人就经纪活动费用达成约定的，不得要求委托人承担经纪活动费用。

1.3.1.2 房地产经纪活动中的争议与处理

在履行房地产经纪合同过程中，因房地产经纪人员或其所在的房地产经纪机构的故意或过失，给当事人造成经济损失的，均由房地产经纪机构承担赔偿责任。房地产经纪机构在向当事人进行赔偿后，可以向有关责任人追偿全部或部分赔偿费用。

当事人之间对房地产经纪合同的履行有争议的，可以通过以下四种方式处理：

第一种，当事人双方本着平等自愿的原则协商解决。

第二种，如双方协商不成，可以向有关政府管理部门投诉，由其从中进行调解。

第三种，如经调解不能达成协议，双方可以按照合同中的有效仲裁条款进行处理。合同中没有仲裁条款的可以另行达成仲裁协议，根据仲裁协议向所选择的仲裁委员会申请仲裁，仲裁裁决为终局裁决。

第四种，合同中无仲裁条款的，可以向不动产所在地人民法院提起诉讼。

1.3.1.3 房地产经纪活动中的禁止行为

房地产经纪人员和房地产经纪机构不得有下列行为：

(1) 发布虚假信息误导消费者，或者向当事人虚构、隐瞒与委托事项有关的信息；

(2) 对交易双方隐瞒真实的房地产交易价格等信息，赚取差价；

(3) 索取、收受房地产经纪服务合同约定以外的报酬或财物，或者利用工作之便谋取其他不正当利益；

(4) 以恶意降低服务报酬标准、诋毁其他房地产经纪人员或房地产经纪机构的声誉等不正当竞争手段承揽业务；

(5) 以欺诈、胁迫、贿赂等不正当手段促成房地产交易；

(6) 为法律、法规、规章禁止交易的房地产提供经纪服务；

(7) 通过房地产交易结算资金专用存款账户以外的方式代收代付交易资金；

(8) 与他人串通，损害委托人、第三方或公共的利益；

(9) 泄露或者不当使用委托人的个人信息或商业秘密，利用委托人的个人信息或资料谋取不正当利益；

(10) 法律、法规禁止的其他行为。

1.3.1.4 房地产经纪业务记录制度与交易资金管理

房地产经纪机构应当建立业务记录制度，如实记录业务执行情况及所发生的费用。房地产经纪服务合同的保存期限不得少于5年。

房地产经纪机构代收代付房地产交易资金的，应当通过交易结算资金专用存款账户进行交易结算资金的存储和划转。

有条件的地区可发展交易保证机构，从事房地产交易资金托管，但交易保证机构不得从事房地产经纪业务。

1.3.1.5 房地产经纪人员违规执业的法律责任

房地产经纪人违规执业，按照其违反规定的性质不同及所承担法律责任和方式的不同，可以分为民事责任、行政责任和刑事责任三个方面。

1. 民事责任

民事责任是指进行了民事违法行为的人在民法上承担的对其不利的法律后果。根据民事违法行为所侵害的权利不同，民事责任主要可以分为违约责任和侵权责任。

(1) 违约责任。

违约责任是当事人因违反合同义务而应承担的民事责任。违约责任是以有效合同为前提的，合同未成立或者成立后无效、被撤销的，即使当事人有过失也无违约责任可言。违约责任的构成要件，一是必须有违约行为，二是无免责事由。

违约行为包括履行不能、履行迟延、履行不当和履行拒绝四种情况。履行不能是指因可归于债务人的事由使合同不能履行，又称合同不履行。履行迟延是指履行期已满而能履行的债务因可归于债务人的事由未履行所发生的延迟，这是时间上的不完全履行。履行不当是指债务人没有完全按合同内容履行，也称瑕疵履行，如履行数量不足、地点不妥、方法不当等。履行拒绝是指债务人在债成立后履行期届满前，能履行而明示不履行的意思表示。

免责事由通常包括不可抗力、自己有过失、约定免责事由。承担违约责任的方式主要有：强制实际履行、违约金、损害赔偿等。

（2）侵权责任。

侵权责任是指侵犯经纪合同所约定的债权之外的其他权利而应承担的民事责任。广义上的侵权行为指对他人的财产或人身造成损害并应承担民事责任的行为，包括一般侵权行为和特殊侵权行为；狭义上的侵权行为指因过错侵害他人的财产或人身并应承担民事责任的行为，仅指一般侵权行为。本书所称侵权行为仅指狭义上的侵权行为。侵权责任的构成要件，一是有侵权行为，二是无免责事由。

侵权行为的构成要件有四个：1）行为违法；2）有损害事实；3）违法行为与损害事实之间有因果关系；4）主观过错，过错包括故意和过失。

免责事由包括三类：1）阻却违法事由，也称违法阻却性事由，是大陆法系中的一个重要概念，是指排除符合构成要件的行为的违法性的事由，包括正当防卫和紧急避险；2）不可抗力；3）受害人过错。

承担侵权责任的主要方式有八种：1）停止侵害；2）排除妨碍；3）消除危险；4）返还财产；5）恢复原状；6）赔偿损失；7）消除影响、恢复名誉；8）赔礼道歉。

2. 行政责任

房地产经纪机构和房地产经纪人员违反有关行政法律、法规和规章的规定，行政主管部门或其授权的部门可以在其职权范围内，对违法房地产经纪机构或房地产经纪人员处以与其违法行为相应的行政处罚。行政处罚的种类包括：警告、罚款、没收违法所得和非法财物、责令停产停业、暂扣或者吊销许可证（房地产经纪人执业资格证书、房地产经纪人协理从业资格证书、房地产经纪人注册证）、暂扣或者吊销营业执照、行政拘留和法律、行政法规规定的其他行政处罚。《房地产经纪管理规定》第七章规定了房地产经纪机构和房地产经纪人员违规执业的行政责任。

3. 刑事责任

房地产经纪人和房地产经纪机构在经营活动中触犯刑法的，应当追究有关责任人的刑事责任。已经由行政机关处理的，行政机关应及时移送司法机关处理。

1.3.2　房地产经纪行业管理的基本模式

所谓管理模式即由管理主体、管理手段和机制组成的动态系统，不同管理模式之间在系统组成要素（如管理主体、管理手段）、系统结构、运作流程上存在着差异。目前，国内外房地产经纪业的行业管理主要有三种模式。

1.3.2.1 行政管理模式

这种模式是指由政府行政主管部门承担房地产经纪行业管理的绝大部分职能。管理主体是政府的行政主管部门，管理手段主要是以行政手段为主，如进行执业资格认证、登记备案和年检制度、收费标准和示范合同、行政监督等。

1.3.2.2 行政管理与行业自律并行管理模式

在这种模式中，政府行政主管部门和房地产经纪行业协会都是强有力的管理主体，但两者管理职能有明确分工。其中，行政主管部门的管理职责是制定有关管理规则、管理执业资格牌照发放、审定执业资格考试及教育训练的内容等。房地产经纪行业协会则通过制定行业技术标准及职业道德准则、提供培训教育机会、制定合同示范文本、提供房地产信息共享平台、受理消费者投诉等一系列手段，对房地产经纪业的执业规范、信誉、行业协作等方面进行有效管理。

知识链接 1-1

中国房地产估价师与房地产经纪人学会

中国房地产估价师与房地产经纪人学会是全国性的房地产估价和经纪行业自律管理组织，由从事房地产估价和经纪活动的专业人士、机构及有关单位组成，依法对房地产估价和经纪行业进行自律管理，现为国际测量师联合会（FIG）全权团体会员。学会的前身是成立于1994年8月的中国房地产估价师学会，2004年7月变更为现名。

中国房地产估价师与房地产经纪人学会的主要宗旨是开展房地产估价和经纪研究、交流、教育及宣传活动，拟定并推行相关技术标准和执业规则，加强行业自律管理，开展国际交流合作，不断提升房地产估价和经纪人员及机构的专业胜任能力和职业道德水平，维护其合法权益，促进房地产估价和经纪行业规范健康持续发展。目前承担全国房地产估价师、房地产经纪专业人员职业资格考试、注册、登记、继续教育等工作。

中国房地产估价师与房地产经纪人学会的最高权力机构为全国会员代表大会。理事会是全国会员代表大会的执行机构。理事会下设秘书处和学术、标准、考试注册、教育培训、国际交流、房地产信息化、行业自律与维权等7个专业委员会。秘书处为日常办事机构，下设办公室、财务部、资格考试部、会员服务部、教育培训部、海外交流部、研究中心，主办会刊《中国房地产估价与经纪》，网站“中国房地产估价师”“中国房地产经纪人”，微信公众号“中国房地产估价”“中国房地产经纪”。

中国房地产估价师与房地产经纪人学会的会员分为个人会员和单位会员。个人会员分为执业会员和非执业会员，并授予资深会员、荣誉会员。单位会员分为团体会员、理事单位会员和常务理事单位会员。凡承认《中国房地产估价师与房地产经纪人学会章程》、具备会员条件的个人和单位均可申请入会。

中国房地产估价师与房地产经纪人学会按照“提供服务、反映诉求、规范行为”的要求，秉承“服务会员、服务行业、服务社会”的理念，不断提高服务能力和服务水准，促进房地产估价和经纪行业规范健康持续发展。

资料来源：http://www.agents.org.cn/article/list-20130702160635.html.

1.3.2.3　行业自律模式

在这种模式中，房地产经纪行业的直接管理主体是房地产经纪行业协会，政府的干预程度和力度最小，处于基本不干预状态。行业协会在法律框架内，不仅实施自律性管理职能，还受政府职能部门的委托，全面执行对房地产经纪服务行业的管理职能。

一般来说，在发展初期，行政主管模式更有效；而在市场非常成熟阶段，行业自律模式则更符合市场要求。从中央层面，虽然我国内地仍然采用行政主管模式，但在一些房地产市场发展比较快的地区，一些具备相当实力的房地产经纪机构已经率先呼吁并发起成立行业自律机构，对良莠不齐的房地产经纪行业进行规范化管理。现阶段，我国房地产经纪行业的管理模式正处在从行政管理模式向行政管理与行业自律并行模式转变的过程中，通过今后相当长一个时期的实践，争取在条件具备时向行业自律模式过渡。目前，北京、上海、广州、深圳、大连、武汉等城市已经陆续成立了房地产经纪行业组织，开始了管理模式转变的探索之旅。

本章小结

房地产经纪，是指房地产经纪机构和房地产经纪人员为促成房地产交易，向委托人提供房地产居间、代理等服务并收取佣金的行为。其作用主要体现在降低交易成本，提高市场效率；规范交易行为，保障交易安全；促进交易公平，维护合法权益。房地产经纪专业人员是指取得房地产经纪专业人员职业资格证书的人员，包括房地产经纪人协理、房地产经纪人和高级房地产经纪人。在我国，房地产经纪专业人员实行职业资格和继续教育制度。房地产经纪机构（包括分支机构），是指依法设立并到工商登记所在地的县级以上人民政府建设（房地产）主管部门备案，从事房地产经纪活动的中介服务机构；房地产经纪机构是房地产经纪业运行的基本载体，是开展房地产经纪业务的基本法律主体，也是将房地产市场中交易双方联系在一起的桥梁；房地产经纪机构是企业性质的中介服务机构，是轻资产类型的企业，企业规模具有巨大的可选择范围；房地产经纪机构的设立、变更和注销均须遵循一定的程序。我国《房地产经纪管理办法》中规定了房地产经纪人员和房地产经纪机构的权利与义务。房地产经纪专业人员在执业过程中，受职业规范的约束。房地产经纪行业管理的模式主要有行政管理、行政管理与行业自律并行以及行业自律三种模式，我国目前正处于从行政管理模式向行政管理与行业自律并行模式转变的过程中。

关键术语

房地产经纪　房地产代理　房地产居间　房地产经纪专业人员　房地产经纪人　房地产经纪人协理　房地产经纪人员的权利与义务　房地产经纪机构　房地产经纪职业规范　房地产经纪行业管理模式

复习思考题

1. 阐述房地产经纪的特性、作用和必要性。
2. 分析比较房地产居间与房地产代理的联系与区别。
3. 房地产经纪的特性有哪些?
4. 房地产经纪人的必要性表现在哪些方面?
5. 探讨如何成为一名房地产经纪专业人员?其权利与义务有哪些?
6. 探讨如何设立、变更与注销一家房地产经纪机构?其权利与义务有哪些?
7. 房地产经纪机构有哪些权利与义务?
8. 分析评价我国现阶段房地产经纪行业管理的基本模式。

参考文献

[1] 黄鑫. 房地产经纪面临大变革. 经济日报, 2019-06-19.

[2] 房地产经纪专业人员继续教育办法. http://www.agents.org.cn/article/info-1413.html.

[3] 中国房地产估价师与房地产经纪人学会. 房地产经纪的当下与未来: 中国房地产经纪年会文集. 北京: 中国城市出版社, 2019.

[4] 房地产经纪专业人员职业资格制度暂行规定. http://www.agents.org.cn/article/info-850.html.

[5] 殷世波. 房地产经纪. 北京: 科学出版社, 2008.

[6] 中华人民共和国城市房地产管理法. http://www.cin.gov.cn/law/main/law029.htm. 1995.

[7] 中国房地产估价师与房地产经纪人学会. 房地产经纪职业导论. 2版. 北京: 中国建筑出版社, 2018.

[8] 黄英, 刘洪玉. 中国房地产经纪服务的发展现状与未来研究. 中国房地产, 2004(5).

[9] FRED E. Real estate brokerage a system's approach. Engliewood Cliffs: Prentice-Hall, Inc. 1982.

[10] BENJAMIN J D, JUD G D, SIRMANS G S. Real estate brokerage and the housing market: an annotated bibliography. Journal of real estate research, 2000, 20(1).

[11] JUD G D. Real estate brokers and the market for residential housing. Areuea journal, 1983 (11).

第2章

中国古代房地产经纪业的形成与发展

本章导读

在现代社会，经纪人已经活跃在各个领域，大宗的商业买卖自然少不了经纪人的襄助，普通百姓在购房买车之时，经纪人也会鞍前马后提供服务。现代社会经济的日益繁荣和社会分工的日趋精细，让“经纪”随处可见。

纵观古今，中国的经纪人发展至今已有2000多年的历史，房地产经纪人也可追溯至唐宋时期。以史为鉴，方知得失。本章简要梳理中国经纪人发展的历史脉络，探索“驵侩”“牙人”等早期职业经纪人的活动，以及“庄宅牙人”的执业行为、行业规范和弊端，一探中国房地产经纪业的悠久历史。

知识结构图

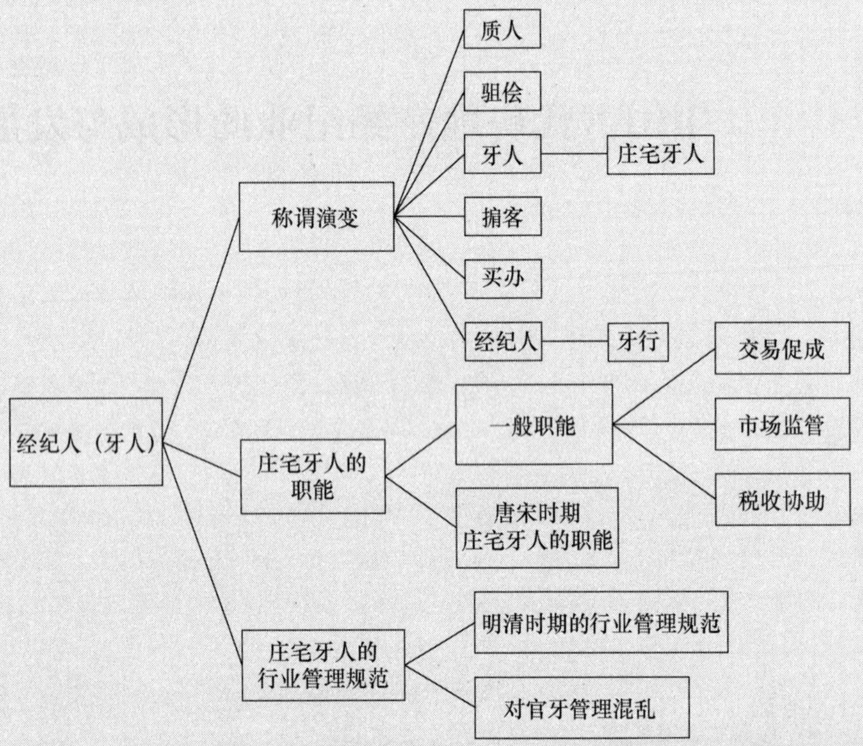

重点问题

- 经纪人称谓的历史演变
- 牙人的一般职能
- 庄宅牙人的职能与弊端
- 政府对庄宅牙人行业的规范与管理

2.1 经纪人称谓的历史演变及牙行的产生与发展

2.1.1 质人、驵侩与经纪人的萌芽

经纪人，按第6版《辞海》中的解释，是在买卖双方之间充当介绍人而获取佣金的中间商人。中介作为一种职业古已有之，只是因经营的范围、方式及规模的不同，在不同的时代流行不同的称谓①。

① 洪亚敏．房地产中介溯源//中国房地产估价师学会．2003中国房地产估价学术研讨会论文集，2003.

2.1.1.1　质人

西周时期诞生了我国最古老的经纪人——质人。《周礼》记载：质人掌成市之贸贿、人民、牛马、兵器、车辇、珍异①。凡卖价者质剂焉：大市以质，小市以剂②。关于质人的职能，唐贾公彦疏云："此质人若今市平准，故掌成市之货贿已下之事"，古人会聚买卖止为平物而来，质人主为平定之。则有常估，不得妄为贵贱也③。晚清经学大师孙诒让《周礼正义》也提道：质人，卖儥人民用长券，谓之质④。据此可见，质人就是负责评定物价、统一度量衡、授予凭证的市场管理者。同时质人还为商品买卖双方订立书契券约，其契据是具有中证效力的凭证，卖主可凭此质券进行赎买。郭沫若在其主编的《中国史稿》中提出：质人就是管理市场的经纪人，由他制发买卖的契券⑤。按照以上说法，中国的经纪人已有 2 000 多年的历史了。

但并不是所有学者都认同这样一种观点，他们主要从交易中介的角度说明。《大唐六典》对市令、市垂这两种职官沿承"质人"而来的历史演变有简要的说明，并规定了他们管理市场秩序、评定商品的上中下三等价格、监督商品质量以及交易中的度量衡的使用之类的职责，其中并无中介交易一项内容⑥。可见在古代职官演变史上，质人和唐朝的市令、市承一样都是"市官"，没有交易中介人的性质⑦。尽管存在着分歧，但本章从整个经纪行业的形成与发展角度出发，认同质人具有经纪人的部分职能的说法，它是牙人的雏形、官牙的起点。

2.1.1.2　驵侩

最早的具有明确交易中介人的称谓，见于《吕氏春秋》中的"段干木，晋国之大驵也"⑧。大驵，最初是牲畜交易中间人。春秋战国时期，土地私有制逐步产生，逐渐取代了具有公有（共有）产权性质的土地井田制，随着农业生产活动规模扩大，牛马交易这类买卖日渐频繁，而且交易价值很高。由于评判牛马的良劣、评估其价值，是一种常人不易掌握的专门知识，买卖双方自己难以达成共识，因此民间熟悉相马、相牛之术的人在当地市场上就容易具有撮合和仲裁牛马交易的权威，人们便称专事撮合此类交易的人为"驵"。"驵"意指壮马或骏马。"侩者"，合会二家交易者也⑨，随着商业活动的发展，牛马交易的中介人也逐渐发展成了"驵侩"，即评定合理价格、撮合买卖双方达成交易的人。以"侩"指代交易中介人的语言习惯，一直沿用到近现代，并产生了诸如"市侩""牙侩"等词语。

---

①② 杨天宇. 周礼译注（十三经译注）. 上海：上海古籍出版社，2004.

③ 贾公彦. 中华再造善本仪礼疏 . 北京：国家图书馆出版社，2014.

④ 孙诒让. 周礼正义. 北京：中华书局，1987.

⑤ 郭沫若. 中国史稿. 北京：人民出版社，1976.

⑥ 楼茜. 明清江南地区的牙人与牙行. 上海：华东师范大学，2008.

⑦ 陈明光，毛蕾. 驵侩、牙人、经纪、掮客：中国古代交易中介人主要称谓演变试说. 中国社会经济史研究，1998（4）.

⑧ 张双棣，等. 吕氏春秋译注. 北京：北京大学出版社，2000.

⑨ 班固. 汉书. 北京：中华书局，1964.

两汉时期，经纪行业有了快速的发展，虽然牛马交易的中间人“驵”早在春秋战国时期就有史书记载，但将“驵侩”二字作为名词合并称呼还是出现在汉代。《汉书·货殖传》中有“子贷金钱千贯，节驵侩”①，而节就是“节物贵贱”，这表现了驵侩作为交易中间人的议价功能，同样《后汉书·逢萌传》也有类似记载：“君公遭乱独不足，侩牛自隐（侩，谓平会两家卖买之价）。”②

晋朝将经纪人服饰纳入律令视野，规定了牙商统一的法定服饰样式。上承三国下启南北朝的晋朝（265—420 年），在其曾经实行过的严格的服饰制度中，对牙商的服饰亦有规定。宋代李昉《太平御览》记载，晋朝有律令规定：士卒、百工履色无过绿青白，婢履色无过红青，古侩卖者皆当着巾，帖额题所侩卖者及姓名，一足着黑履，一足着白履③。当时的律令明确规定“黑白履”为当时经纪人法定服饰的统一样式。

南北朝时期已有人专门从事土地估价活动。据史书记载，南朝梁武帝欲买王骞田造佛寺，骞答旨云此田不卖，若是敕取，所不敢言。酬对又脱略，高祖怒，遂付市评田价，以直逼还之④。又如徐陵《与顾记室书》：吾市徐枢宅，为钱四万，任人市估，文券历然⑤。土地估价也可以算作一种中介活动。

总的来说，从先秦到南北朝这一段时间，除去质人和驵侩的商业行为外，史书有记载的具有经纪人行为特征的事例有很多。如晋朝交易中介人统一着“黑白履”，但这只是一种服饰规定；南北朝时期虽然有专人进行土地估价活动，但是这类估价专业人士也没有明确的名称。实际上，在唐代以“牙”冠名交易中介人的称谓正式出现前，中国古代的经纪人活动虽然广泛存在，但并没有统一的、固定的称谓，所以本节以中国古代早期具有代表意义的“质人”与“驵侩”作为小节名，展现中国古代早期经纪行业的萌芽。

2.1.2 “牙人”的普及和庄宅牙人的出现

2.1.2.1 “牙人”的出现与普及

曾有学者提出，“牙人”一词先已见于东晋佛教典籍，但并没有明显的史料支持⑥。关于“牙人”这个称谓，历史典籍中也有不同的看法，宋代曾慥在《类说·刘贡父诗话·牙郎》中指出：今有人谓驵侩为牙郎，本谓之互郎，主互市事也。唐人书互作牙，以互似牙，因转为牙⑦。不过无论互郎还是牙郎，其本质都是市场交易的中介人，且官方正史在“为互市牙郎”一句已然将“互”和“牙”作为两个概念。此后，唐代官私文献中以“牙人”

---

① 班固. 汉书精华：第 4 册. 北京：中华书局，1936.

② 此处关于“节驵侩”的理解在学界有所分歧，如邓福秋在研究西汉前期的市场经济的问题时提出“节驭侩”中的主语是作者和读者，综合上下文，“节”不应翻译为“节物贵贱”，而应翻译为“平均计算”之意，但是邓福秋也不否认“驵侩”调节马价、说合买卖双方的职能，所以本书采取大部分学者认同的翻译，重点突出驵侩的职能。

③ 李昉. 太平御览. 北京：中华书局，1960.

④ 姚察，姚思廉. 梁书. 北京：中华书局，1973.

⑤ 严可均. 全上古三代秦汉三国六朝文. 上海：上海古籍出版社，1958.

⑥ “牙人”二字确实存在于东晋的佛教典籍中，但是自南北朝以至隋唐的史籍中几乎没有作为中介人的牙人事例，所以学界普遍认同唐朝官方史料，即“牙人”作为中介人最早出现在唐代。

⑦ 曾慥. 类说六十卷. 北京：文学古籍刊行社，1955.

“牙子”“市牙子”“市牙”“牙侩”“牙保”等名称去称呼交易中介人的资料逐渐增多了。

学者通常认同以“牙”字冠称的交易中介人，最早是在唐代玄宗开元年间出现的“牙郎”，其著名人物就是“安史之乱”的罪魁祸首安禄山。《资治通鉴》在开元二十六年（738 年）记事中则称史思明与安禄山“皆为互市牙郎，以晓勇闻”。胡三省对此注说：牙郎，狙侩也，南北物价定于其口，而后相与贸易①。

到了宋代，从事牙人职业的阶层很丰富，包括口齿伶俐的媒婆，德高望重的乡村年长者，茶肆、邸店、居停等的主人，普通市民、行头、僧侣等人②。宋代繁荣的市场交易，依托官府势力监督市场的官牙，由于颇获赢润，牙业成为令人羡慕的行当。“例皆贫民”的游浪之人、“读书不成”的儒人学子，纷纷充任牙人，弃商从牙、弃工从牙者日益增多。牙人之多，甚至到了泛滥成灾的地步③。南宋末年，陈普在《古田女》中记载了一个女牙人的形象：“插花作牙侩，城市称雄霸。梳头半列肆，笑语皆机诈。新奇弄浓妆，会合持物价。愚夫与庸奴，低头受凌跨。”女牙人，被称为牙婆、女侩、牙嫂，主要撮合人口买卖④，有时候也撮合房屋买卖。宋代牙人行业非常发达，主要原因在于宋代市场经济发达，但市场又存在实体市场分散性、可交易商品细碎性、市场行为无序性的特征，导致市场交易需要牙人作为中介串通市场、传递市场信息、撮合交易，使市场销售渠道更为通畅。有牙人参与的商品流通渠道，从商品持有人（生产者）经由商人到达消费者的短渠道，转为商品从商品持有人经牙人到达商人再转卖到消费者的长渠道⑤。

宋时期，牙人还承担着边贸撮合者的责任。榷场是宋元辽金向敌对政权开放的互市贸易场所。榷场的特点即场地由官方指定、官方买卖，小民不得私自经营⑥。北宋开国初年，听缘边市易而未有官职⑦，边贸活动是民间自发性质的，牙人就是其中的组织者。由于语言不通，信息闭塞，多数买卖在议定价格时“一听译者高下”，牙人既是说合人，又是中间商，获利很大。后来官府加强了对边贸商业的管理，同时“公取牙侩之利”⑧，牙人经营活动的收入后来成为国家收入的来源之一。元丰二年（1079 年），经制熙河路边防财用使李宪就明确建议“今秦、熙、河、岷州、通远军五市易务，募牙侩引蕃货赴市易务中贾。”牙人不仅在国际交往中进行商务操作，也可出行入蕃，以引蕃商。因此这些被国家招募的牙人职业化程度很高，是比较专业化的经纪人。南宋时期，宋金对峙时双方商人不能直接见面，买卖中的具体事宜都由作为主管的牙人处理，牙人既是“合市者”，又是边贸行政的官员，其被国家重视程度超过了北宋。

以“牙”代指交易中介行为的做法则一直从唐代延续到近现代，持续了 1 000 多年，“牙人”也不同于早期的“质人”“驵侩”等，后者仅具有现代经纪人的某些性质，只能算作我国经纪人的萌芽。随着商品交易范围和品种的扩大，汉以后的牙人之分工和专业化也进一步发展起来，从汉时专事说合牲畜交易，发展到说合各种买卖，包括撮合田宅交易，

① 胡三省．通鉴释文辩误．北京：北京图书馆出版社，2005.
② 龙登高．论宋代的掮客制．思想战线，1990（5）.
③ 李达三．宋代的牙人变异．中国经济史，1991（4）.
④⑤ 同②.
⑥ 王晓燕．论宋与辽、夏、金的榷场贸易．西北民族大学学报（哲学社会科学版），2004（4）.
⑦ 马端临．文献通考．北京：中华书局，1986.
⑧ 脱脱．宋史．北京：中华书局，1985.

并为之估价等，出现了诸如庄宅牙人、米牙、贩香牙人等专业牙人的称谓。“牙人”更为专业化、职业化和规范化，是完全意义上的交易中介人，不同行当的牙人各司其职，不同性质的牙人各有其位。可以说，“牙人”的出现和发展，标志着我国古代经纪人制度的成熟，经纪人史进入了新的篇章。

2.1.2.2 唐宋元时期的庄宅牙人

隋统一北方以后，社会经济逐步稳定下来，战争减少，人口增长，工商业发展，社会经济环境变化引致了土地交换增加。唐朝初年颁布的均田令规定永业田、口分田、赐田等是不能买卖的，但贵族和官僚群体首先出现了买卖土地的现象，导致唐《田令》中本来规定不能交易的口分田、永业田和赐田都有了私下交易的情况。而新兴地主、商人、经营地主买卖住宅、邸店等不动产，人口迁徙和家庭绝户导致的永业田和口分田交易也突破了政府的管制。伴随着不动产交易的发生和数量增加，以撮合不动产交易为职业的庄宅牙人也逐步成为一种细分的经纪人。

在民间的小说中，唐代庄宅牙人出现得更早一些。在《太平广记》[①] 卷 231《陈仲躬》中，讲述了一个发生唐天宝年间（742—756 年）富家子弟陈仲躬在租赁的房屋中救下铜镜仙女敬元颖的故事[②]。当陈仲躬救下的铜镜仙女敬元颖让其搬离租赁的房子时，故事写道：“明旦，忽有牙人叩户，兼领宅主来谒仲躬，便请移居，并夫役并足。未到斋时，前至立德坊一宅中，其大小价数，一如清化者。其牙人云：‘价值契本，一无遗缺。’并交割讫。”[③] 这个故事中的牙人就是一位从事房屋租赁的房地产经纪人。北宋初年的《宋刑统》在关于“典卖指当论竞物业”的刑律规定中转引称：应典卖倚当物业，先问房亲。房亲不要，次问四邻。四邻不要，他人并得交易。房亲着价不尽，亦任就得价高处交易。如业主、牙人等欺罔邻、亲，契帖内虚抬价钱，及邻、亲妄有遮吝者，并据所欺钱数与情状轻重，酌量科断[④]。这是牙人中介参与田宅典当买卖的最早的程序类官方文献。唐时期出现了“庄宅牙人”这个名词，可以想象到当时田宅交易数量之大，足以使“庄宅牙人”从“牙人”从业人员中细分出来。

在唐五代时期的《请禁业主牙人陵弱商贾奏》（广顺二年十二月开封府，公元 952 年）文章中的“又庄宅牙人，亦多与有物业人通情，重叠将店宅立契典当，或虚指别人产业，或浮造屋舍，伪称祖父所置”[⑤]，记录了庄宅牙人在执业过程中，利用职业优势，或伙同业主，或制造假房源，或建设简易房屋，骗取售房款。宋时期的庄宅牙人参与土地买卖契约签订逐渐成为交易活动中的法定程序。土地买卖时“人户交易，当先凭牙家，索取龟图帖基，指出丘段围号”，“民间买卖田产，悉以钱会中半，仍明载于契，或有违戾，许两交易并牙人陈诉，官司以准折受理。”[⑥] 上述两段记载都说明庄宅牙人在田宅交易中的作用。宋时期的庄

① 《太平广记》是宋代人写的关于汉代到唐代的故事集。
② 陈仲躬（唐朝房屋租赁引发的神奇历险）. https://www.douban.com/note/585297820/，2019-11-19.
③ 岳纯之. 论隋唐五代不动产买卖及其法律控制. 中国经济史研究，2007（4）.
④ 窦仪，吴翊如. 宋刑统. 北京：中华书局，1984.
⑤ https://www.zhonghuashu.com.
⑥ 龙登高. 论宋代的掮客制. 思想战线，1990（5）.

宅牙人撮合土地、田宅买卖交易成功后，可以收取一定的佣金。根据史料计算，洛阳城内牙人每促成一宗交易，可获得一成的佣金①。到了元代，曾规定“除大都羊牙及随路买卖人口、头匹、庄宅牙行，依前存设，验价取要牙钱，每拾两不过贰钱，其余各色牙人，并行革去”，同时还下令对牙人“多取牙钱”“强行夺买”等行为严刑治罪②。这说明元时期的庄宅牙人依然非常重要，对佣金标准和牙人不当经营行为受到的处罚都做出了规定。

唐宋之前的1 000多年间，土地房屋交易已然存在，但官方文献有关牙人参与田宅买卖中介及“庄宅牙人”之称的记载均滞后于田宅买卖活动本身，其间个中原因也无从考证。部分学者推测可能与隋唐早期受均田制的影响，对土地买卖有比较多的限制有关，及至均田制崩坏后的中晚唐时期，政府不再限制土地买卖，田宅的自由典当、买卖及其纠纷的公开化，成为官府不得不加以关注的经纪活动，于是，晚唐五代官府试图对牙人参与田宅典当买卖的行为加以规范③。

2.1.2.3 明清时期的庄宅牙人

明初，鉴于元末社会动荡，元政府对牙行的法律约束管理缺失，许多不法牙人操纵价格，损害交易双方的利益，为了稳定社会和农业生产，防止因土地兼并而产生流民和贫民，抑制商业经营，朱元璋在洪武二年后曾经规定“天下府州县镇店去处，不许有官牙、私牙，敢有称系官牙、私牙，许邻里坊厢拿获赴京，以凭迁徙化外。若系官牙，其该吏全家迁徙；敢有为官牙私牙，两邻不首，罪同”④。但是，由于牙人制度在中国已经成为市场交易中的一个重要组成部分，取缔牙人将严重阻碍商品流通和市场交易。洪武三十年又恢复了牙人制度。《大明律·户律七》中的“私充牙行埠头”条规定：“凡城市乡村，诸色牙行，及船埠头，并选有抵业人户充应，官给印信文簿，附写各客商船户住贯、姓名、路印字号、物货数目，每月赴官查照。私充者，杖六十，所得牙钱入官。官牙埠头容隐者，笞五十，革去。”⑤ 明朝建立的牙人牙行管理制度，不仅要撮合市场交易，更成为制度化市场秩序的维护者和课征部分商税的执行者⑥。明朝牙行管理制度已经成为商业市场管理公法体系中的一个组成部分，而关于牙人的管理办法，一直沿用到清代。

在清代，田地和房屋买卖十分频繁，由于土地房屋交易给国家带来了契税收入，政府专门在乡下设置官牙，介入民间的不动产交易并对交易各个环节实施必要的干预。在卖地契约文书上，出现了“官牙”“房牙”“总牙”“官中”“经纪”“牙纪”“房地牙”“土地牙”“田宅牙行”⑦ 等不同称谓。清朝对牙人的管理规定，承袭了明代对牙人的管理规定：“选有抵业人户充应，官给印信文薄。”也就是说，包括庄宅牙人在内，只有家产殷实、为人诚实的良民才能充任牙人，理由是家有产业可抵，才会顾及身家，遵守法纪，不敢任意侵吞他人财产。

清代对官牙管理更加严格，对充任牙人设置了门槛，规定在衙门里担任官职的人和具

① 张本顺. 论宋代“田宅牙人”之弊及其法律控制. 东岳论丛，2009 (6).
② 童光政. 明律“私充牙行埠头”条的创立及其适用. 法学研究，2004 (3).
③ 陈明光，毛蕾. 唐宋以来的牙人与田宅典当买卖. 中国史研究，2000 (4).
④ 周中云，曹君乾. 明代牙行法律制度考评. 晋中学院学报，2008 (1).
⑤ 高叶华. 明代“牙人”“牙行”考略. 重庆师范大学学报（哲学社会科学版），2007 (2).
⑥ 黄东海. 传统中国商业法制的一段秘史：制度变迁视角下的牙人牙行制度. 中西法律传统，2009 (10).
⑦ 刘高勇. 官牙与清代国家对民间契约的干预：以不动产买卖为中心. 赣南师范学院学报，2008 (1).

有社会身份的“衿监”都不得兼任牙行（牙人），而充任牙人，则需要符合《大清律例》。同时，担任官牙，还需要邻居担保才能获得正式的官牙资格，官府授予牙帖会后，才能执业。清政府康熙年间规定，要每5年根据编审清单，清查换帖，但有些地方则是10年甚至更长时间对官牙进行编审。清代官牙在田宅交易中主要承担两个重要职能：一是出售官契，书写田宅交易契约，督促民间田宅契约订立后及时缴纳契税，官牙被赋予监督民间田宅产业购买者投纳契税的职责，如果监管失职还会受到官府的责罚，官牙出售土地田宅买卖的契纸可以增加政府财政收入；二是在不动产交易中充当不动产价格评估师的角色。清代官牙说合成功的田宅交易，可得佣金为契价的2.5%①。

2.1.3 从掮客到买办再到经纪人的蜕变

无论是“牙人”还是“牙保”，以“牙”字冠称经纪人的做法从唐代一直延续到整个中国封建专制社会的末期。在清代，中国的进出口贸易大势已经与闭关锁国的海禁形成了尖锐的矛盾，清政府的海禁令严重阻碍了海外市场的进一步扩大和发展。为了寻求更多的市场，一些商人不得不冲破封锁，冒死出海经商，陆续衍生出掮客、买办乃至集体性买办的“十三行”，实现了传统牙商、牙行向现代经纪人和经纪机构的蜕变。

2.1.3.1 掮客

掮客，见于文人竹枝词和《二十年目睹之怪现状》《海上花列传》《官场现形记》等几部晚清小说，是晚清以来沪上对经纪人、中间商的一种称谓，通常就具体从事中介人活动的人而言。《清稗类钞》云：上海商业有所谓掮客者，处于供给与需用者之间，古曰牙郎，亦曰互郎，主互易市物，日本称之为仲买人者是也。不设肆，惟恃口舌腰脚，沟通于买者卖者之间，果有成议，即得酬金，俗称用钱，亦作佣钱。其数之多寡，各业不等，大抵以百分之二为常，俗谓之二分用钱，有岁得数千金者，而以地皮。房产之掮客，为尤易获利也②。掮客具有完善的现代经纪人的职能，但是将经纪人称作掮客的做法有着强烈的地域局限，普及程度也远远不及“牙人”。究其本质，“掮客”本来就是上海话，但在清末，上海作为整个中国东部的商贸交易中心，大部分商行和经纪人都在沪上地区活动，所以“掮客”的说法也就流传下来。

1840年鸦片战争之后，我国一些通商口岸城市出现了房地产经营活动，于是房地产掮客应运而生。房地产掮客活动的范围十分广泛，有买卖、租赁、抵押等。在上海，房地产掮客大致分为两大类，第一类为挂牌掮客，以“房地产公司”“房地产经租处”“房地产事务所”挂牌。挂牌掮客一般在报纸上刊登房地产出卖或空屋出租出顶广告，待顾客前来固定经营场所询问，成交收取若干佣金。第二类为流动掮客，没有固定的办公场所，而以茶楼作为活动场所，交换信息，撮合成交，收取佣金。掮客对于活跃房地产市场，缓解市民住房紧张，促进住房商品流通，起过一定的作用。但多数经营做法不正，投机取巧，又

① 刘高勇. 官牙与清代国家对民间契约的干预：以不动产买卖为中心. 赣南师范学院学报，2008（1）.
② 徐珂. 清稗类钞. 北京：中华书局，1984.

加上旧政府管理不严，放任自流，也在一定程度上加剧了房地产市场的混乱①。

2.1.3.2　买办

"买办"，从本质上讲是经纪人，是我国经纪人和经纪业发展史上的一个特殊的阶层。"买办"一词是葡萄牙语 Comprador（康白度）② 的意译，原意是采买人员，中文翻译为"买办"。清初，买办专指为居住在广东十三行的外商服务的中国公行的采购人员或管事，后来逐步发展为特指在中国的外商企业所雇佣居间人或代理人。

鸦片战争以后，"买办制度"随着洋行业务的开展而发生了变化。买办阶层同外商利益上的共同点使其成为中国历史上一个极具独特色彩的集团，他们成了西方国家在政治上和经济上侵略和控制中国的工具。这些买办阶层既经营钱财的进出和保管，也参与业务经营和商品交易事宜，并常常代表洋行深入内地进行购销业务；同中国商人商定价格，订立交易合同，并凭借本身的地位，在货物的收付上取得双方的信任。他们逐渐成为外商对华贸易的代言人。随着公行的取消，买办阶层就成为垄断中外贸易的中间商，一些人逐渐失去公平的立场，趋附外国侵略势力，欺压中国商人，有时还可以在列强根据不平等条约向中国勒索的赔款中分享"赔偿金"。他们中的不少人富了起来，成为中国近代史上的大买办。这些买办在民国时期被外商改称为"华经理"，以消除中国人的仇外情绪，而买办的工作性质并没有改变，除自身经营商业以外，仍是外商的高级雇员③。

"经纪人"，宋时期是指小商小贩；到明代，指从事交易中介的人，且常与牙行、牙侩并举；到了清代，沿袭了明代牙人与经纪人时常并举的称谓，以"牙侩经纪人""牙行经纪人"来称谓从事交易中介的人。清末出现股票和证券交易后，逐渐地，"经纪人"称谓完全取代了"牙人""牙侩"，与掮客、买办等一同指代从事交易中介的人④。

2.1.4　牙行

集客店、经纪人、仓储、贸易甚至运输借贷等多种功能于一体的商业运营模式的行商商务交易场所被普遍认为出现在公元 13—16 世纪英国伦敦、法国巴黎、意大利佛罗伦萨等贸易经营活动繁荣的欧洲城市。但中国历史上的邸舍、邸店、牙行、塌房等的性质、功能，与欧洲城市的"商栈"十分相近。中国古代经纪人的牙人经营组织至少存在了 1 000 年，本节将从历史发展角度，简要论述我国经纪人行业组织的萌芽和发展。

中国古代经纪人行业组织的雏形——"邸舍"被部分学者认为出现在春秋战国时期，其主要依据是《礼记·王制》中记载的"市廛而不税"，特别是郑玄的注："廛，市物邸舍，税其舍不税其物。"但是也有学者持不同意见，认为当时"廛"的核心业务包括"商人停物于中"，具有后世所谓"邸舍"的性质，或说是与之性质相当，但不能以此将"邸

---

① 姚人．旧上海的房地产掮客．文史精华，1995（4）．
② 杨观，唐玲．从"驵"、"侩"到"经纪人"：经纪人称谓述略．绵阳师范学院学报，2008（3）．
③ 曲哲，艾珺．中国经纪人行业流变轨迹踪痕（续）明清至近现代部分．文化学刊，2016（11）：130-143．
④ 同②．

舍”之谓提前至周秦[①]。

“中国古代经纪人的行业组织最早可以追溯到唐代”的说法被较多学者认同。唐初以后，土地、庄宅和邸店都逐渐可以进行交易。商客带着货物住进邸店后，邸店主人与牙人为商客做中间人，将货物卖出，或再购买货物。这样，邸店又发展为客商交易的场所，具有仓库、旅舍、商店多种性质。邸店作为安寓客商、代客寄存货物、为客商提供洽谈交易条件的堆栈，经营者即店主人，往往就是牙人。可以说，邸店实际上是牙行（类似当代的房地产经纪公司）的雏形[②]。邸店收取邸值（栈租）。由于获利丰厚，唐中期以后，贵族官僚和寺观也纷纷开设邸店，于是邸店大量涌现，在长安、洛阳等大城市的市场四周，少的有百余处，多者达三四百处。唐中期以后，郊外乡村也出现有邸店。有些节度使甚至在关隘要道设邸店，强征行商商税[③]。

至宋代，这种邸店称为“塌房”。塌房有官私之分，他们经营的范围不仅仅是收取货物保管费，而且塌房的主人往往充当交易的中介人，从中获利。北宋时期，开封人口激增促进了城市邸店的增加，使房屋租赁业成了开封比较赚钱的行业，于是又出现了专门从事出租或买卖邸店的“庄宅行人”“庄宅行老”。如果官府出租邸店，就由专门的士兵召人承赁，作为中间人，只是专业的庄宅行老在成交后收取佣金，官府的士兵在召人承赁后不能获得佣金。“庄宅行人”即宋代城市房地产管理的职业经纪人[④]。

及至明代嘉靖二年（1523 年）定市易法，始有牙行之名。所谓牙行，顾名思义，系代客商买卖从中说合的店铺[⑤]。牙行的建立与不断发展，是商品生产不断发展、交换日益频繁的必然结果。在中国古代对外贸易的管理上，唐宋设市舶使（司），到了明代，由于市舶使（司）有限的官员不适应对外贸易业务的发展，便由政府的特许商人设立牙行经营进出口贸易，这就是行商制度的起源。

关于牙行的含义，比较权威的解释有如下 4 种：（1）中国古代和近代市场中为买卖双方介绍交易、评定商品质量、价格的居间行商[⑥]。（2）寄生于商品流通领域的居间经纪业。主要职能是为买卖双方说合交易，评定货物价格及质量，司衡商品斤两，判断银水成色，防止买卖过程中的欺诈行为，并对买卖双方负责[⑦]。（3）中国旧时城乡市场中为买卖双方说合交易，并抽取佣金的商行[⑧]。亦指牙商的同业组织。（4）旧时提供场所，协助买卖双方成交而从中取得佣金的商号或个人[⑨]。

康熙二十三年（1684 年）实行有限制开放海禁的政策，第二年设立海关，取代市舶（使）司，这是清政府对外贸易管理制度上的一大进步，也是中国海关制的端始。除此之外，实际上仍是“沿明之习”即由广州官府特许经营对外贸易的商行，专门经营对外贸

① 曲哲，艾珺．中国经纪人行业流变轨迹踪痕（周秦至宋元部分）．文化学刊，2016（3）：55-74.
② 周群华．论我国历史上的经纪人及行业组织．天府新论，1995（6）：79-85.
③ 侯旭东．从朝宿之舍到商铺：汉代郡国邸与六朝邸店考论．清华大学学报（哲学社会科学版），2011，26（5）.
④ 张本顺．论宋代“田宅牙人”之弊及其法律控制．东岳论丛，2009，30（6）：96-101.
⑤ 刘巧莉．浅谈明清时期牙人牙行对转运商人的积极影响．黑龙江史志，2016（12）：38-46.
⑥ 中国大百科全书总编委会．中国大百科全书：经济学卷．北京：中国大百科全书出版社，2009.
⑦ 中国大百科全书总编委会．中国大百科全书：中国历史卷．北京：中国大百科全书出版社，2009.
⑧ 夏征农．辞海．6 版．上海：上海辞书出版社，2010.
⑨ 中国社会科学院语言研究所词典编辑室．现代汉语词典．7 版．北京：商务印书馆，2012.

易，所以又名“洋行”或“洋货行”，统称“十三行”。商行、洋行、十三行，都属官设牙行，只是称呼不同。

2.2　庄宅牙人的职能

在中国经纪人史中，“牙人”是最具有普遍性和代表性的经纪人称谓，所以通过探究“牙人”的活动，可以总结出中国早期经纪人的基本职能。

2.2.1　牙人的一般职能

总体上，牙人牙行制度在社会角色和法律地位上，呈现三个方面的责任：一是基于社会分工作为商业交易的中介机构，提供居间媒介服务、传递商业信息、维护度量衡；二是基于社会控制角色向商业商人为国家收取税费、管理商人等承担部分商业社会控制职能；三是基于社会治理角色承担社会公共服务、维护商业社会秩序、与政府沟通协调市场设置管理等职责①。下面仅分述市场监管和税收协助两个职能。

2.2.1.1　市场监管

古代史籍中往往商牙并提，这容易使人产生错觉，以为在抑商的封建社会，与商人同出一宗的牙人，必定遭受如同商人一样的压制。但事实并非如此，其原因主要在于官方能够借用牙人来管控市场。

牙人得到大发展，牙商活动越来越大，势力范围也逐步扩大，唐朝开始，官方就授予牙人监督商人的责任。如《旧唐书·食货志上》记载，自今以后，有因交关用欠陌钱者，宜但令本行头及居停主人、牙人等检察送官。如有容隐，兼许卖物领钱人纠告，其行头、主人、牙人，重加科罪②，牙人负有连带责任。

宋朝牙人制度承袭唐朝末年，身兼二职，既要为政府征收契税，又要监督商人。同时，为应付对辽、夏、金战争的需要，政府不得不对粮株、布、帛、茶盐等主要产品实行“和买”“官榷”等特殊政策，衙署征用牙人承担征购任务。牙行在交易中起着“评物价”“通商贾”，代政府调整市场、管理商业的作用，故也称官牙，官府同时也向这些牙人发放身牌，还制定了“牙人付身牌约束”，诏令各级衙署取法执行，官府向牙人发放“身牌”，作为牙人进入市场的行业执照。“牙人付身牌约束”，《作邑自箴》写道：“交易牙人须交壮保三两名，及递相结保，各给木牌子随身别之。”在宋朝300年间，“付身牌约束”一直是政府对牙人施行统一管理的依据，政府也通过对牙人的管理使其控制能力延伸到各个市场和各种物业交换的过程中③。

① 黄东海．牙人角色演进与中国古代商业中介机构之法律地位探析：从牙人称谓的流变视角出发．暨南学报（哲学社会科学版），2016（8）．

② 刘昫，等．旧唐书．长春：吉林人民出版社，1995．

③ 李达三．宋代的牙人变异．中国经济史，1991（4）．

宋元以来强化了对牙商行业的制度化管理监督。宋神宗熙宁五年颁布实施的，作为王安石新法之一的《市易法》中规定：在汴京设都市易司，边境和大城市设市易务，分别设提举官和监官、勾当公事官，同时招募诸行铺户和牙人充当市易务的行人和牙人，在有关官员的约束下担当货物买卖交易事务。外来的客商如愿将货物卖给市易务，则由行人、牙人一道公平议价。《市易法》改革旧的市肆管理制度，正式将牙商纳入官府机构成为“官牙”，提升了牙商的社会地位，一度使地位低下的牙商行业成为人们向往、羡慕的职业。由于这一改革的实效显著，切合了市场管理和牙商行业监管的实际，即使是在王安石变法后期一些制度被废止，原《市易法》中关于牙人制度的变革亦为后世所沿用，对后世的牙商行业管理产生了重要影响。

北宋末年，建立了“官牙”制度，即“某县某色牙人某人，付身牌开坐”，用“身牌”来确认和核准“官牙”。官牙，既可以认证合法的买卖契约，也可协助政府收取“印税”①。宋时期的官牙制成为一种制度，对于规范市场行为，协助政府收税起到了一定的积极作用。

但是，由政府赋予权力的“官牙”不可避免地存在一些负面影响，在这一时期，主要体现在官牙利用特权破坏市场秩序，掠夺社会居民②。唐五代之前，官府曾严禁牙人在市场上买低卖高、炒作物价，但是入宋以后，特殊的“和买”和“官榷”等政策，把侩、吏、商三种职能集于官牙一身。从此，牙人压低买价，抬高卖价，重入轻出，广收赢利成为普遍现象。然而，牙人的种种劣迹也由此引发出来，这种情况激起人们的普遍怨恨，朱熹前往南康军州救灾时说：契勘诸州县乡村人户搬米入市出粜，多被牙人兜揽拘截在店，入水和拌，增抬价值，用小升斗出果，赢落厚利③。

赈灾粮食尚且有牙人恶意抬价，而他们在官方“身牌”的保护下更是毫无顾忌。肆意掠夺社会资源的官牙人变成社会公害的事实说明，他们出入市场虽然仍旧保留着牙人的称谓，却已不再起引导交换的作用，而是成了交换的阻力，成了经济生活中的累赘④。

牙人承担市场监管职责的现象一直延续到清末，牙人替官府对市场进行稽核、管理，防止偷漏税款⑤。

2.2.1.2 税收协助

唐德宗建中四年，户部侍郎赵赞推行除陌法，在征收方法上，赵赞想到了利用市牙，付给市牙以印纸，人有买卖即由市牙记录在印纸上，政府凭记录收取除陌钱。有些买卖若不通过市牙，则根据商人的私簿；不设私簿的由商人自报。隐瞒不报的受处罚，告发的则有赏。利用市牙征商业税，说明唐代商品买卖要经过经纪人说合已相当普遍，而市牙的舞弊，使政府的除陌钱收入不到应得的一半，又反映了市牙举足轻重的地位⑥。此后，宋朝“不抑兼并”的土地政策，放弃对土地买卖的限制，土地的典当买卖空前频繁，政府对田宅买卖契约征收契税成为丰沛的新财源，牙人因而在田宅买卖及契税稽征中起着越来越重要的作用。

---

① 童光政．明律“私充牙行埠头”条的创立及其适用．法学研究，2004（3）.

② 官牙的负面影响不止这一个方面，但本节仅针对其市场监督职能进行分析，所以只提出一个角度的负面影响。

③ 朱熹．朱子文集．上海：商务印书馆，1937.

④ 李达三．宋代的牙人变异．中国经济史，1991（4）.

⑤ 单强．略论近代江南市场经纪人．苏州大学学报（哲学社会科学版），1997（3）.

⑥ 叶世昌．对经纪人的历史考察及其启示．世界经济文汇，1995（1）.

2.2.2　唐时期庄宅牙人的主要职能

唐时期的庄宅牙人的主要职能是提供不动产交易信息，撮合交易。除此之外，还承担着保人的作用。

在五代后唐时规定，在土地、庄宅、邸店交易时，需双方会意后签署买卖合同，还必须有牙保担任第三人担保或见证，即“买卖有保”，牙人的职能由撮合交易变成了不动产交易中的一道法定程序①。清代古文献学家陆心源组织编纂的《唐文拾遗》中有一句表述：“如是产业人口畜乘须凭牙保。”在此文中，牙人肩负双重职能，一是保人，二是中介。

牙人作为不动产交易重要的参与者，作为保人的职能体现在两个方面：一是当土地、庄宅交易合同出现纠纷时，通常将牙人钱主一同处罪。《五代会要》卷 26《市》中记载：“如是卑幼不同家长便使物业典卖倚当，或虽是骨肉物业，自己不合有，辙敢典卖倚当者，所犯人重行科断，其牙人钱主并当深罪，所有物业，诸准格律指挥。”② 二是为了保证买卖合同履行，减少纠纷，隋唐五代官方要求牙人对合同履约负有担保责任。同样，在《五代会要》卷 26《市》中规定：“应有诸色牙人店主，引致买卖，并须钱物交相分付，或还钱未足，仰牙人店主明立期限，勒定文字，递相委保。如数内有人前却，即违限别无抵当，便仰连署契人同力填还。”③ 这个规定要求由牙人和店主撮合的买卖，应该钱物当面付清，如果付不清就应该立字据，牙人店主做担保。如果还不起钱，又没有其他抵押物，牙人将连同其他合同签署人一同还钱。

2.2.3　宋时期庄宅牙人的主要职能

宋朝土地买卖交易活动十分活跃，田宅买卖形式多样，手续十分复杂。田宅交易有典当、倚当、抵当、绝卖。牙人中介田宅买卖无疑是经济行为，但他们的中介活动又不是单纯的依据市场供求关系，而是在一定程度上要受宗族关系、法律规定等的制约，所以他们的中介方式和习惯反映着当时的某些社会经济关系④。宋时期庄宅牙人的一些职能承袭了唐。

第一，促成市场交易和外贸互动。“牙人”连接买卖双方从而促成交易，是其最为基本的职能，这一职能在宋朝体现得最为明显。但是两宋时期城乡经济发展，商业贸易繁荣，牙人的数量增多、构成成分复杂，活动范围也逐渐宽泛，其职能已突破了作为一般买卖介绍的意义，而更多的是向职业经纪人靠拢⑤。

第二，牙人必须负责验证物业的所有权归属及典卖的合法性，即在田宅交易前有产权调查义务，“得产有堪合，典卖有牙契”⑥。田宅典当或买卖在法律意义上是所有权的暂时或永久性的转让，所以牙人要接受卖主以书面形式授予的中介委托，才能开始其中介活

---

① 岳纯之. 论隋唐五代不动产买卖及其法律控制. 中国经济史研究，2007 (4).

②③ 岳纯之. 试论隋唐五代买卖合同制度. 天津市政府管理干部学院学报，2004 (2).

④ 陈明光，毛蕾. 唐宋以来的牙人与田宅典当买卖. 中国史研究，2000 (4)：64-73.

⑤ 任仲书，于海生. 宋代“牙人”的经济活动及影响. 史学集刊，2003 (3)：18-21，110.

⑥ 张本顺. 论宋代“田宅牙人”之弊及其法律控制. 东岳论丛，2009 (6).

动。卖主提交委托性的文契，意在向牙人表明自己拥有对拟卖物业的所有权和出卖的合法性，其内容一般应包括卖主的户籍地址、姓名，拟卖物业种类，拟卖价钱等。

第三，在确认典卖物业的所有权与合法性之后，牙人必须评议交易的参考价格，而后遵照一定的习俗依次寻找买主，即牙人在主持订立买卖合同前，负有告知亲邻宗族和寻找最高价买主的义务。告知评议典卖物业的价格，是牙人中介作用的主要表现之一，因此对“如业主、牙人等欺罔邻、亲，契帖内虚抬价钱”要“酌量科断”；寻找买主须遵循一定的次序，即应典卖倚当物业，先问房亲。房亲不要，次问四邻。四邻不要，他人并得交易。房亲着价不尽，亦任就得价高处交易①。

第四，牙人必须参与订立买卖契约。没有牙人主持签订交易契约，田宅买卖行为是不完整的。其原因在于，具备了这一程序，一是使双方在履行合同期间都受到督察，违反者牙保将出面进行追究，二是日后出现纠纷后有凭据可依，牙人要作为担保和证人，负法律责任，如果买方没有付款或不足导致诉讼，牙人与本主保人等均负有支付或补足钱款的责任②。田宅买卖契约，在汉代是民间自写的契约，包括了卖方的住址、姓名、物业种类、数量、价钱、交割、证人及其酬谢等项③。至宋代太平兴国八年（983 年），开封府的一位官员赵孚上奏，认为庄宅买卖中屡屡出现诉讼纠纷，缘由在于衷私妄写文契④，建议朝廷下令两京及诸道州府商税院，集庄宅行人，众定割移、典卖文契各一本，立为榜样。违者论如法⑤。他的建议得到太宗的批准。徽宗崇宁三年（1104 年）干脆下令“印卖田宅契书，并从官司印卖”⑥,这可能是中国历史上最早的官版契约文书⑦。

第五，牙人负有监督土地田宅交易当事人“投契印税”的义务。在土地田宅买卖过程中，要监督买卖双方“投契印税”，即把田宅买卖交割契税呈交给官府，纳税盖印，官府将加盖印信的契约交给买主，业主、邻人、牙保、写契人都要签字备案。同时，政府还制定“手把历”的表格、登记簿发给庄宅牙人，要求牙人登记汇报田宅交易资料，督促买卖双方及时抽税印契。北宋《作邑自箴》卷三记载：“应镇耆、庄宅牙人，跟括置籍，各给手把历，遇有典卖田产，即时抄上立契月日钱数，逐旬具典卖数申县乞催印契。其历半月一次，赴县过押。”如果交易当事人规避契税，牙人可以向官府告发⑧。

第六，在一宗房地产交易中，如果出现违反法令的情况，牙人与业主、钱主、保人承担同样的惩罚。这种连坐性质的惩罚条例有助于维护土地房屋市场交易的秩序。宋代有大量的因牙人参与田宅重叠买卖而产生的典权纠纷案件。《名公书判清明集》卷九记载了一则典型的房屋重叠典卖合同欺诈民事纠纷。出典人王益之将其家园屋、地基既出典于徐克俭，又出典于舒元琇，法官调查证据，查明事实为：“舒元琇”仅是王规的“诡名”，王益之与舒元琇签订典契的当事人双方是王益之与王规，且是王益之在受胁迫情形下所为，其原因是“欠王规酒米钱一百贯官会，被辗转起息，算利至三百余贯，逼令写下典契”。王

① 窦仪，吴翊如. 宋刑统. 北京：中华书局，1984.
② 龙登高. 论宋代的掮客制. 思想战线，1990（5）.
③ 考古研究所. 居延汉简甲编·释文. 北京：科学出版社，1957：104.
④⑤ 李焘. 续资治通鉴长编. 上海：上海古籍出版社，1986.
⑥⑦ 徐松. 宋会要辑稿. 北京：中华书局，1957：5408.
⑧ 张本顺. 论宋代“田宅牙人”之弊及其法律控制. 东岳论丛，2009（6）.

益之的供词又为田宅牙人陈思耳忽所证实。易言之，牙人陈思耳忽参与了这起田宅欺诈重叠交易案件，在事实清楚、证据确凿的基础上，法官判决知情的“牙保”陈思耳忽承担连带责任，即所谓“并合照条堪杖一百”① 在另外一个案例中，宋代法律条文规定：“诸寡妇无子孙，擅典卖田宅者杖一百，业还主，钱主、牙保知情与同罪。”②

虽然庄宅牙人沟通了房屋买卖，促进了商品流通，减少了田宅交易诉讼，但牙人常常借助官方势力，上下勾结，欺行霸市。学者认为宋代田宅牙人的弊端主要体现在三个方面：（1）评议田宅价格不公正。由于牙人参与田宅交易中的价格评估是必经的法定程序，牙人利用其职权或“虚添亩角，增抬钱数”，或“虚抬价钱”，从中勒索。（2）利用下层民众对田宅交易法制的不明白和田宅交易契约书面内容的复杂性，牙人通过串通田宅交易当事人、书契人，非法篡改契约③，进行坑蒙拐骗，非法从中渔利。（3）牙人与业主、钱主一起勾结，逃避政府要求签订红契的规定，转而签订白契，以逃避官府契税的规定。转而由于签订了白契，以从另一方面又加速了土地兼并和自耕农的贫困化，减少了国家的税赋收入，增加了大量“田诉”案件的连年不决④。

知识链接2-1

宋代文学作品中的房地产经纪活动

由于宋代商贸繁荣，商人生活自然进入作家们的视野，成为人们喜闻乐见的题材。《夷坚志》作为当时社会尤其是底层社会生活的真实写照，其部分有关牙商的故事也是考察宋代牙商以及牙商与宋代社会生活的参考。

王司户屋

饶州上卷街东，有王司户空屋。相传有鬼物据其下，历廿年，无敢辄居。淳熙初元夏，德兴士人姜广，挈孥从外邑至，不深知其故，为牙侩所诱，贱直僦之。方数日，灯前读书，夜艾油尽，出就檐间，月色正中。忽闻波浪汹涌之声，地去江湖远，又天清无风，殊以为异。回环四顾，见一蛇粗如椽，鳞甲雪白，纡徐伸缩，盘旋天井中。溅洒若雨，沾湿衣履。急闭户就寝，终夕波声不息。翌日视之，高下皆有水痕。天井虽深五尺许，元只干燥，不悟水之所自来，盖晌所吐漦沫也。姜不能顷刻安，立徙他舍。

——节选自《夷坚志》支葵卷第七

这一段民间志怪故事生动地叙述了一段“鬼屋”的故事。饶州上卷街东的“王司户屋”传闻闹鬼而长年空置无人居住，但在房地产经纪人低价的诱惑下，不明真相的外地人姜广将其购买，在发现怪事之后匆匆逃离。虽然故事发生在遥远的宋朝，但是故事中“牙侩”的做法在今天的房地产市场并不少见，看来“凶宅”“鬼屋”等二手房交易的难题自古有之，这段简短的故事也反映了宋朝商业交易的繁荣和房地产经纪的普遍存在。

资料来源：洪迈．夷坚志．上海：中华书局，1985.

①② 张本顺．论宋代“田宅牙人”之弊及其法律控制．东岳论丛，2009（6）.

③ 龙登高．论宋代的掮客制．思想战线，1990（5）.

④ 同①.

2.3 庄宅牙人的行业管理规范

2.3.1 明清时期的行业管理规范

2.3.1.1 明政府对牙行的管理

牙人行业组织的规范管理一直是困扰官府的难题，正如前节所述，唐宋时期官方通过发放身份证明将牙人纳入管理。而在行业组织层面，官府也运用同样的手法，将牙人组织纳入管理，特别是在明朝中后期牙行出现后，官府一度只允许领有牙帖并按期缴纳费税的牙行（称为“领帖牙行”）存在于市场。牙帖，是一种税收，牙人向政府缴纳牙税后才能开业，这无疑增加了政府的财政收入。

明朝初年，无帖私牙大量存在，牙商有垄断市场、操纵价格、影响商品交换之嫌，明太祖朱元璋一度想摒弃牙商，如《明会要·食货五》记载，洪武二年（1369年）“令天下府州县各镇市不许有官牙、私牙，一切客商货物投税之后，听从发卖”。然而禁令难以通行，故以官店取而代之，责令地方政府筹办邸、店、牙合一的官店，时称塌坊，希图以此取代以游走方式为主的牙商。但此种以官办取代民营的做法并未取得预期效果，反倒是一些牙人模仿官店的做法开店设仓，从原来的个体游商转变为有固定场所和一定经营规模的坐商，于是塌坊有了迅速的发展。

明朝政府出于控制市场交易中介组织来调整市场秩序的需要，在制度上直接明确了关于“牙行”“行人”的界定。在对诸如《大明律直引》《大明律解附例》等相关文书的解读中，均对所谓“牙人”“行人”的概念做出明确的解读，这就为相关律制的实施与执行扫清了理解上的障碍①。

牙行作为政府实施管制的产物，从诞生之初便有合法与非法之分，即始于明朝的官牙与私牙之别。据万历《扬州府志》记载，“俗之经纪，皆官为给帖，凡鱼盐豆谷，觅车雇船骡马之类，非经纪关说则不得行”②。当时，官牙由政府指定，开设时须经官府批准，领取称为“牙帖”的凭证，缴纳称为“牙税”的贴费和税银，并负有代官府征税的责任。没有领取官发牙帖的皆为私牙，属非法经营，无疑在禁革之列。“官设牙行，与民贸易，谓之互市。”官牙主要职责是征收契税、管理市场；拥有牙贴的牙行则主要负责评估货价，介绍买卖。根据当时的规定，举凡牲畜、农产品及丝绸、布匹等手工业产品均须经牙行买卖，客商不得直接收购，小贩亦不得自行卖给客商，所以牙人交银给官方领取牙帖的现象普遍存在。

2.3.1.2 清政府对牙行的管理

清代仍沿用明朝牙人制度，《大清律例》规定，开设牙行前，须由地方政府查明是否

①② 曲哲，艾珺. 中国经纪人行业流变轨迹踪痕（续）（明清至近现代部分）. 文化学刊，2016（11）.

"身价殷实"，再由同行一人担保，证明其为殷实良民的"甘结"，然后上报布政司，由其发给牙帖，并缴纳帖费后，方可开张营业，一个牙行只许一人经营。

清政府利用领帖牙行作为统治市场、管理商业的工具。领帖牙行持有官府发给的印信凭簿，每月须将有关客商的信息、货物的名称及数量等登簿造册送交官府，并且协助检查客商是否依法纳税。有时还要替官府采办货物、征收商税。在价格评定、银钱收付、商品收付等业务方面，均有具体规定。明清以后，政府大多依赖牙人和牙行维持地方贸易秩序和地方税收的征收。

清政府向对牙人和牙行征收牙税。牙税是政府向牙行征收的税款。一种是颁发牙帖时的帖费，相当于营业税牌照；另一种是按年向牙行征收的营业税。帖费，乾隆时期最高为三两白银。牙用，相当于现在的佣金，一般来说是按 1%的比例抽取。

2.3.2　对官牙管理混乱

至清雍正时期，由于牙行太多，竞争十分激烈，以致影响到正常的商品流通，清政府开始要求各地布政司严格控制牙帖数量。当时全国约有经各省确认的牙帖 18 万张，中央政府便以此为限，规定以后除新开设的集场准予添设牙行外，其余只能"退帖顶补"[①]。但这一规定未能杜绝各地州县的滥发，反而刺激了社会对牙帖的需求，致使牙帖一时间成为市场上十分稀缺的"有价证券"。于是，有帖者视牙帖为奇货，或一人领帖，数十人先后借此开业，或一家领帖，众亲戚相继凭此设行。一些地方有权势者，见开设牙行有利可图，在领不到牙帖的情况下，便私设牙行。虽然私设牙行在当时属禁革之列，但因官吏执法不严，加之行贿之风盛行，故无帖牙行几乎各处皆有，牙行之间出现了竞争，且日趋激烈。

为了防止竞争，排除异己，垄断市场，有些同业牙行组织了自己的行会，借以保证行会及加入行会的牙行对经纪业务的垄断权，避免相互间的恶性竞争，并禁止未加入行会的"散帮"及"私牙"蚕食市场，争夺业务，同时在行会内实行按等级分配牙佣。这种行会通常带有浓厚的乡土地域色彩，等级制度鲜明，行会内提倡互济互助，但严格限制自由竞争。多数行会为树立自己的权威，与官府保持密切联系，从而加剧了官商勾结，并在客观上阻碍了市场经济的发展[②]。

民国初年，各省发帖办法更加混乱，帖费也提高很多，一等帖费竟高达 2 000 块银圆。"牙商"要按期缴纳"牙税"以及牙捐，辛亥革命后，北洋政府继续征收，且税额提高了很多。国民政府曾于 1934 年底宣布废除，但未能实现，1941 年国民政府又将牙税并于营业税征收。直到中华人民共和国成立后，经过打击行业恶霸，这种牙行、牙帖、牙税才算彻底得到废除[③]。

同时，有经营就可能有欺诈。对于某些有欺诈坑骗活动、对商人和交易参与人造成了

---

① 张廷玉. 清朝文献通考. 北京：商务印书馆，1936.

② 洪亚敏. 房地产中介溯源//中国房地产估价师学会. 2003 中国房地产估价学术研讨会论文集，2003.

③ 曲哲，艾珺. 中国经纪人行业流变轨迹踪痕（续）（明清至近现代部分）. 文化学刊，2016 (11).

威胁和损失的牙行，人们称其为“奸牙”“棍牙”“虎牙”①。历朝政府对于牙行经营中出现的价格歪估、欺蒙买方或卖方的行为均制法加以管制。清朝政府曾以法律的形式规定“凡诸牙行人，评估物价或以贵为贱，或以贱为贵，计所增减之价，坐赃论，入己者准窃盗论”②。然而，在有的时期，政府对牙行管制较松，从而在一定程度上纵容了牙行的不规范行为，例如部分牙行在经营活动中，利用其居间地位，采取贿赂手段，与官吏相勾结，垄断市场，操纵物价，对买卖双方进行敲诈勒索，在一定程度上阻碍了商品交换的正常进行。

本章小结

1. 中国以经纪人为名的职业历史虽然不长，但具有经纪人性质的职业则具有悠久的历史，简单将“经纪人”认作舶来品是错误的。我国的经纪人发展经历了早期萌芽的“质人”和“驵侩”，经过几百年的演变最终发展到了“牙人”，这也意味着我国封建专制时期经纪人制度的成熟。在中国的封闭被外来资本主义打破之后，“买办”这种特殊的经纪人出现，而后约在民国年间，以“经纪人”代指交易中介人也成了市场惯例。

2. 在我国土地私有化之后，田宅房屋的交易变得逐渐频繁。房地产经纪人的活动，在我国官方历史记录中，最早可追溯至南北朝时期，而到了唐宋，庄宅牙人更是具备了现代房地产经纪人的属性。从古至今的房地产经纪业都有着相似的行业规范和道德伦理，也面临着相同的行业难题和弊端，庄宅牙人的发展历程很好地为中国现代房地产经纪业发展和监管提供了参考。

3. 随着唐宋时期商品经济的发展，中介行业对市场发展和商品交易起到了桥梁作用。政府通过牙帖、牙税等手段加强了对牙人和牙行的管理和控制力度，牙人的身份从单纯的市场交易促成者逐渐转化为官方监督市场、征收交易税费的协助人，牙人的职能范围也在官方化的过程中逐渐扩大。同样，唐宋时期的庄宅牙人也有着规范市场的责任，包括交易的促成、物业合法性检验、契约订立、协助官方税收、监督违法行为等。

关键术语

质人　驵侩　牙人　庄宅牙人　牙行　官牙　经纪人　牙帖

复习思考题

1. 简要描述中国经纪人历史的演变情况。
2. 牙人的一般职能是什么？
3. 简述唐宋时期庄宅牙人的主要职能。

---

① 杨其民．买卖中间商“牙人”“牙行”的历史演变：兼释新发现的《嘉靖牙帖》．史林，1994（4）．
② 冯柳堂．中国历代民食政策史．北京：商务印书馆，1998．

4. 简要分析庄宅牙人的弊端。

5. 明清时期官方对牙人牙行的管制措施有哪些?

参考文献

[1] 洪亚敏. 房地产中介溯源//中国房地产估价师学会. 2003中国房地产估价学术研讨会论文集，2003.

[2] 杨天宇. 周礼译注（十三经译注）. 上海：上海古籍出版社，2004.

[3] 贾公彦. 中华再造善本仪礼疏. 北京：国家图书馆出版社，2014.

[4] 孙诒让. 周礼正义. 北京：中华书局，1987.

[5] 郭沫若. 中国史稿. 北京：人民出版社，1976.

[6] 楼茜. 明清江南地区的牙人与牙行. 上海：华东师范大学，2008.

[7] 陈明光，毛蕾. 驵侩、牙人、经纪、掮客：中国古代交易中介人主要称谓演变试说. 中国社会经济史研究，1998（4）.

[8] 张双棣，等. 吕氏春秋译注. 北京：北京大学出版社，2000.

[9] 班固. 汉书. 北京：中华书局，1964.

[10] 李昉. 太平御览. 北京：中华书局，1960.

[11] 姚察，姚思廉. 梁书. 北京：中华书局，1973.

[12] 严可均. 全上古三代秦汉三国六朝文. 上海：上海古籍出版社，1958.

[13] 曾慥. 类说六十卷. 北京：文学古籍刊行社，1955.

[14] 刘昫，等. 旧唐书. 北京：中华书局，1975.

[15] 胡三省. 通鉴释文辩误. 北京：北京图书馆出版社，2005.

[16] 龙登高. 论宋代的掮客制. 思想战线，1990（5）.

[17] 李达三. 宋代的牙人变异. 中国经济史，1991（4）.

[18] 岳纯之. 论隋唐五代不动产买卖及其法律控制. 中国经济史研究，2007（4）.

[19] 窦仪，吴翊如. 宋刑统. 北京：中华书局，1984.

[20] 张本顺. 论宋代“田宅牙人”之弊及其法律控制. 东岳论丛，2009，30（6）.

[21] 童光政. 明律“私充牙行埠头”条的创立及其适用. 法学研究，2004（3）.

[22] 马端临. 文献通考. 北京：中华书局，1986.

[23] 脱脱. 宋史. 北京：中华书局，1985.

[24] 陈明光，毛蕾. 唐宋以来的牙人与田宅典当买卖. 中国史研究，2000（4）.

[25] 高叶华. 明代“牙人”“牙行”考略. 重庆师范大学学报（哲学社会科学版），2007（2）.

[26] 黄东海. 传统中国商业法制的一段秘史：制度变迁视角下的牙人牙行制度. 中西法律传统，2009（10）.

[27] 刘高勇. 官牙与清代国家对民间契约的干预：以不动产买卖为中心. 赣南师范学院学报，2008（1）.

[28] 徐珂. 清稗类钞. 北京：中华书局，1984.

[29] 杨观，唐玲. 从“驵”、“侩”到“经纪人”：经纪人称谓述略. 绵阳师范学院学报，2008（3）.

[30] 曲哲，艾珺. 中国经纪人行业流变轨迹踪痕（续）（明清至近现代部分）. 文化学刊，2016（11）.

[31] 曲哲，艾珺. 中国经纪人行业流变轨迹踪痕（周秦至宋元部分）. 文化学刊，2016（3）.

[32] 周群华. 论我国历史上的经纪人及行业组织. 天府新论，1995（6）.

[33] 侯旭东. 从朝宿之舍到商铺：汉代郡国邸与六朝邸店考论. 清华大学学报（哲学社会科学版），2011，26（5）.

[34] 刘巧莉. 浅谈明清时期牙人牙行对转运商人的积极影响. 黑龙江史志，2016（12）.

[35] 中国大百科全书总编委会. 中国大百科全书：经济学卷. 北京：中国大百科全书出版社，2009.

[36] 夏征农. 辞海. 6版. 上海：上海辞书出版社，2010.

[37] 中国社会科学院语言研究所词典编辑室. 现代汉语词典. 7版. 北京：商务印书馆，2012.

[38] 朱熹. 朱子文集. 上海：商务印书馆，1937.

[39] 单强. 略论近代江南市场经纪人. 苏州大学学报（哲学社会科学版），1997（3）.

[40] 叶世昌. 对经纪人的历史考察及其启示. 世界经济文汇，1995（1）.

[41] 黄东海. 牙人角色演进与中国古代商业中介机构之法律地位探析：从牙人称谓的流变视角出发. 暨南学报（哲学社会科学版），2016（8）.

[42] 岳纯之. 试论隋唐五代买卖合同制度. 天津市政府管理干部学院学报，2004（2）.

[43] 任仲书，于海生. 宋代“牙人”的经济活动及影响. 史学集刊，2003（3）.

[44] 考古研究所. 居延汉简甲编·释文. 北京：科学出版社，1957.

[45] 李焘. 续资治通鉴长编. 上海：上海古籍出版社，1986.

[46] 徐松. 宋会要辑稿. 北京：中华书局，1957.

[47] 张廷玉. 清朝文献通考. 北京：商务印书馆，1936.

[48] 冯柳堂. 中国历代民食政策史. 北京：商务印书馆，1998.

[49] 杨其民. 买卖中间商“牙人”“牙行”的历史演变：兼释新发现的《嘉靖牙帖》. 史林，1994（4）.

[50] 班固. 汉书精华：第4册. 北京：中华书局，1936.

[51] 王晓燕. 论宋与辽、夏、金的榷场贸易. 西北民族大学学报（哲学社会科学版），2004（4）.

[52] 姚人. 旧上海的房地产掮客. 文史精华，1995（4）.

第3章

房地产经纪业务流程

本章导读

一项房地产经纪业务流程一般由信息开拓、业务承接、带客看房、交易撮合、合同协商及签订、延伸服务等环节有机构成。信息开拓主要指房源客源信息的开拓与管理，是房地产经纪机构运营的核心要素，亦是房地产经纪业务开展的重要基础。业务承接是一项房地产经纪业务的开始，通过了解和记录客户房地产交易需求，与客户洽谈经纪服务业务项目，在完成先期工作和评估业务服务能力的基础上与客户签订房地产经纪服务合同。业务承接后，房地产经纪服务工作就进入了房地产经纪业务流程的核心阶段，即交易撮合与带客看房、房地产交易合同协商与签订两个重点环节。在这个过程中，房地产交易双方在房地产经纪人的撮合下对房地产交易事项经协商达成一致，签订房地产交易合同并进行付款。交易结束后，房地产经纪服务进入业务流程的最后一个环节，房地产经纪人还应为客户提供房屋交付与验收、银行贷款办理、不动产产权登记过户等服务。这些延伸服务往往可以为房地产经纪人积累终身客户①。

① 本章节部分图表及内容来源于笔者撰写的《房地产经纪业务操作（第三版）》，文中进行具体引注。

知识结构图

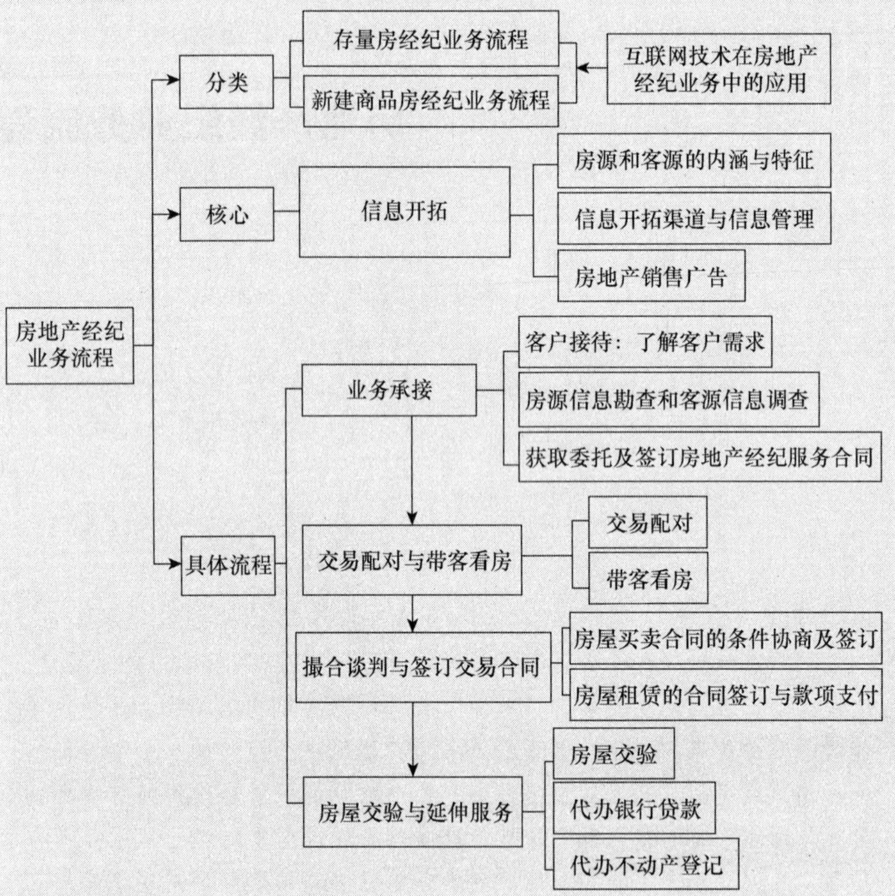

重点问题

- 房地产经纪业务流程
- 交易撮合、带客看房与谈判
- 房源信息与客源信息
- 互联网技术与房地产经纪

3.1 房地产经纪业务流程分类

3.1.1 存量房经纪业务流程

存量房经纪业务流程总体上包括六个环节，即客户接待、交易配对、带客看房、交易撮合、合同签订及款项支付、房屋交验及延伸服务。图 3-1 是存量房经纪业务的一般流程。这六个环节按照经纪服务内容的连续性和可分割性，将其整合划分为四个部分，即

（1）客户接待；（2）交易配对和带客看房；（3）交易撮合、合同签订及款项支付；（4）房屋交验及延伸服务。

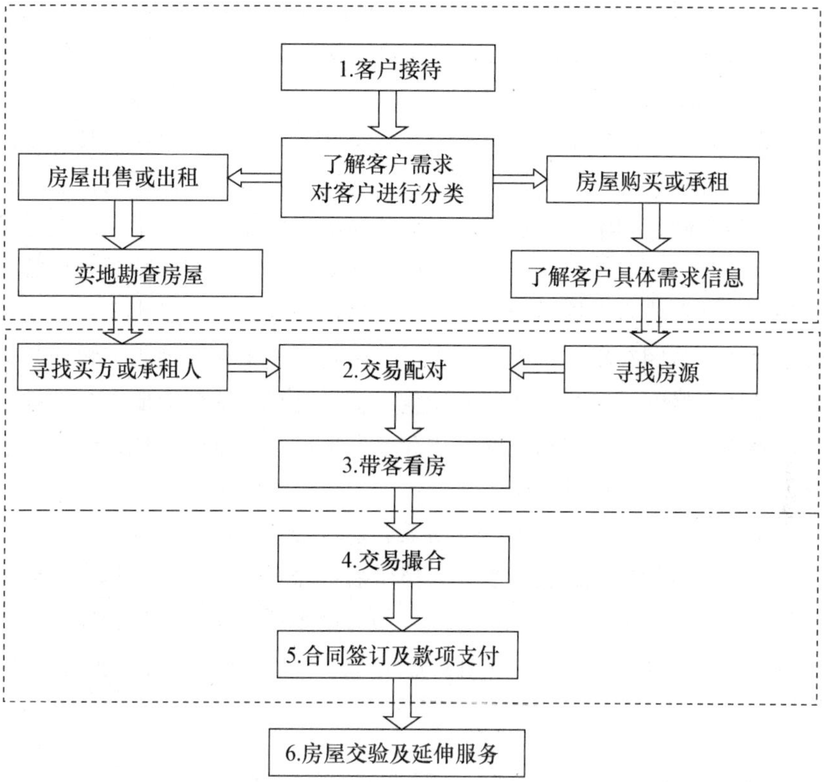

图 3－1　存量房经纪业务流程

资料来源：张秀智，等. 房地产经纪业务操作. 3 版. 北京：中国建筑工业出版社，2020.

客户接待的过程，也是获取房源信息和客源信息的过程。房地产经纪业务的基础是信息开拓，分为房源信息开拓与客源信息开拓两部分。前者是对待租售（待租）不动产及其不动产权利人或业主、委托方相关信息的获取；后者是对不动产需求者或潜在的需求者及其意向相关信息的开拓。就一个房地产经纪机构或房地产经纪人而言，拥有越多的房源信息和客源信息，房地产经纪服务业务撮合成功率也越高。因此，房地产经纪机构和房地产经纪人开拓房源信息和客源信息是其一项核心任务。从某种程度来说，信息资源是房地产经纪机构和房地产经纪人的核心竞争力。

客户接待，也是一项具体的房地产经纪业务流程的起点，即房地产经纪业务承接。客户接待的重点是通过与客户充分沟通，收集客户信息和房源信息，进一步了解客户的需求与动机。该环节是交易撮合和带客看房的经纪服务基础。客户接待主要有到店接待、电话接待与网络接待三种形式。无论哪一种形式，经纪人在接待中都须注意自己的商务礼仪与职业素养，以良好的第一印象取信于客户，便于建立稳定而长久的客户关系。当客户确定委托房地产经纪人提供经纪服务后，房地产经纪机构和房地产经纪人要与客户签订房地产经纪服务合同，对服务项目、服务内容、服务完成标准、收费标准及支付时间进行洽谈，并签署房地产经纪服务合同。

交易配对和带客看房，是房地产经纪业务流程的基础。房地产经纪人针对第一环节中获得的客户信息和房源信息，进行交易配对，为购房人（承租人）提供最合适的房源，为房源找到购房人（承租人），即进行交易配对，对合适的房源与客源进行匹配。交易配对后，房地产经纪人带客看房，对双方意向进行进一步的确认和落实。房地产交易委托人看房满意后，房地产经纪人应协助双方对不动产交易事项的细节进行协商。这个环节，房地产经纪人应做好交易双方的桥梁，以客观中立的态度和专业素养为客户撮合交易。

不动产交易撮合和合同签订及款项支付，是房地产经纪业务流程的核心和关键。当房地产交易进入交易合同谈判阶段，意味着房地产经纪服务业务进入了一个关键环节。房地产交易双方在这个阶段，要对不动产交易价格、不动产交易合同、款项支付等内容进行谈判，并签署不动产交易合同，按照相关规定将交易资金存入中介专用账户。房地产交易双方也最容易在这个环节因交易价格、资金支付、税费缴纳等细节谈判失败而不能签订交易合同，因此，房地产经纪人在这个环要更注重对交易委托人的专业服务，把控合同谈判和签订的节奏，协调在谈判过程中出现的矛盾和突发事件。通常，房地产经纪人在这个环节向交易双方收取房地产交易服务佣金。

房屋交验及延伸服务，是在房地产交易双方达成交易后，继续为委托人提供的后续服务。房地产经纪人是否为房地产交易委托人提供后续服务，应根据房地产经纪服务合同中双方约定的条款进行。一般地，房地产经纪人须协助委托方进行房屋交验并提供贷款及登记代办等延伸服务。待房屋交验无误且产权移转登记完毕后，经纪业务流程才能宣告结束。

3.1.2 新建商品房经纪业务流程

新建商品房的经纪业务主要是为新建商品房租售代理，它是指房地产开发企业将开发建设的房地产项目委托给专业的房地产经纪机构代为销售的一种方式。鉴于房地产销售工作一般在项目开始时就启动，经纪机构通常会介入房地产项目开发经营的全过程，包括为房地产开发企业提供市场调查、产品定位、客户定位、营销推广、销售组织以及协助房屋交付和代办不动产产权登记、融资贷款等一系列服务。

新建商品房的经纪业务流程主要包含营销方案制订、宣传资料准备、客户拓展、销售现场展示、行业公示及文件准备、销售人员培训、现场销售等步骤。其中，现场销售包含现场接待、商品房认购、买卖合同签订等三个关键环节，后续还须跟进协助房屋交付、协助办理贷款及不动产登记等其他服务。需要注意的是，新建商品房存在住宅项目、写字楼项目、商业项目等不同房屋类型，不同房屋类型对应不同的客户与购买行为，经纪机构应根据产品特性和目标人群制定有针对性的策略。

新建商品房经纪业务流程与存量房业务差异主要有二：其一，新建商品房往往处于预售阶段，买方无法在看房阶段针对房屋实体进行评估，而是直到房屋交验阶段才能看房。房地产经纪人应更为注意向客户介绍新建商品房项目的主要卖点、开发商实力、建筑商建设质量、户型特色、配套设施等；如果有样板间，房地产经纪人应向购房客户一一介绍每套样板间的特色，让客户根据自己的需求进行选择。其二，新建商品房要进行两次不动产登记。首先是不动产初始登记，以房地产开发商为不动产权利人进行首次登记；其次，当购房人购买了分户的不动产后，要进行不动产转移登记，即将不动产权利人从房地产开发商转移登记到购房人名下。因此，在不动产权利移转过程中，房地产经纪人须先行办妥或等待开发商办妥不动产权利初始登记，才能就分户单元不动产进行不动产转移登记。

3.1.3　互联网技术在房地产经纪业务中的应用

互联网一定在改变着房地产经纪行业，但互联网不能取代房地产经纪人。就房地产经纪行业而言，要讨论互联网能改变什么和不能改变什么①。

3.1.3.1　互联网对房地产经纪人和房地产经纪机构的影响

按照托夫勒的观点，第三次浪潮是信息革命，大约从20世纪50年代中期开始，其代表性象征为计算机，主要以信息技术为主体。信息化是当今时代发展的大趋势，代表着先进生产力②。互联网技术入房地产经纪业务，通过更便捷的沟通方式，改变了房地产经纪经营活动和服务方式，也成为推动房地产经纪业务创新的重要力量。

对房地产经纪人而言，信息技术的应用，一方面提高了经纪人的工作效率，通过收集、使用、储存和共享海量房地产市场信息，拓宽了经纪业务。相较于采用传统营销渠道，互联网营销渠道还降低了营销成本。另一方面，由于互联网环节下的房源信息传播速度极快，房源信息的共享性远大于独占性，这造成了经纪人之间的竞争从收集和独占房源信息的竞争转变为服务质量、工作效率和客户关系的竞争。其中，对委托人的服务质量在一定程度上决定了客户对房地产经纪人和经纪机构的黏性。房地产经纪人使用信息技术还会提高其经济收入，即房地产经纪人的收入与信息技术呈正相关关系。信息技术包括贷款计算器、地图搜索引擎、房地产价格评估软件、电子邮件、个人网站、机构网站，各种信息技术产品如智能手机、计算器、复印机、数码相机、传真机、激光打印机、扫描仪等。相较于传统经纪服务，线上平台可以提供更便捷的交易场所，拓宽房源信息发布渠道，降低信息咨询成本，并以VR等科技手段提供全新的看房方式。线上平台的出现同时改变了经纪人的工作模式，增加了经纪人的工作内容，也对经纪人的工作质量有更高的要求③。其中，“真房源”及客户征信工作的重要性最为突出，经纪人服务的及时性、连贯性要求也进一步增强。

对房地产经纪公司而言，信息技术的应用提高了经纪公司的业务运作效率。由于互联网技术显著提高了信息发布和收集效率，不仅降低了经纪服务业务的营销成本，而且使经纪公司的业务范围从本地拓展到其他地区，甚至扩展为世界范围内的业务。同时，以互联网为技术支撑的信息共享模式也影响了经纪公司的经营模式，激励着经纪公司从传统的门

---

① 廖俊平. 房地产经纪行业研究. 广州：中山大学出版社，2019.

② 托夫勒. 第三次浪潮. 北京：中信出版社，2006.

③ ZHENG X L. The influence of “internet+” era on real estate brokerage industry and countermeasures. Advances in social sciences，2019，8 (12).

店经营转向更加灵活、成本更低的网上联盟经营模式。网上门店作为线上渠道，可以收集房源和客源信息、展示经纪机构实力和房源信息、与客户进行线上沟通；实体门店作为线下渠道，除了作为传统经纪服务业务经营地之外，还是线上交易双方在线下撮合谈判的服务场所。

在移动互联网的时代背景下，房地产经纪机构和经纪人要培养互联网的思维模式，一方面要立足于房源客源的信息服务，提升信息服务的质量和效率，巧用技术赋能，增加VR看房等新型信息技术；另一方面，可以借助互联网技术带来的沟通效率的提升，积极开拓市场，扩展业务范围。如此，房地产经纪机构和经纪人才能在互联网时代背景下迎来信息化、智能化、移动化的业务拓展和赢利新局面。

3.1.3.2 互联网技术对房地产经纪行业的影响

互联网技术支撑下的房地产经纪模式主要表现为：其一，互联网技术搭建了线上平台，买方和卖方能够在互联网交易平台上实现自助交易，互联网经营者获得经营收入，在这一模式中互联网往往充当了经纪人的角色；其二，房地产经纪机构可以借助互联网技术直观地了解消费者的需求，及时获得反馈；其三，互联网技术可以有效辅助房屋建造、选购、装修及房屋管理等流程，降低企业与顾客的沟通成本①。而在信息平台的搭建中，除房地产经纪机构“触网”与房地产信息平台供应商两种渠道外，其他行业特别是互联网或科技企业直接进入房地产销售或经纪领域的现象也是存在的②。

对房地产经纪行业而言，互联网与房地产经纪行业的结合，形成两种模式，即“互联网＋房地产经纪”和“房地产经纪＋互联网”经营模式。

（1）“互联网＋房地产经纪”模式，结合互联网思维，以互联网为经营平台和信息平台，从根本上对传统的线下房地产经纪运营流程进行改造，将房地产买方和卖方吸引到平台上，实现互联网平台为“互联网房地产交易平台”。房地产交易双方将需求信息自主传输到互联网数据库内，由计算机进行自动交易匹配和网上看房，交易双方在线上签署房地产交易合同、资金划转和不动产权利转移登记，完成整个不动产交易过程。由于整个流程没有房地产经纪人的参与，只是互联网房地产交易平台协助交易双方实现了交易，抑或可以理解为一个“房地产经纪机器人”帮助交易双方实现了交易。这在一定程度上可能颠覆传统房地产经纪业运营模式。“互联网＋房地产经纪”模式的核心要点是房地产经纪服务均以互联网为平台，线上的信息收集、交易匹配和线上经纪服务是主体。

（2）“房地产经纪＋互联网”，是传统房地产经纪行业主动利用互联网技术和互联网思维，将互联网作为信息收集的手段，对传统房地产经纪业进行改造，强调了线下和线上经纪服务环节的整合，实现线下线上资源共享，实体门店依然是对客户面对面服务的根据地。在这种模式中，互联网是房地产经纪运营的一种工具，房地产经纪机构收集了海量客户数据，对客户大数据的分析可以洞察并准确判断客户需求，在得到客户画像的基础上可以精准地向客户提供房源或将房源信息与客户信息匹配，从而实现房源客源信息的精

---

① 张闪闪. 互联网技术对房地产经纪业的影响研究. 居业，2016（6）.

② 廖俊平. 再论房地产经纪与互联网. 中国房地产，2014（11）.

准匹配。在这种模式下，互联网技术在房地产经纪业务操作的各个环节起到了支持性作用。

不管是“互联网+房地产经纪”还是“房地产经纪+互联网”，其经营模式都改变了房地产经纪行业的运转模式和营销规则。互联网技术的介入，使客户对自身体验和服务保障的要求提高，房地产经纪行业的竞争也从规模化竞争、效率竞争逐渐转向客户体验竞争和服务质量竞争，对客户消费习惯的培养也非常重要。在流量视角下，客户导向也改变了房源信息展示渠道与营销手段。一方面，互联网承担了搜索、分类和筛选职能，经纪信息的提供方式随之转变。另一方面，互联网提供的信息建构了客户自身需求，极大地削弱了过去房地产市场信息不对称的状况，经纪业务的提供要与这一情形相匹配。此外，经纪服务也应充分发挥大数据对客户的引导作用，通过分析提供推荐，提高匹配效率①。

3.2　房地产经纪信息开拓

3.2.1　房源和客源的内涵及特征

3.2.1.1　房源和客源的内涵

房源是指业主（委托方）出租或者出售的住房、商业用房、工业厂房等房屋，即不动产权利人有意愿出售或出租的地产。房源与房屋有概念上的区别。一方面，在房屋中，只有产权人有意愿进行交易的一小部分才构成房源。另一方面，房源不仅包括委托租售的房屋，也包括房屋的业主（委托方）。房源与房屋是不同的，房屋是已经建成的各类建筑物，房源是包含着销售信息的房屋。很多房地产经纪机构通过“扫盘”建立了机构的“楼盘字典”数据库，“楼盘字典”将城市内全部已建成的不动产都囊括在内，可以查询每套房产的所在地、价格、配套设施情况。但在“楼盘字典”中，只有非常少的一部分房屋是房源，即产权人有意愿出售或出租的房产。

房源信息是指描述和刻画房屋的房地产物理状况、权利人情况和租售价格等内容的数字、图像和文字性信息，即房屋的实物状况信息、权益状况信息、区位状况信息、租售价格信息、房屋管理状况信息以及房源委托人身份等相关信息。房地产经纪人和经纪机构对外发布的就是基于真实房源形成的房源信息。

客源是对房地产房屋有现时需求或潜在需求的客户，包括需求者及其需求意向。需求包括以获得不动产所有权为目的的购买需求，也包括以暂时获得不动产使用权为目的的租赁需求。客源的构成要素包括两个方面，一是需求者，二是需求者的需求意向，二者缺一不可。客源信息是指描述客源状况及其需求意向等内容的数字、图像和文字性信息。客源信息是房地产经纪人（机构）收集、整理、编辑、对外发布有关客源需求的各

① 李文杰. 互联网对传统房地产经纪行业运营的冲击//中国房地产估价师与房地产经纪人学会2013年年会，2013.

项内容，满足双方交易需求且具有经济价值的资讯，目标是获得交易机会，促成交易。客源是客源信息的基础和主体，没有客源，也就没有客源信息，客源信息表达了客源的各项特征。

房源和客源是房地产交易的两方面，缺了任何一方，都不能实现交易。房源和客源互为条件，相辅相成，互为目标。房地产经纪人的专业服务起到了实现房源信息和客源信息匹配的桥梁作用。

3.2.1.2 房源的特征与属性

（1）房源的特征。

房源具有动态性与可替代性两个特征。房源的动态性主要体现在不动产交易价格与不动产使用状态的变动。由于这一特征，经纪人须不间断地与业主（委托方）联系，以及时更新相关指标，避免影响房屋交易。房源的可替代性指其他房屋在效用上的可替代性。虽然每一套房屋都是唯一的，但购买或租赁者的需求并非某一套不可，具有效用相似性的房屋，对于特定需求者而言往往可以相互替代。

（2）房源信息的特征。

表述房源信息的主要指标有三类，分别为物理指标、法律指标、心理指标。

房源的物理指标，是指描述房屋自身及其周边环境的物理状态的指标，如房屋的区位（地段）、建筑外观、面积、朝向、间隔、新旧程度、建成年份等。除非遭遇地震、火灾等特殊情况，房源信息的物理指标在交易过程中是不变的。房源的物理特征决定了房源的使用价值，也在一定程度上决定了该房屋的市场价格。

房源的法律指标主要包括表征房屋的用途及其权属状态等的指标。不动产用途通常分为居住与非居住两大类，这一用途并非一成不变，但用途变更须经规划管理部门批准。不动产权属状态一般由特定的法律文件反映，在产权证书上需要列明的内容有产权性质（如商品房、房改房、宅基地等）、业主姓名、土地使用年限、法定用途、房屋土地位置图、他项权利等。不动产的权属状态经过法律程序或行政程序可以变更。

房源信息的“心理特征”中的“心理”指的是业主（委托方）在委托过程中的心理状态。随着时间的推移，这种心理状态往往会发生变化，从而对房地产交易过程和交易结果产生影响。该变化主要集中于业主的市场信息了解程度和业主在出租或出售时的心理状态。

3.2.1.3 客源的特征与类别

（1）客源的特征。

客源具有指向性、时效性、潜在性三方面的特征。

指向性是指客户作为客源信息的主体属性。对于买或租，在哪个区域，是何种房屋，能承受的价格范围或希望的价格范围，有无特殊需要等，客户均有明确的偏好。需求不清的客户只有经过引导和分析、明确需求后方能成为客源。

时效性是指客户需求的时间要求。如果客户对需求没有时间限定，房地产经纪人需要与客户进行沟通，确认客户对房屋需求的时间限制条件。即使是投资者，也须沟通和确认最终的购买时间点。

潜在性意味着客源严格意义上是潜在客户，是具有成交意向的买房或租房群体。他们的需求只是一种意向，也可能因为种种变故而放弃购买或租赁需求。而能否成为真正的买受方或承租方，在相当程度上取决于客户本身。

（2）客户类别。

按客户购买意向的强弱、经济承受能力的大小、购房区域范围及对房屋品质要求程度的高低等因素，可以将客户群分为 A、B、C 三个等级。房地产经纪人根据客户类别建立相应的营销策略（见表 3－1）。

表 3－1　客户类别与房地产经纪人客户特征营销策略

客户类别	客户特征和营销策略
A 类客户	特征：购买需求强烈，希望尽快买到房屋； 有一定的经济实力，购买力较强； 预算合理，对市场价格有客观认识；对房屋条件不是特别苛刻； 策略：重点跟踪，提供周到而专业的服务
B 类客户	特征：有购房计划，但并不是十分迫切； 有一定的购买力，对房屋品质要求较高； 策略：重点培养，房地产经纪人应不断了解客户特征和需求
C 类客户	特征：属于根本无法成交的对象； 策略：客观地告诉客户无法成交的原因，望重新安排购房计划并再联系

3.2.2　信息开拓渠道与信息管理

3.2.2.1　房源信息的开拓与获取

房地产经纪机构与经纪人将房源的开拓与获取作为一项持续不断开展的基础工作，这一工作的成败是房地产经纪机构与经纪人能否获得稳定业绩的关键。

（1）获取房源信息的原则。

获取房源信息应遵循真实性、及时性和集中性这三个原则。

房源信息的真实性原则可归纳为三个内涵，即房源的真实存在、真实价格与真实委托。如果房源是房地产经纪人虚构的，价格不是委托人真实意思的表示，房源业主本人没有真实委托房屋出售（出租），该房源就是“假房源”。对房源信息，房地产经纪人需要持续地回访、更新并进行维护，以最新状态保证其真实性。只有符合房源真实标准要求的房源信息，才能标注为“真房源”。

房源信息获取的及时性原则，主要指房地产经纪人在获取房源信息之后应及时了解和核实房屋情况、业主信息，及时现场勘查拍照，及时获取钥匙和委托，及时补全信息和委托手续，及时发布信息进行营销推广，力争在最短的时间内使之成为有效房源信息。

房源信息获取的集中性原则，是指房地产经纪机构及经纪人所收集的房源要具备相对集中的特点，即有针对性地在某一区域收集某一类型的房源，使自已较齐全地拥有该类型的房源资料，并在收集房源信息的同时逐步建立与业务能力和资源相吻合的目标市场。

（2）房源信息获取渠道。

房源信息获取渠道根据在获取过程中的沟通方式分为直接开发方式和间接开发方式两种。

直接开发方式是通过面对面沟通的方式开发和获取房源信息。这一方式利用经纪门店、小区活动、派发宣传单、老客户推荐、人际关系介绍等渠道获取小业主的信息。对于开发商、银行、地产相关行业、大型企事业单位、资产处理公司等大型业主，则往往采取直接拜访的形式。上述方法是直接并针对性地与客户进行互动，以达到房源开发的目的。

间接开发方式是通过非面对面沟通的方式开发和获取房源信息。主要采用户外广告或横幅、互联网开发、群发邮件信息、报纸广告、电话拜访等平台和工具。这类开发方式与客户互动较少，但沟通成本低，接触的客户种类较为多元，也是房地产经纪人常用的开发方式。从目前房地产经纪人（机构）获得房源信息总量中，50%～70%的房源信息是从网络渠道获得的。

（3）房源信息的维护。

为保证房源信息的有效性并提高工作效率，房地产经纪人（机构）应对房源信息进行有效的管理和维护，特别是注重信息的分类管理与共享管理。一般来说，房地产经纪人（机构）可以根据若干个因素对房源成交概率以及成交周期进行比较，将房源分成不同的等级，从而对优质房源进行归类并重点销售。而对于一些存在瑕疵，或有其他交易障碍的房屋则可归为一般房源，作为对优质房源的补充。分类的原则一般为销售难度而非房屋质量，具体分类依据及特征如表3-2所示。

表3-2　不同房源类型的分类依据和特征

房源类型	分类依据	特征
优质房源	1. 地理位置较好或处于热销地段	1. 市场需求旺
	2. 业主心理价位合理	2. 销售难度小
	3. 业主主动积极配合	3. 销售周期较短
	4. 具备合法上市产权	4. 有房源钥匙
一般房源	1. 地理位置较差	1. 市场需求少
	2. 价格较高或没有竞争力	2. 销售难度大
	3. 业主配合不积极	3. 销售周期较长
	4. 产权不清或有其他阻碍成交的问题	4. 无房源钥匙

对于优质房源，房地产经纪人应该集中精力、投入时间，重点联络跟进、营销推广，以求快速促成交易；对于一般房源，房地产经纪人应该与房源业主保持联络、持续跟踪、定期回访、及时更新。在实践中，可以利用企业内部信息管理软件对分类房源信息进行更好的管理，例如对于要定期回访的房源设置跟进回访的提醒时间，同时每次跟进都做好访问记录，留下信息累积。

3.2.2.2 客源信息的开拓与管理

(1) 客源信息的开拓。

房地产经纪人只有不断挖掘潜在的客源，才能不断创造经纪成果。一个成功的经纪人必须确保潜在客户的数量。为了开拓充分的客源，经纪人必须熟练运用各种开拓客源的方法，同时对开发策略有明确的认知。

客源信息与房源信息的开拓渠道基本相同。一般情况下，门店接待与互联网开发是最常使用的方法。客源信息的开拓策略要重视市场开发与客户关系维护。房地产经纪人（机构）只有开拓了足够多的客源，同时始终关注客户需求、维护客户关系并以发展终身顾客为目标，才能取得源源不断的业务，持续地成就房地产经纪活动。但应注意的是，市场开发与客户关系维护是彼此独立的工作，在二者难以兼顾时，客户关系维护往往更为重要。一方面，企业以客户为核心、培养客户长期忠诚度，能够实现客户利益最大化和企业利益最大化的平衡。另一方面，客户自身的经济实力也随时间的推移不断变化，忠诚客户带来的“终身价值”是相当可观的。此外，客户维护成本更低，在市场开发越发艰难的背景下，客户忠诚对企业的意义愈发重要①。

(2) 客户信息管理。

客户信息管理实际上就是建立一个以客户为中心的记录或数据库，对客户信息进行分类与系统管理。客户信息管理对象包括完成了房地产交易的客户；那些提出需求或打过电话的潜在客户；与交易活动有关的关系人或供应商；经纪人定为目标，希望为之提供服务的潜在客户或委托人。

客户信息管理是房地产经纪机构和经纪人最为重要的工作内容之一，该工作必须遵循有效、合理使用、重点突出三条原则。相比于房源管理，客源信息管理，即客户信息管理，应以潜在客户的个人信息和需求信息为中心。客户一般可以依托其需求类型、需求目的、房屋偏好、法人性质、新老客户以及价格区间等属性进行分类。在实际工作中，还可以按照区域或社区来划分，以便为客户寻找合适的房源。不同类型的客户需求特点、方式、交易量都不同，因而对其管理要点也不同。客户信息管理的内容则包含在登记表内，一般包括客户编号、基础资料、需求情况与交易记录。个人客户与机构客户需要登记的信息是不同的。

3.2.3 房地产销售广告

3.2.3.1 房地产销售广告简介

房地产广告，是指房地产开发企业、房地产权利人、房地产中介服务机构发布的有关房地产项目预售、预租、出售、出租、转让以及其他房地产项目介绍的广告。不同于一般广告，房地产广告不仅针对建筑实体进行营销，它的策划和推广过程本身也是对楼盘的再

① 廖成林，皮清. 市场开发对客户维护的“损害效应”：客户关系视角下的研究. 金融论坛，2015，20（5）.

创造，能使楼盘增值，发掘出更多市场需求，形成一种消费理念，引导人们的消费行为①。

存量房广告与新建商品房广告存在一定差异。存量房广告较为简洁，是房地产经纪公司通过报纸、门店、互联网、人员推荐等渠道进行的房源发布，主要包括房源基本信息和业主的要求。新建商品房广告的内容则较为丰富，往往由开发商或经纪机构委托的专业广告公司制作，一般包括项目定位、产品与建筑风格等内容，通过画面、文字、图示等多种展示方式增强客户的感知，其呈现形式也较为多样。

3.2.3.2 房地产广告媒体组合策略

单一媒体的受众有限，通过不同媒体组合的优势互补才能实现最佳的广告效果。因而在总成本的约束下，除了要计算每种媒体的边际收益，还要核算在不同媒体上发布广告的频次和费用。按照一般均衡原则，广告收益最大化条件为：各媒体广告所带来的收益与其广告费用之比相等。

如图 3-2 所示，受限于广告的边际报酬递减，而总成本随着单位固定成本的增加而增加，广告的边际技术替代线凸向原点。而 P 点为广告成本预算线 MM 与边际技术替代线的重合，在该点上能够实现最佳的广告媒体组合。

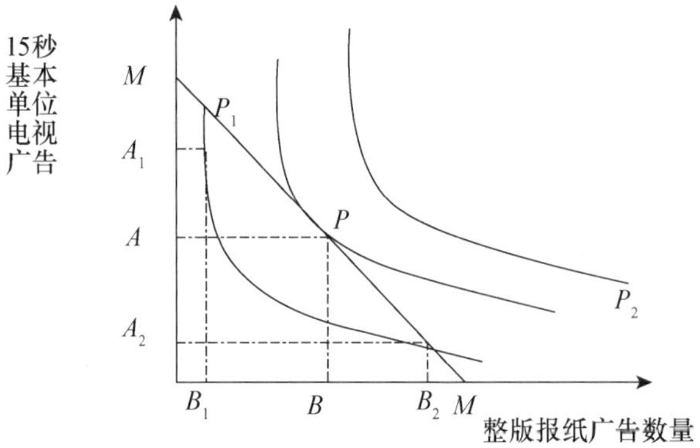

图 3-2　电视与报纸广告的等产量曲线

不同的广告成本与投放模式，形成了不同的销售收入，带来不同的媒体选择模式，如图 3-3 所示：

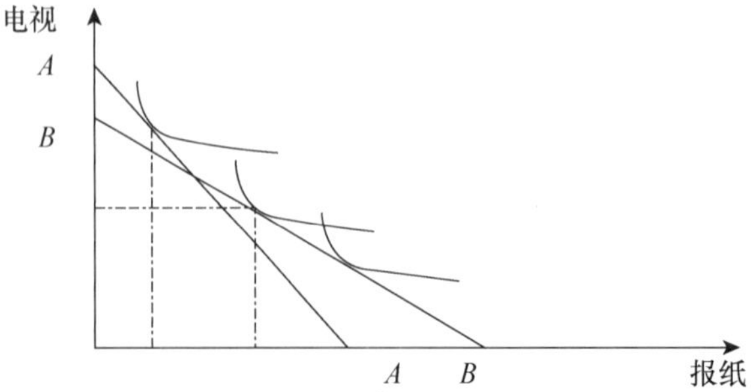

图 3-3　不同广告媒体成本下的销售收益曲线

---

① 孔惠. 房地产广告透析. 科技视界，2015 (5).

3.2.3.3 广告决策投资模型

爱德华·张伯伦提出厂商广告决策模型如下：

$$\frac{A}{S}=\frac{dQ/Q}{dA/A}\times\frac{P-MC}{P}=\frac{dP/P}{dA/A}$$

式中，A 为厂商广告支出费用，P 为产品需求价格，MC 为边际成本，S 为厂商销售收益，$\frac{dQ/Q}{dA/A}$是厂商面对的需求广告弹性①。结论是，当销售收益越多，消费者对于广告的反应越强烈时，广告费用就会提升。此外，当厂商具有垄断势力，在边际成本基础上的提价能力越强时，广告支出额也就越大。

该模型基于如下假设：厂商的产品类型及价格已定；厂商以追求利润最大化为目标；广告促销的结果使厂商面对的市场需求曲线向右移动，即价格既定的情况下，广告使厂商产出量增加；厂商的成本呈倒U形，与广告无关；厂商只有通过扩大广告投入，才能使市场需求达到规模；厂商面对相同的需求曲线，各厂商广告决策独立，与竞争者无关。

就房地产广告而言，房地产价格对广告支出费用弹性越大，利润最大化厂商的广告收益比越大，厂商投入的广告费用也越大。但也有一定限制条件：存在单位产品广告费用边际报酬递减；产品的需求广告弹性与卖出或已售卖产品数量、产品类型有关；产品的需求弹性还取决于厂商在产业中的竞争地位；广告投资还要考虑产品生命周期、竞争对手情况及宏观经济周期。

3.3 房地产经纪业务具体流程

在信息开拓的基础上，本节将业务承接、交易配对与带客看房、撮合谈判与签订交易合同、房屋交验与延伸服务等四个环节作为一项具体经纪业务流程进行分析。

3.3.1 业务承接

3.3.1.1 客户接待

客户接待最根本的目的是与客户沟通，了解并记录客户需求，确定客户意向，并力求尽快满足客户的需求，实现房地产交易。在客户接待过程中，经纪人应将信息记录清楚。不同客户采集的信息内容是不同的，要点如表3-3所示。客户接待最基本的方式包括到店接待、电话接待与网络接待，接待方法随接待方式、客户自身性格与表达习惯的不同而不同。

① 张伯伦．垄断竞争理论．北京：华夏出版社，2013.

表 3-3 采集客户信息的要点

客户类型	信息内容
卖房客户	1. 查验委托人信息：是否是真实委托人（应由房源产权人本人或有公证书的委托人），是否是委托出售（提供有效公证书），收集房屋产权人基本资料，看房联系人信息 2. 查验房源信息：房屋位置、地段、产权类型、房屋户型、面积、楼型、朝向、楼层、装修状况、配备设施；是否空房、建设年份、物业服务企业；周边环境、公共设施配套；计划出售价格；等等 3. 其他特殊情况说明：如要求客户一次性付款等
买房客户	1. 客户基本联系资料 2. 房屋求购信息：位置、地段、户型、面积、楼型、朝向、楼层、建设年份；周边环境、公共设施配套；预算费用、购房付款方式等 3. 其他特殊要求：学区房、不能是凶宅
出租客户	1. 查验出租委托人真实信息：是否是真实委托人（产权人资料、转租提供转租协议）、出租人联系资料 2. 出租房源信息：房屋地址、居室、面积、内部设施、家具、家电配套和物业管理情况；出租价位、收款方式 3. 其他特殊要求：出租最短时间等
承租客户	1. 承租人基本联系资料 2. 承租信息：需求位置、面积、朝向；客户在哪里上班或上学、做什么工作；承租房屋用途；是否本人居住、几个人共住、入住时间要求、最高能够承受的价位、付款方式；等等

资料来源：张秀智，等. 房地产经纪业务操作. 3版. 北京：中国建筑工业出版社，2020.

知识链接 3-1

房地产经纪人的沟通习惯

沟通存在漏斗效应，是一个信息衰减和效率降低的过程。在实践中，房地产经纪人可以通过建立一些工作习惯，有技巧地帮助自己降低漏斗效应，提高沟通效果。

第一，确保对方已听懂自己想要表述的内容。

方法一，重复。凡是重要信息，应该在恰当的时候向客户反复强调，确保对方已经听懂。比如看房时间、某项政策规定。

方法二，提问。比如，经纪人可以说："××先生，我再跟您确认一下这个手续怎么办。首先您得……"然后看对方，等对方接话，再继续。这样也可以帮助对方加深印象。

第二，确认自己所发的电子信息对方已收到。

经纪人在发送了重要的电子信息，包括微信、短信、电子邮件等之后，一定要打电话确认对方已经收到，并核对内容有无缺失。最好在电话确认时再次将内容强调一遍，保证客户及时接收到完整资料。

第三，确认自己的理解是否正确。

方法一，复述。经纪人可以问："我这样理解您看对不对：……""我复述一遍您看有没有理解错的：……"

方法二，有信必回。收到口头信息如电话，要回应"好的，我清楚了，您放心"。收到信件、传真等实物文本信息，要打电话给客户表示自己已收到。收到微信、短信、邮件等电子信息，要回复"收到"。这样做也可以给客户留下可靠、敬业的印象，对成交很有帮助。

3.3.1.2 房源信息勘察

房地产经纪人对不动产业主和房源信息调查是一项非常重要的工作，其工作核心目标是了解客户对房屋售价的期望值。房地产经纪人获取房源信息后，应联系业主进行实地看房，以便掌握更为准确详细的房屋信息。查勘流程及事项的具体内容如表 3-4、表 3-5 所示。

表 3-4 与业主共同查勘的流程及具体内容

看房流程	具体内容
与业主交谈	了解业主和房源相关信息
记录房源	在业主同意的前提下对各个房间和主要的设施、家具、家电进行拍照或拍摄视频，丈量房屋尺寸，详细记录房屋家具和设施尺寸、品牌、使用状况
编制《房屋状况说明书》	根据本企业或者中国房地产估价师与房地产经纪人学会发布的《房屋状况说明书》范本中要求的项目，尽量做到每一项内容都详细填写，做到不漏项，准确客观描述
房源分析	通过区域成交行情以及近期报价进行分析，协助业主确定符合自身需要且有竞争力的出售价格
房源发布	通过门店橱窗广告、机构网页等途径发布房源及挂牌价格

资料来源：张秀智，等. 房地产经纪业务操作. 3版. 北京：中国建筑工业出版社，2020.

房地产经纪人对房源信息勘察要围绕七个方面：以房屋售价（租金价格）为核心采集信息；了解房屋业主资格信息；房源信息调查并编制《房屋状况说明书》；了解业主的理想售价（租金价格）；了解业主的出售（出租）动机；将售房款（租金款）的交付程序、银行监管程序、放款时间等解释清楚；重要信息审核，包括不动产权属和委托人身份。

表 3-5 委托出售经纪业务的相关信息调查项目

需调查的事项	信息内容
所处商圈环境	1. 周边的生活配套：如商场、超市、娱乐场所、菜市场、医院等；2. 周边的交通配套：地铁与公交车站点、出行路线、路网建设；3. 教育资源：幼儿园、学校，以及本房产是否属于学区房等；4. 商圈未来的市政规划
房屋物理属性	1. 居室；2. 建筑面积与各房间面积；3. 建筑年代；4. 楼层；5. 朝向；6. 装修状况与装修造价；7. 室内净高；8. 房屋装修时是否曾经进行改动；9. 煤气/天然气是否入户；10. 供暖方式；11. 建筑形态
房屋权属状况	1. 房屋产权性质；2. 房屋所有权人以及是否有共有权人；3. 房屋是否已经抵押，以及剩余贷款偿还方式；4. 是否属于征收拆迁（动迁）范围内；5. 房屋是否被查封；6. 房屋地址（项目名称与产权证登记名称）
房屋出售条件	1. 出售价格；2. 付款方式；3. 出售原因；4. 腾房时间；5. 当前居住状况（空置/居住/出租）；6. 家具、家电；7. 随房产一并转移的室内配套设施；8. 价格协商余地

续表

需调查的事项	信息内容
业主身份信息	1. 业主的身份证件；2. 业主的联系方式、看房时的联系人及其联系方式；3. 业主是否还有其他共有权人；4. 配偶是否对出售该房产无异议；5. 处于出租状态下的房产，承租人是否放弃优先购买权；6. 看房比较方便的时间范围
物业管理水平	1. 物业服务机构的名称及其评价；2. 物业服务收费的标准；3. 停车位以及停车费；4. 供暖方式以及供暖费用；5. 物业服务机构是否有其他收费项目；6. 水电、供暖等房屋使用时所产生的费用的缴纳情况，是否有欠缴以及何时补齐等

资料来源：张秀智，等. 房地产经纪业务操作. 3版. 北京：中国建筑工业出版社，2020.

若业主出售正在租赁的房屋，承租人按《民法典》规定享有同等条件优先购买权。因而经纪人若发现房屋有承租人，应请业主（出租人）提前3个月通知承租人房屋将出售的情况，以便承租人另外寻找承租房，并提示承租人应签署承租人放弃优先购买权的证明文件。除通过业主了解信息外，房地产经纪人也应对房屋现场进行勘查评估，同时了解房源被查封或是“凶宅”等特殊信息。房地产经纪人对房源进行考察后，应编制《房屋状况说明书》，并请房屋业主在该说明书上签字确认。《房屋状况说明书》可以采用中国房地产估价师与房地产经纪人学会发布的范本。

3.3.1.3 客源信息调查

购房客户信息调查的核心是了解客户与房屋需求相关的信息。与房屋的物理特性（户型、结构）相对稳定不同，客户对承购（承租）房屋的需求有可能随时变化，这就需要经纪人与客户保持密切沟通，随时随地地知晓客户的购房需求与购房心态的变化。

在客户接待过程中，经纪人应根据客户的决策权、意愿程度和支付能力等因素对客户划分优先次序。客户一般可分为试探型、引导型、加强型、成熟型四种类别，经纪人应甄别不同情况做分类引导，具体情况如表3-6所示：

表3-6 客户类型划分一览

客户分类	表现	引导方式
试探型	有意向在近期购房，前来咨询了解市场行情	提供咨询服务，创造专业服务形象，争取建立长期联系
引导型	有意购房，但对价位不明确，资金也尚未到位，开价随意性大	提供好、中、差三类不同房源进行展示，引导客户明确购房意向
加强型	有了一段时间的市场了解，资金基本到位，但仍未形成购房意愿	帮助客户分析购房能力、市场行情，制订购房方案（目标、贷款安排等）
成熟型	有明确意向，对市场行情非常了解，只要条件符合将会很快成交	提供最符合客户要求的房源

资料来源：张秀智，等. 房地产经纪业务操作. 3版. 北京：中国建筑工业出版社，2020.

具体说来，对于购房客户的信息调查主要包括身份信息、需求范围、支付能力、特殊需求、购房资格等（见表3-7）。

表3-7 房屋承购经纪业务的相关信息调查项目

需调查的事项	信息内容
客户身份信息	1. 客户的称谓与联系方式；2. 客户的职业类型；3. 客户的家庭人口构成，即购房后的居住人口；4. 客户偏好的看房时间范围
客户需求范围	1. 计划置业的地段；2. 主要活动区域（例如工作单位、现住址等，以方便经纪人判断其需求范围）；3. 需要的房型、居室、面积；4. 偏好的朝向、楼层、建筑形态等；5. 对装修是否有要求；6. 客户的购买动机
客户支付能力	1. 能接受的价格范围区间；2. 付款方式；3. 为此次置业所准备的购房资金数额；4. 目前的收入水平，以及该收入水平是否能支付贷款月供；5. 客户希望的贷款方式；6. 客户的年龄，以及年龄对贷款年限的影响
客户特殊需求	通过引导式的发问，可以了解客户对于所购置房产是否有偏好，例如不要临街住房，需要附近有医院，为孩子教育置业希望选择学区房等
客户购房资格	由于政策的变化以及限制，购房客户有可能因为自身原因造成没有购买资格，房地产经纪人随时了解政策的变化，根据政策变化针对性地询问客户是否具有购买资格，以及在购买中会否受到某种限制

资料来源：张秀智，等. 房地产经纪业务操作. 3版. 北京：中国建筑工业出版社，2020.

针对房屋租赁业务，房地产经纪人对租赁客户进行信息调查时，应区分承租客户和出租客户关心的重点，与客户详细沟通后并记录下来。房屋租赁客户关心的要点见表3-8。

表3-8 房屋租赁客户关心的要点

项目	出租客户	承租客户
时间性	房子被快速出租，减少空置期，提高收益水平	多为临时性的、紧急性的需求，时间尤为重要；长期客户希望找到合适的、承租期稳定的房源
租金	房租越高越好	客户希望自己消费支出获得最大效用
安全性	对承租客户身份和信誉有所要求，以保证日后租赁期间的安全	希望业主承诺在承租期内不取消租约，合租户通常需要了解另一个租户的性别、职业、生活习惯、家庭结构等信息
服务费用	希望优质的服务，服务费用与服务感受相一致	希望优质的服务，服务费用与服务感受相一致
特殊需求	可能对客户的年龄、家庭、生活习惯、职业有特殊要求	可能对物业品质有特殊需求，比如租赁学区房的家庭，或者肿瘤治疗中心附近的房产

资料来源：张秀智，等. 房地产经纪业务操作. 3版. 北京：中国建筑工业出版社，2020.

3.3.1.4 获取委托及签订房地产经纪服务合同

当房源业主或购房（承租）房屋客户将房地产交易业务事项委托给房地产经纪人提供经纪服务时，业主或客户就与房地产经纪人建立经纪服务委托关系。

委托一般有两种分类方式：按委托形式可分为口头委托、书面委托与其他方式委托；按委托独占性，可分为普通委托与独家委托。房地产经纪服务一般采用书面委托，及需要签订书面的房地产经纪服务合同。独家委托，又称独家代理，主要是指业主（购房或承租客户）授予房地产经纪人就其所委托出售房产独家的、排他性的代理权，业主（购房或承租客户）承诺即使是通过其他人将该房产出售（购买或承租）成交，均将向拥有独家代理权的经纪人支付佣金。在独家委托下，房地产经纪人与业主（购房或承租客户）的承诺业务是双边的。就目前来看，我国房地产经纪服务中采用独家委托方式的比较少。

获取业主或客户的正式委托后就要签订房地产经纪服务合同。房地产经纪服务合同是与业主建立信任关系的重要体现，更是法律的角度保证双方权利与义务。房地产经纪服务合同，是指房地产经纪机构和委托人之间就房地产经纪服务事宜订立的协议，包括房屋出售经纪服务合同、房屋出租经纪服务合同、房屋承购经纪服务合同和房屋承租经纪服务合同等。为了保护委托人和房地产经纪人（机构）的合法权益，双方需要签订房地产经纪服务合同。

房地产经纪人（机构）在房地产经纪服务合同条款商议和签署阶段，第一，就服务本身进行商议。商议内容主要有服务项目、服务内容、服务完成标准、服务收费标准及支付时间等。第二，在签订房地产经纪服务合同时，应查看委托人身份和不动产权属有关证明，规避风险并确定委托人的民事行为能力。若委托人与房屋权利人不是同一人，除了查看委托人的身份证明，出售或出租房屋的权属证明外，还应查看房屋权利人的身份证明、房屋权利人出具的出售或出租房屋的委托书。第三，在房地产经纪服务合同签订过程中，应符合法律法规的要求，特别是《房地产经纪管理办法》的有关规定，做好服务合同签订前的书面告知工作，避免合同签订中的常见错误，预防房地产经纪业务纠纷。

3.3.2 交易配对与带客看房

3.3.2.1 交易配对

交易配对是指将合适的房源和合适的客户进行匹配，为买方选择符合其需求的房源，为卖方选择对应的购买对象的过程。交易配对的核心思想是信息配对，即经纪人将掌握的房源与客源信息进行匹配，在初步分析后向房源需求方推荐房源信息并获得购房客户的认可，促成客户实地看房的过程。一般而言，配对成功就意味着距离成交已然不远，因而也能从配对的次数推算出成交的次数。对于潜在客户而言，只有自己的资金限制与房源信息条件吻合时，客户才会做出交易决策，图 3－4 是潜在客户的交易决策过程，第二步和第三步即为信息配对。

配对的方法基本存在两种：一种是以房源为基础，以客源需求为标准，房地产经纪人围绕客户需求将多套房源逐一与之相匹配；另一种是以客源为基础，以房源特性为标准，房地产经纪人围绕房源特性将多个客源逐一与之相匹配。图 3－5 为信息配对步骤，关键点是按照客户购买意向进行排序。

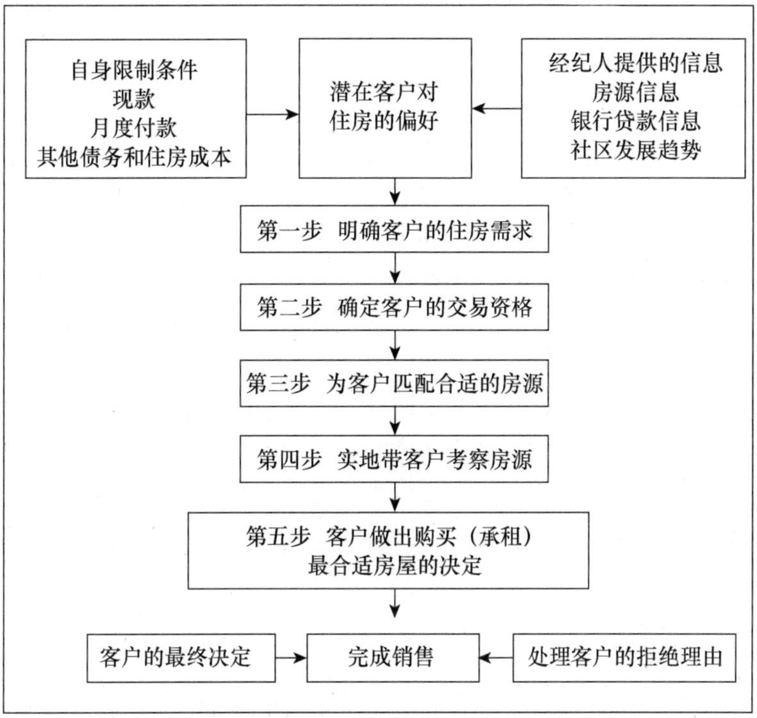

图 3－4　潜在客户的决策过程

资料来源：张秀智，等. 房地产经纪业务操作. 3 版. 北京：中国建筑工业出版社，2020.

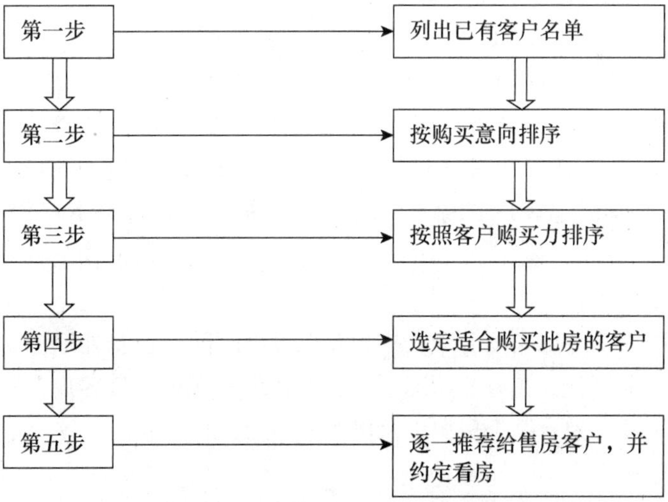

图 3－5　房地产经纪人交易配对步骤

资料来源：张秀智，等. 房地产经纪业务操作. 3 版. 北京：中国建筑工业出版社，2020.

在配对过程中，房地产经纪人推荐房源是关键环节，特别是对客户而言，向委托人推荐房源关系到委托人能否购买到满足住房需求又符合其经济承受能力的住房。房地产经纪人在推荐房源时应注意对房源信息进行列表，客观介绍房源的优缺点并向客户提出经纪人的专业观点。此外，应向遴选出的房源业主致电，在进一步了解房源信息的同时商讨看房时间。

知识链接3-2

引导客户与业主的心理特征

对客户而言，要了解客户购买房产是否是首次置业。首次置业客户的心理活动会比较复杂，这源于存量房交易的繁多文件与漫长流程。经纪人要解释存量房交易的流程、流程中的交易风险及规避、如何发现房源的隐含缺陷等，以此来打消客户的顾虑。对于购买过存量房的客户，应说明经纪人在各个交易环节的工作内容，如某个环节谁做出决策，在什么时间，带着哪些文件或证明，去哪些部门，办什么手续，以此来提高客户的体验度和信任感。

对业主而言，除了解释交易环节及风险外，还要对出售的价格进行梳理。业主通常想卖出高价，又担心难以成交，还怕卖低了导致损失。经纪人可以和业主一起分析看过房的客户情况，如数量、意向、付款条件、出价等。可以根据这些已经梳理的信息，给业主一个最可能成交的价格区间，而不是一个唯一的价格。

3.3.2.2 带客看房

如果购房客户对房地产经纪人推荐的房屋比较感兴趣，需要经纪人与购房客户约好看房时间，一同实地看房，目的是让购房客户对房源状况进行实地了解。

作为卖方代理人时，房地产经纪人应主导看房过程。一方面，经纪人要站在业主的立场，通过专业的营销手段，推销业主委托的房源，客观展示房源的优缺点并在看房过程中带上必要工具，直至最后成交。购房者或承租者通常会十分小心地考察房屋的质量细节，为顺利销售房源，房地产经纪人应该与业主配合对房屋进行适当的装饰、装修，以提高看房效果。另一方面，经纪人应对客户进行引导，提醒客户可能轻视或遗忘的住房优点，同时也让客户关注房屋的缺点。经纪人应替业主回答一些客户关心的问题，也要有意识地提起客户的背景话题，以判断对方是否是本房源的目标客户。在带客看房过程中，房地产经纪人要根据《房屋状况说明书》向客户介绍和解释房源状况。

作为买方代理人，经纪人须合理安排和掌握看房时间，设身处地注重看房细节，并及时将看房结果向业主报告。在有些情况下，买方代理人在正式带客户看房前，通常要提前联系业主或卖方代理人独自勘查房源以及房源周边公共设施状况。这个过程在部分地区俗称“空看”。

在多数情况下，为了提高看房效率，节约客户时间成本，房地产经纪人会带客户一次看几套房源，即所谓“一带多看”（“一带多看”不要超过5套，否则容易给客户带来“看花了眼”的感觉）。在看房中，房地产经纪人要进行双向沟通，言行要得体，要站在购房（承租）客户的立场上，协助或代理购房（承租）客户与业主合理磋商价格，力争使买卖双方达成一致。看房结束后，房地产经纪人应做好回访准备，对客户看房结果进行回访。

3.3.3　撮合谈判与签订交易合同

3.3.3.1　房屋买卖合同的条件协商及签订

房地产经纪人针对当事人交易进行撮合的操作要点主要包括三个：首先，厘清交易双方的分歧所在，区分主要矛盾与次要矛盾，经纪人要主导解决双方的分歧，不能让双方自行协调。其次，要依照公平、公正的原则和市场惯例解决分歧。最后，当分歧较大时尝试将双方分开进行协调。房屋买卖合同一般分为两个阶段：一是定金合同的条件协商与签订，二是买卖合同的条件协商与签订。在交易过程中，还包括对购买价格和付款条件的协商。

（1）定金合同的条件协商与签订。

如果客户对所看房源十分满意，房地产经纪人可以建议购房客户与业主签订房屋买卖定金合同，并交纳一定数额的定金。为了保护客户的利益，防范不必要的损失，避免让客户缴纳大额定金，定金数量不能超过房屋总价款的20%。

房地产经纪机构与买卖当事人三方共同签订房屋买卖定金合同，要注明定金的额度、支付方式以及违约处理方式。房地产经纪人要协助业主向买方收取定金并由业主向买方开具收据。如果买卖双方就购房事宜达成一致，就可以签订房屋买卖合同，定金可以转为购房款的一部分。

在实践中，要注意“定金”和“订金”的区别。我国《民法典》第五百八十六条规定：“当事人可以约定一方向对方给付定金作为债权的担保。定金合同自实际交付定金时成立。定金的数额由当事人约定；但是，不得超过主合同标的额的百分之二十，超过部分不产生定金的效力。实际交付的定金数额多于或者少于约定数额的，视为变更约定的定金数额。”第五百八十七条规定：“债务人履行债务的，定金应当抵作价款或者收回。给付定金的一方不履行债务或者履行债务不符合约定，致使不能实现合同目的的，无权请求返还定金；收受定金的一方不履行债务或者履行债务不符合约定，致使不能实现合同目的的，应当双倍返还定金。”由此可以看出，“定金”有严格的法律界定，是承担违约责任的形式之一，它的基本法律性质是违约定金，并具有担保合同履行的性质，而“订金”则没有明确的法律界定。

（2）协商购买价格和付款条件。

购买价格的协商主要是交易价格的撮合和付款方式的撮合。

购买价格的撮合是交易撮合阶段最难也是最主要的问题。在价格的磋商上一般会出现价差，房地产经纪人应分析双方的价格心理底线，进行积极协调，说服购房客户站在卖方的角度分析其要价的理由，也要说服业主站在对方的立场上分析其出价的根据。交易双方接受了业主报价和客户出价后，常常也会要求房地产经纪人再进行一番讨价还价。房地产经纪人在这个过程中，可能要协调买方和卖方共同让步，最终目标是买卖双方有一个共同认可的价格。

购买方式的撮合包括付款方式和付款条件。付款方式包括全款购买、商业贷款、公积金贷款和组合型贷款。付款条件指的是在什么时间、什么条件下分别支付多少金额的款项。在价格差距不大的情况下，可以利用付款方式进行撮合。双方就价格与付款方式达成一致后，经纪人应趁热打铁，撮合双方签订存量房买卖合同。在讨论合同条款时，对于一些较为敏感、关键性的条款，要在适当的时候提出。

（3）房屋买卖的合同签订与款项支付。

通常情况下，房屋买卖合同主要内容包括：买卖双方信息、标的物信息、购买价格、付款方式、产权证的过户条件、房屋的交付时间和调剂、违约认定和违约责任、合同签署日期。

买卖合同的签订首先应进行准备工作。房地产经纪人应明确双方异议，设计谈判过程，为交易双方准备好签约材料，并在合同签约前履行告知职责。在合同正式签订之前，经纪人应做好证件审查工作。房地产经纪人应认真审查的证件不动产权证、身份证、户口簿、结婚证或离婚证、工商营业执照、委托书等必要证件和文书，出示经纪机构相关资质证书与经纪人资格执业证书。正式签订合同时，房地产经纪人应进行文本讲解。文本讲解内容包括签订合同的意义，买卖手续办理的整个流程及合同中与之相关的条款，以及重点条款的讲解。特别要协助交易双方审查交易条款的每一项内容，务必明确将定金、首期款、按揭贷款、月供的数额及支付时间、税费明细等全部向客户交代清楚。讲解后让双方再确认合同内容，若无异议，房地产经纪人即可正式填写合同并请双方签订房屋买卖合同。

伴随信息化建设的推进，房屋交易常通过互联网进行，网签交易合同也越发普遍。目前，北京正在执行的房地产经纪机构居间或代理存量房买卖合同网上签约流程包括三个：第一，草拟合同。交易双方就不动产交易合同主要条款协商一致后，房地产经纪机构的操作人员在网签系统中填写合同并打印《存量房买卖合同信息表（纳税）》，由交易双方核实合同相关信息录入是否正确，确认无误后将草拟阶段的合同提交至打印阶段。

第二，打印合同。房地产经纪机构的操作人员将网上填写的合同打印后，交由交易双方签字（盖章）。

第三，完成签约。交易双方在合同上签字（盖章）后，由操作人员在网签系统中点击“签约完成”。房地产经纪机构留存有交易双方当事人签字（盖章）的合同原件一份。

房屋买卖合同签订后，就涉及存量房交易的款项支付问题。

其一，存量房交易房款。一般而言，应在取得完税凭证后支付主要房款，拿到新不动产权证及最后交接完毕时再支付尾款，或通过银行办理资金托管业务。

其二，收取经纪服务费。佣金的数额、支付方式、支付时间必须事先告知客户并在书面合同中明确。经纪人不可索取佣金之外其他形式的报酬或利益，收取佣金后应该向佣金支付方提供足额发票或收据。

其三，协助办理缴纳存量房交易税费。

知识链接 3-3

交易资金的监管

2006 年，住房和城乡建设部与中国人民银行联合发布了《关于加强房地产经纪管理规范交易结算资金账户管理有关问题的通知》。该通知要求通过房地产经纪机构或交易保证机构划转交易结算资金的，房地产经纪机构或交易保证机构必须在银行开立交易结算资金专用存款账户，账户名称为房地产经纪机构或交易保证机构名称后加“客户交易结算资金”字样，该专用存款账户专门用于存量房交易结算资金的存储和支付。

在每次经纪业务中，房地产经纪机构和交易保证机构应在银行按房产的买方分别建立子账户。交易当事人根据需要在银行开立个人银行结算账户。开立客户交易结算资金专用存款账户时，房地产经纪机构和交易保证机构应当向银行出具工商营业执照、基本存款账户开户许可证和房地产管理部门出具的备案证明。子账户划转时要有房地产经纪机构或交易保证机构和房产买方的签章。房产买方应将资金存入或转入客户交易结算资金专用存款账户下的子账户，交易完成后，通过转账的方式划入房产卖方的个人银行结算账户。当交易未达成时，通过转账的方式划入房产买方的原转入账户；以现金存入的，转入房产买方的个人银行结算账户。客户交易结算资金专用存款账户不得支取现金。

3.3.3.2　房屋租赁的合同签订与款项支付

租赁房屋的承租人，其需求往往偏向中短期居住或商业经营、办公。对房地产经纪人而言，客户群具有很大的流动性。如果该客户是经纪人的长期客户，有可能由于更换居住地而需要经常为其代理住房承租服务。有些出租人是以出租房产获得经常性收益的投资客，为他们代理房产出租，要为他们寻找长期稳定的租赁客户。

基于客户需求的差别，租赁业务与买卖业务的撮合要点也有一定差别。第一，房地产经纪人要十分熟悉和了解市场租金的变化。在租赁双方对租金有较大分歧时，经纪人应可以利用租金支付方式、租金折扣、提供充分的家具和其他设备等条件，折中缓和双方的分歧。第二，房地产经纪人要从多个角度撮合双方，包括房源紧俏、位置与交通情况、配套设施情况、周边环境、居住人口素质等。相关理由应客观真实，切忌为了促成交易而编造不实情况。第三，与租赁双方协调租金交纳方式和佣金标准。房地产租金通常按季度缴纳，也有约定按月度、半年或年度缴纳。租期内租金可以不变，也可商定每年的递增比例或随行就市。

房屋租赁合同签订中，应注意租金、押金数额及其支付方式。押金在法律上称为“租赁保证金”，主要用于抵冲承租人应当承担但未缴付的费用，与“定金”是完全不同的概念。“押×付×”是租赁市场中对租金和押金支付方式的俗称，比如押一付三，即指租金按三个月为一期支付，押金数额为一个月的租金。具体几个月支付一期租金，则由租金双方协商决定。

租赁合同签订完毕后，房地产经纪人应协助双方办理房屋租赁合同的备案。一般而言，备案后可具备如下对抗第三人效力：在租赁期间出租人出售该房屋的，承租人在同等条件下有优先购买权；租赁期届满出租人须将该房屋再出租的，承租人在同等条件下有优先承租权；房屋租赁期间，出租人将该房屋出售给第三人，第三人应继续履行原租赁合同；房屋租赁期间，出租人将已出租的房屋设定抵押，该抵押物被依法处分给第三人的，第三人应继续履行原租赁合同。

房屋租赁合同的主要内容包括：房屋租赁当事人的姓名（名称）和住所，标的物，租金和押金数额、支付方式，租赁用途和房屋使用要求，房屋和室内设施的安全性能，租赁期限，对转租的约定，房屋维修责任，房屋服务、水、电、燃气等相关费用的缴纳，争议解决办法和违约责任，其他事项约定。在协助租赁双方签订房屋租赁合同时，要重视以下六个方面的工作：

其一，如果双方达成一致，房地产经纪人核实租赁双方的身份及有关证件原件。

其二，准备一式四份的合同，租赁双方各执一份，经纪机构存档一份，一份合同交政府部门登记备案。

其三，合同字迹清楚，尽量避免涂改。如有涂改，双方应该在涂改之处共同签字。

其四，双方阅读合同，房地产经纪人对合同有关条款进行解释。

其五，房地产经纪机构收取佣金、开具收据。

其六，协助租赁双方办理租赁合同登记备案。

3.3.4 房屋交验与延伸服务

房屋买卖或租赁合同签订完毕后，应进行房屋的验收和交付，“交验”是对这一过程的统称。验收是房屋的购买或租赁者根据合同约定对房屋情况的确认，交付是房屋原持有人将房屋转移给下一个持有人的过程。交付一般分为实体交付和产权交付两部分，前者是房屋实际占有者的变更（通常以拿到钥匙为标志），后者则以不动产登记手续的办理完成为标志。

3.3.4.1 新建商品房的交付及验收

新建商品房的交付分两类，一类是房地产开发商将签署了新建商品房买卖合同的商品房交付给买受人，另一类是房地产开发商将签署了租赁合同的不动产交付给承租人使用。前者是房屋实物的转移占有，即开发商先将房屋实体交付给买受人，后办理不动产产权转移手续，未来需要向买受人交付房产证。后者只交付房屋实体给承租人，不转移产权，即只租不售。

新建商品房交付应具备一定的条件。《商品房买卖合同示范文本》（GF-2014-0172）对商品房交付条件做了详细规定。首先，该商品房应已取得建设工程竣工验收备案证明文件和房屋测绘报告，其次，商品房相关设施设备要具备交付条件、相应的使用标准。

购房人进行验房时，房地产经纪人应协助买受人对相关内容进行验收。验收内容包括：第一，以双方签订的商品房买卖合同中的条款为依据，买受人按照合同约定的条款对房屋面积、公摊面积、公用设施、配套设施、房屋配套等进行验收。第二，买受人根据《商品房买卖合同示范文本》第 11 条内容查验其他项目。房屋地基基础和主体结构质量问题，则不在买受人查验范围内。查验房屋后，买受人与开发商应当签署商品房交接单。

房屋交付一般是住房项目销售的最后阶段，代理公司协助房地产开发商共同完成，使购房者顺利搬入住房。在交付中，经纪人应协调销售人员、工程人员、房屋管理人员等组成验房小组，为客户验房提供专业服务。

3.3.4.2 存量房的交付及验收

与新建商品房由房地产开发商组织统一的房屋交付和验收不同，存量房的交付与验收环节通常是在存量房买卖交易完成、购房业主办理了不动产权利证书转移登记、售房人通过监管账户获得最后房款后约定的若干日后，买卖双方才进行房屋交付与验收手续。双方应按照存量房买卖合同中约定的房屋交付的时间和条件进行房屋交付，以降低可能产生的风险并规避矛盾。

存量房的验收一般可聘请房屋查验咨询师，经纪人可根据相关约定进行聘请并陪同验房。这一行业鱼龙混杂，聘请过程应认真筛选，聘请持有人社部房屋查验咨询师证书的从业人员专门查验。

房地产经纪人协助买卖双方进行房屋交验时，应注意：在房屋交付前提醒双方房屋相关费用的支付责任，检查电表运行状况，结清电话费，协助双方办理煤气（天然气）、有线电视等服务的过户，结算维修基金，检查验收附属设施，协助办理户口迁移，并准备好房屋交验表以备使用。此外，如果买方因种种原因，在产权变更前与卖方进行了房屋交付，经纪人应提示买方后续风险，建议其待不动产转移登记办好后再进行装修。

3.3.4.3　租赁房屋的交付与验收

针对租赁房屋交验，房地产经纪人应注意以下四点：

第一，如果双方在房屋交验过程中发生矛盾，房地产经纪人应主导解决双方的分歧，不能让双方自行协调。

第二，分歧的解决要依照公平、公正的原则和市场惯例；当分歧较大时尝试将双方分开进行协调。

第三，房地产经纪人要与租赁双方仔细核对出租房屋中的各种设施和设备，注明品牌、型号和数量。

第四，对于当时无法确认由哪方缴纳的费用，应协助双方制定解决办法。

3.3.4.4　商业贷款代办和不动产登记代办等后续服务

（1）商业贷款代办。

商业贷款是购房客户在支付所购买房产的部分房款（首付）后，以所购买的房产做抵押，向银行申请贷款，用于支付除首付款以外的剩余房款的贷款方式。借款人必须是18周岁至65周岁间、具备城镇户口、能提供稳定收入证明且个人征信记录良好的居民。贷款额由房产评估值和房产成交价取低原则决定，其中评估值一般低于成交价格。贷款成数则根据房产性质、房龄、借款人综合条件等而定。一般而言，首次购房客户的首付款为30%、利率为基准利率；再次置业者的首付款为60%、利率从基准利率上浮10%～15%。商业贷款还款方式主要是等额本息还款法（等额法）、等额本金还款法（递减还款法）等。

商业贷款办理流程分为五个步骤：第一步，借款人贷款资格预审。借款人到贷款银行填报《个人住房借款申请表》并提交相关材料，银行进行审查合格后出具贷款承诺书；第二步，借款人提交房地产买卖合同。借款人凭贷款银行出具的贷款承诺书与房地产开发企业签订商品房买卖合同或者存量房买卖合同，确定付款方式和房款总额；第三步，借款人与贷款银行签订个人住房抵押贷款合同；第四步，办理房地产抵押登记；第五步，贷款银行划款。

（2）公积金贷款代办。

住房公积金贷款是指由各城市住房公积金管理中心及所属管理部门，运用住房公积金，委托银行向购买（自建、翻建、大修）住房职工发放的一种政策性担保委托贷款。贷款对象为在住房公积金管理中心系统缴存住房公积金的缴存人和住房公积金缴存单位的离退休职员。住房公积金贷款年限不得超过30年，借款申请人的贷款期限最长可以计算到借款人70周岁。贷款成数会因贷款人的房屋拥有数、贷款记录等条件的差异而有所不同，单笔住房公积金的贷款最高额度为120万元。

（3）新建商品房不动产登记代办。

新建商品房不动产登记分为首次登记和转移登记。新建商品房不动产首次登记是指新建商品房不动产权利第一次登记。未办理不动产首次登记的，不得办理不动产其他类型登记，但法律、行政法规另有规定的除外。新建商品房不动产转移登记是在开发企业完成商品房初始登记后，由开发企业通知购房客户到开发企业领取相关材料，再由购房客户到不动产登记中心申请办理。

（4）不动产转移登记和变更登记代办。

不动产权利转移方式主要有因买卖，赠与，继承，法院判决、仲裁机构裁决、拍卖，夫妻间共有性质变更，法人或其他组织改制、合并、分立导致的权利转移登记。其中存量房买卖引起的不动产权利转移登记是房地产经纪人代办的主要业务。存量房买卖产权过户需要遵守一定的程序，以北京市为例，其步骤一般为：缴纳税费—产权登记过户—领取不动产权证。在互联网技术支持下，目前的不动产权利登记程序推行“不动产登记＋互联网”，流程大大简化，甚至可以实现立等可取。

房地产经纪人也会协助不动产权利人办理不动产抵押登记和注销登记。购房人以抵押贷款方式购买不动产，需要以不动产设定抵押，并应办理抵押登记，办理抵押登记后，抵押权才能设立。自然人、法人或者其他组织为保障其债权的实现，依法以不动产设定抵押的，可以由当事人共同申请办理抵押登记。但出现如下情况时，当事人可申请抵押权注销登记：主债权消灭，抵押权已经实现，抵押权人放弃抵押权，法律、行政法规规定的抵押权消灭的其他情形。

本章小结

1. 房地产经纪业务流程是房地产经纪人完成一个完整的房地产经纪服务的标准工作步骤和程序，反映了房地产经纪服务各个工作环节之间的逻辑关系，是一种动态关系。标准化的房地产经纪业务流程能起到提高房地产经纪人工作效率、减少重复工作、减少纠纷等作用，为开展房地产经纪服务提供了程序依据。按照房地产经纪业务内容，可分为存量房与新建商品房经纪业务流程，房屋买卖与房屋租赁经纪业务流程。

2. 房地产经纪业务流程包含业务承接、交易配对与带客看房、撮合谈判与签订交易合同、房屋交验与延伸服务等四个阶段。随着互联网技术的使用，原来由人工操作的服务环节，如信息搜寻、建立房源客源数据库、房源客源信息匹配等工作，由计算机替代了人工操作，大大提升了房地产经纪服务的效率，房地产经纪业务流程的智能化水平大幅提高。

3. 信息开拓是房地产经纪业务的核心，所谓“巧妇难为无米之炊”。相较于客源信息开拓，房源信息开拓更重要，后者决定了房地产经纪机构的运营基础、方向和定位的选择。客源信息开拓与房源的匹配则决定了经纪机构实际推动的业务量。在信息的开拓与管理实践中，房源真实性与客源关系维护这两个内容至关重要。

4. 房地产经纪业务流程的核心是沟通和协商。房地产经纪人撮合房地产交易双方完成房地产交易的过程，可认为是房地产经纪人与委托人进行沟通、协商并推动交易的过程。房地产经纪人的职责是保证信息传递正确、运转流畅并促进交易双方的沟通，以取信于客户为基础，保持客户利益最大化与自身利益最大化的平衡。

关键术语

房源　客源　客户接待　业务承接　《房屋状况说明书》　独家委托　交易配对　带客看房　房地产经纪服务合同　房地产交易合同　房屋交验　不动产登记代办

复习思考题

1. 简述存量房经纪业务流程。
2. 互联网技术对房地产经纪人和房地产经纪机构产生了什么影响？
3. 互联网技术对房地产经纪行业产生了什么影响？
4. 你认为“互联网＋房地产经纪”和“房地产经纪＋互联网”，哪一种是未来的发展趋势？
5. 你认为房地产网络自助交易能取代房地产经纪人吗？
6. 了解房源信息和客源信息的开拓渠道。
7. 分析房源信息和客源信息的内涵。
8. 房源和客源的特征分别有哪些？
9. 简要分析房地产广告投资决策模型。
10. 什么是独家委托？房地产经纪服务合同可以口头约定吗？
11. 什么是《房屋状况说明书》？房地产经纪人制作《房屋状况说明书》的目的是什么？
12. 定金和订金有什么区别？房屋租赁合同中的押金起到什么作用？
13. 什么是房地产交易资金监管？
14. 案例分析：

业主张某因单位急事出差，不能按照约定时间到中介公司门店与购房客户钱某签署房屋买卖合同，于是就委托其朋友吴某前来签署二手房买卖合同。吴某也没有拿到张某的授权委托书。为了尽快买房，在中介机构的见证下，购房客户钱某与吴某在买卖合同上签了字。但是，过去了十几天，张某本人一直未在买卖合同上补签名字。钱某很担心张某万一反悔，自己不能买到房子，也不能拿到违约金。

问题：

（1）张某是否应当承担民事责任？若是，需承担什么责任？

（2）吴某是否应当承担民事责任？若是，需承担什么责任？

（3）中介机构应如何规避这种风险？

15. 案例分析：

业主刁某与其母亲共同生活，刁某与妻子育有一子。刁某在出差过程中突发心脏病去世，未留下遗嘱。刁某妻子与刁某母亲就其留下的遗产引发家庭纠纷。经调解后，刁某妻子与刁某母亲决定将刁某名下的一套房产出售后双方对现金进行分割。房地产经纪人吴某承接了这一业务。

问题：

（1）刁某名下的房产应如何分配？

（2）吴某在办理业务中，应获取哪些主体的委托？

参考文献

[1] 张伯伦．垄断竞争理论．北京：华夏出版社，2013.

[2] 张秀智，等．房地产经纪业务操作．3 版．北京：中国建筑工业出版社，2020.

[3] 廖成林，皮清．市场开发对客户维护的“损害效应”：客户关系视角下的研究．金融论坛，2015，20（5）.

[4] 孔惠．房地产广告透析．科技视界，2015（5）.

[5] 廖俊平．房地产经纪行业研究．广州：中山大学出版社，2019.

[6] 托夫勒．第三次浪潮．北京：中信出版社，2006.

[7] ZHENG X L. The influence of “internet+” era on real estate brokerage industry and countermeasures. Advances in social sciences. 2019，8（12）.

[8] 张闪闪．互联网技术对房地产经纪业的影响研究．居业，2016（6）.

[9] 李文杰．互联网对传统房地产经纪行业运营的冲击//中国房地产估价师与房地产经纪人学会 2013 年年会，2013.

第4章

房地产经纪服务合同

本章导读

房地产经纪活动主要是围绕合同开展的，房地产经纪服务合同是规范经纪机构和委托人之间权利义务关系的依据。准确把握房地产经纪服务合同的概念、性质、特征、类型及其在房地产经纪活动中的作用，区分房地产经纪服务合同的不同类型，对于房地产经纪机构和经纪人员依法开展业务、维护自己的合法权益、促进房地产市场的规范发展有着重要的意义。

知识结构图

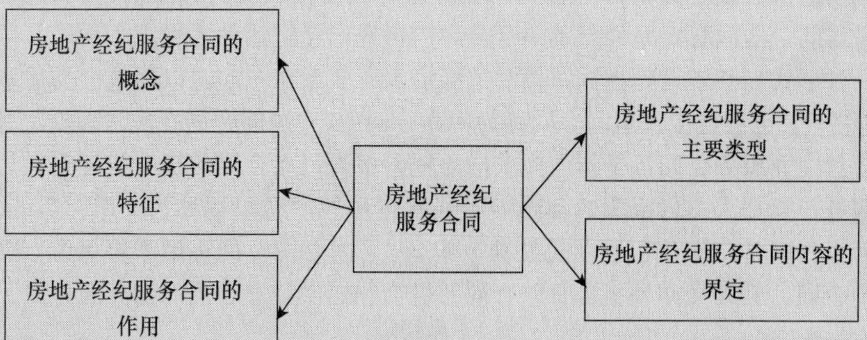

重点问题

- 房地产经纪服务合同概念
- 房地产经纪服务合同的主要内容
- 房地产经纪服务合同的特征
- 房地产经纪服务合同在房地产经纪活动中的作用
- 房地产经纪服务合同的主要类型

4.1 房地产经纪服务合同概述

4.1.1 房地产经纪服务合同的概念

房地产经纪服务合同在房地产经纪活动中起着十分重要的作用，其作为房地产交易的载体在房地产市场中大量存在，厘清其概念对于规范房地产经纪行为，维护房地产经纪活动中各方当事人的合法权益，规范房地产经纪市场具有积极意义。

房地产经纪服务合同是平等主体之间设立、变更、终止与房地产经纪活动相关的民事权利义务关系的协议。作为一种民事合同，房地产经纪服务合同所包含的权利与义务关系以及由此产生的法律后果都应属于民法的调整范畴。但房地产经纪服务合同并非我国《民法典》规定的有名合同。界定房地产经纪服务合同的概念，就要先厘清其法律属性。

根据中国房地产估价师与房地产经纪人学会（简称中房学）发布的《房地产经纪执业规则》，房地产经纪服务合同是指房地产经纪机构和委托人之间就房地产经纪服务事宜订立的协议，包括房屋出售、房屋出租、房屋承购和房屋承租等①。中房学制定了上述四类经纪服务合同示范文本，以供房地产经纪机构参照适用。

就居间合同来看，《民法典》第九百六十一条规定："中介合同是中介人向委托人报告订立合同的机会或者提供订立合同的媒介服务，委托人支付报酬的合同。"这里的中介也就是居间，居间肯定是经纪的一部分，但房地产经纪活动不局限于居间。居间作为中介的一种形式，其宗旨是把同一商品的买卖双方联系在一起，以促成交易后取得合理佣金的服务②。也有直接将居间合同称为中介合同的，"居间合同在民法理论上又称为中介合同或者中介服务合同，是指居间人向委托人报告订立合同的机会或者提供订立合同的媒介服务，委托人支付报酬的合同"③。通常将房地产经纪均称为"中介"，这两个概念在实际操作时往往混用。在《民法典》中，"居间合同"的称谓不再保留，取而代之的是中介合同，其含义亦是报告订立合同的机会和提供订立合同的媒介服务。

---

① 《房地产经纪执业规则》第三条第八款规定："房地产经纪服务合同，是指房地产经纪机构和委托人之间就房地产经纪服务事宜订立的协议，包括房屋出售经纪服务合同、房屋出租经纪服务合同、房屋承购经纪服务合同和房屋承租经纪服务合同等。"

② 胡康生.《中华人民共和国合同法》释义. 北京：法律出版社，1999：594.

③ 孔祥俊. 合同法教程. 北京：中国人民公安大学出版社，1999：653.

房地产经纪是主要为委托人提供房地产代理、信息、居间介绍等的经营活动。在实务中，单纯的房地产咨询服务不多见，更典型地表现为信息服务。房地产交易当事人寻求经纪服务时，首先需要经纪机构提供信息服务，而信息服务与居间活动的结果，是促成买卖双方订立房地产买卖合同。

4.1.2 房地产经纪服务合同的特征

房地产经纪服务合同是房地产经纪机构与委托人所签订的规范双方当事人权利义务的书面协议，其法律属性的判断与经纪活动的内涵紧密相关。在房地产经纪活动中出现法律纠纷时，对房地产经纪服务合同双方权利义务关系的正确解读，将直接影响到房地产经纪活动中相关各方当事人的权益。

司法实践中将房地产经纪服务合同认定为居间合同（《民法典》修订为中介合同）的观点颇为大家所接受。最高人民法院的《民事案件案由规定》将委托合同、行纪合同及居间合同等合同类型列为第三级案由，而将咨询服务合同纠纷列入服务合同项下的四级案由。从法院对案件案由的分类来看，多数房地产经纪服务合同纠纷引发的诉讼案件均被列入居间合同的案由之下。由此可见，将房地产经纪服务合同认定为居间合同的观点在司法实践中似乎已成为主流。

按照行业惯例，在经纪的实务操作中确实其兼具居间、委托、代理等行为性质。关于经纪服务合同是否应该涵盖代办抵押注销、办理过户、按揭贷款，或者说房地产经纪服务是否应该延续到办理过户登记和抵押登记、交付房屋甚至帮助迁移户口等才算结束，在不同法院的不同判决中也是莫衷一是。按照《房地产经纪管理办法》，该类事项办理需经委托人同意后，另行签订合同。从目前的操作来看，居间是经纪机构最基本的业务。依照行业惯例，目前经纪机构在操作中不仅要报告订立合同的机会，更要提供订立合同的媒介服务，有些甚至在交易达成后协助办理相关手续。

从目前我国的各类房地产经纪服务合同的内容看，其范围涵盖了居间和代理。但从合同法的规定来看，不能简单地将经纪合同等同于居间合同。

1. 房地产经纪服务合同是以劳务为内容的服务合同

房地产经纪服务合同的标的是以服务为内容的，具体包括为订立合同提供报告或媒介服务以及双方约定的其他服务事项。至于房地产交易合同订立后可能产生的延伸服务，如协助办理房屋过户、按揭贷款、水电气过户服务等，委托人和经纪机构往往认识不一致，如有些经纪合同还将帮助腾空住房、迁移户口、结算水电费、帮助抵押贷款等作为经纪方义务，甚至要求经纪机构代为收取定金或房款，做双方的担保人等，其实从法律角度看这些都不是居间人（《民法典》修订为“中介人”）的法律义务。实践中确有不少经纪机构免费提供此类服务，表现为一种交易上的习惯，往往并不在合同中进行明确约定。如果经纪方自愿提供无偿服务自然可以，如果合同约定提供延伸服务并要求支付报酬，也不为法律所禁止。经纪机构是否提供无偿的延伸服务，具体内容以合同约定为准。

2. 房地产经纪服务合同是有偿合同

房地产经纪机构或经纪人提供劳务，委托人在享受了房地产经纪服务合同约定的劳务服务后，需要向对方支付相应的对价。具体来说，房地产经纪机构提供了经纪服务，委托人则应支付合同约定的报酬。因此经纪服务合同属于有偿合同。作为经纪机构，其主要的营业收入是佣金。

根据《民法典》的规定，交易双方成交之后中介方才可收取报酬。关于成交的界定实践中有不同看法：是促成交易双方签订合同（买卖合同或者租赁合同），还是交易双方办理完毕相关的法律手续（如买卖中的转移登记）？实务中也有多种做法：有双方订立经纪合同、房地产买卖合同后收取的；有办理过户登记后才收取的；还有提供信息就收取部分费用的。传统观点认为中介只要契约成立，无须保证有契约之结果，但是契约的成立，与中介人的工作须有因果关系之存在。一般认为，中介人报酬，如为报告中介，由委托其报告之委托人负担；如为媒介居间，由双方委托人平均负担（当事人另有约定的除外）①。由此看来，报酬的支付条件是较宽泛的，与我们实际操作中要求的严格责任相去甚远。

不仅是成交标准有争议，对于成交合同的适用亦有不同理解，即是以签订政府的示范合同文本还是以自拟的文本为准。通常，房地产登记部门要求交易双方签订房地产管理部门（或者工商管理部门）监制的交易示范合同文本，并以此办理登记。因此，当事人往往认为没有签订政府的示范合同文本，不能认为交易合同已成立。从司法角度看，最高人民法院《关于审理商品房买卖合同纠纷案件适用法律若干问题的解释》第五、第六条是以是否具备商品房买卖合同的主要条款为依据判断合同是否成立，而不是以是否签订正式契约为判断合同是否成立的标准。

3. 房地产经纪服务合同是双务合同

双务合同是相对于单务合同而言的。双务合同的当事人互负义务和享有权利，一方的权利是对方的义务，反之亦然，双方的权利义务是对等的。按照给付义务是否由房地产经纪机构与委托人互负义务为标准来看，房地产经纪服务合同是双务合同。以中介为例，中介合同是为促成委托人与第二人订立合同为目的，中介人义务主要有：如实报告，不得故意隐瞒与订立合同有关的重要事实或提供虚假情况。如果由此损害委托人利益的，不得要求报酬，并应当承担损害赔偿责任。促成合同的，中介活动的费用由委托人承担。其权利主要是促成合同成立后的取酬。未促成合同成立的，不得要求支付报酬，但可以要求委托人支付因中介活动支出的必要费用。

实践中还有一种情况，当事人并非先签订中介合同，后再签订房地产交易合同，而是一次性地由买卖双方及经纪机构三方签订中介交易合同，合同有三方当事人，将中介与交易的内容合并于同一个合同文档之中。这种情况下，发生争执的是：究竟中介合同和交易合同是否已成立。如果此类合同是经纪合同与交易合同的合二为一，主要条款具备了交易合同和经纪合同的要件，那么，应当认定其经纪合同和交易合同均已成立，而不必拘泥于合同的名称。因此，虽然合同称为中介交易合同，但从法理角度分析，其是三份合同义务的合一，即经纪机构与出卖人（出租人）的委托出售（出租）合同、经纪方与买受人（承租人）的委托承购（承租）合同以及买卖（租赁）双方签订的买卖（租赁）

---

① 目前所见《民法典（草案）》中介合同亦是如此规定的。

合同。因此，在这一份合同中体现的是三份合同的内容，即从法律上看是三份双务合同的组合。

4. 房地产经纪服务合同是以委托为基础的

房地产经纪机构在经纪活动中所担负的义务主要是促成房地产交易为目的的服务。从司法角度看，法院大多将房地产经纪定位于居间行为。在房地产实务界通常认为经纪合同包括中介和代理。委托合同（亦称委任合同）是双方当事人约定由一方作为委托人，委托另一方代为处理事务（除了人身性质的行为和事实行为不能委托外），且对方同意为其处理事务的合同。房地产经纪服务合同亦是以委托为基础的，通常经纪机构为受托人，客户（如买卖双方、租赁双方当事人）为委托人，委托是经纪合同产生的基础。

5. 房地产经纪服务合同应为书面形式

按照《城市房地产管理法》第四十一、五十、五十四条规定，房地产转让、房地产抵押、房屋租赁应当签订书面合同，因此，房地产交易合同是法定的要式合同。但我国的法律法规并未对房地产经纪服务合同形式做出具体要求，因此理论上其属于不要式合同。但房地产经纪往往涉及房地产交易，交易的标的额巨大，因此为防止纠纷，应当签订书面合同。按照《房地产经纪管理办法》规定，房地产经纪机构接受委托提供房地产信息、实地看房、代拟合同等房地产经纪服务的，应当与委托人签订书面房地产经纪服务合同。为了达到规范房地产经纪市场秩序、促进房地产市场健康有序发展的目的，中房学及各地主管部门发布了一系列房地产经纪服务合同示范文本供房地产经纪机构与委托人订立经纪合同时参考适用。

4.1.3　房地产经纪服务合同的作用

房地产经纪服务合同作为房地产经纪活动的载体，有着十分重要的作用。房地产经纪活动双方当事人的权益只能通过订立经纪合同的方式得到保障和实现。房地产经纪机构在履行其为委托人提供劳务服务的义务时，其获得报酬权也是依据合同约定的方式取得。同样的，委托人也只有通过合同的形式，才能充分表达自己享有的各项权利以及履行支付报酬的义务，合同自愿、公平、充分、自由地表达着当事人各方的权利和义务。在房地产市场中，房地产经纪服务合同的重要作用主要体现在以下四个方面：

1. 有效保障合同当事人的合法权益

房地产经纪服务合同对双方当事人具有法律上的约束力，当事人应当依照约定履行合同义务，不得擅自变更或者解除合同。合同当事人在履约过程中不履行义务或者违反约定就应当承担继续履行、采取补救措施及赔偿损失等违约责任。

基于上述原则，在房地产经纪活动中要保障房地产经纪方和委托人的合法权益，合同当事人就应当重视房地产经纪活动中合同的订立、履行和守约。房地产经纪服务合同是以劳务、服务为标的内容，其范围很广泛。房地产经纪机构在接受委托人的委托时，往往因为不同的委托要求和不同的委托事项而需要制定不同的服务内容、方式以及报酬的标准。所以，房地产经纪机构与委托人之间应通过合同相对地固定双方的权利义务关系，并确保自己和对方权利得到合同的保障。双方当事人在订立合同时以平等自愿、诚实信用为基本原则，确保双方地位平等，通过履行房地产经纪服务合同约定的权利义务，使房地产经纪机构和委托人能够依法依约自主地安排双方的代理、中介关系，合法地实现交易目的。

2. 提供房地产交易的便利服务

房地产交易标的额大、程序复杂，需要一定的房地产专业知识和法律知识，而交易双方当事人往往并不具备相应的知识和技能。通过房地产经纪服务合同约定提供委托人需要的服务事项，经纪机构凭借自己的专业水平依约为交易当事人提供服务，可以有效弥补交易双方的短板，并为双方当事人提供交易便利和安全保证，使交易过程更安全、顺畅。

3. 促成房地产交易目的实现

房地产经纪机构凭借其所掌握的客户资源，及其所构建的完善和丰富的营销渠道与网络信息服务平台，能够做到为委托人提供专业和优质的经纪服务。经纪合同的目的就是促成交易，通过与委托人订立房地产经纪服务合同，为房地产交易双方提供快速而有效的交易中介，促使交易规范有序进行，可以实现房地产市场的资源优化配置，提高房地产市场交易的效率，解决交易双方信息渠道过小或信息不对称等问题，促进交易目的根本实现。

4. 维护和保证房地产市场秩序安全和稳定

房地产经纪活动作为房地产市场的重要组成部分，其安全、平稳运行对房地产市场和交易活动有着重要的影响。房地产经纪机构与委托人之间通过合同形式明确双方当事人的权利与义务，避免损害交易当事人利益行为的发生，可使交易当事人最大限度地实现其交易目的、保障交易活动的安全。同时经纪合同也可以约束市场中的恶意、无序行为，有效维护市场交易秩序的稳定。在发生经纪纠纷时，房地产经纪服务合同也是协商、调解、仲裁乃至诉讼的基本依据。

4.2 房地产经纪服务合同的内容

4.2.1 房地产经纪服务合同的主要类型

目前各地使用的房地产经纪服务合同的名称比较混乱，建议选择适用中房学制定的合同示范文本。其推荐文本为：《房屋出售委托协议》《房屋出租委托协议》《房屋承租委托协议》《房屋承购委托协议》。各地的房地产主管部门（市场监管部门）或者行业协会亦制定有合同示范文本，各地的名称也各有千秋。经纪合同的分类方法和角度各不相同，可以从经纪行为性质、交易性质、房屋类型、委托人等不同角度进行分类。

4.2.1.1 房地产代理行为与房地产中介合同

经纪业务中除中介外，还有房地产信息服务和代理业务。

按照《瑞士民法典》，委任合同项下包括居间合同与代理合同。在同一宗买卖中，居间和代理是否可同时并存，在法律上不无疑义。信息服务较为简单，通常我们是指向社会提供相应的房屋信息，即业主委托经纪机构出售房产，经纪机构在接受委托后即将该物业信息对外发布。由于其面向的是不特定的多数人，因此，这种信息发布类似于广告。从合同法理论分析，可将之归于要约邀请一类。从业主和经纪机构的关系来看，应该属于委托出售关系，订立的当属委托合同的范畴。

对于中介可否同时又为代理，目前有两说，即可以与不可以。如史尚宽认为：居间之报告订约机会，仅要求提供订约之机会即可；而媒介订约“不但报告订约之机会，更应周旋于他人之间，使双方订立契约，然仅媒介之订约，并不以他人之名义或以自己之名义代为订约，此居间人所以与结约代办商及行纪有异。盖代理无论直接代理或为间接代理，均与媒介之观念不相容，然居间人亦不妨兼为代理人”①，即中介与代理、行纪均不同，经纪所进行的周旋，表面上是为某一方而进行的，实质上，其不是任何一方的代理人。但中介并不排斥代理。如果委托人认可经纪方的行为，自不存在问题，如果委托人不予认可，则不能认为该类行为有法律效力。

目前在实务界，许多人认为中介不得同时为代理。也就是在同一桩交易中，经纪机构不能与当事人既建立中介关系，又建立代理关系。根据《意大利民法典》第 1754 条的规定，居间人是与当事人中的任何一方没有合作关系、隶属关系或代理关系的人。但根据第 1761 条的规定：“居间人得受一方委托，代理其介入履行已缔结契约的活动中”②。可见，依其规定，则中介任务完成之后（当事人双方已订立合同），中介人可以成为一方的代理人。目前，从我国的实务操作看，与这一情况基本吻合。即成交前为中介人，成交后可以为代理人。但经纪机构应该只能代理一方当事人。在实际操作中，经纪方协助买卖双方办理过户手续、验房交接等，并非法律上的“代理”，当事人还是到场以自己的名义办理过户、交接等手续。因此只能说经纪方的这种行为是协助或者帮助当事人办理手续，提供的是一种劳务，并非法律上的代理行为。

《合同法》立法时有两种意见：一是认为委托合同不应规定受托人以谁的名义处理委托事务，只是委托双方的关系，不涉及第三人；二是认为“委托是产生一切委托事务的基础，如代理行纪、居间等均由委托产生”。所以委托合同是基础合同，《合同法》立法时采取了第二种观点③。

实践中，新建商品房的经纪合同往往是销售代理合同，即经纪方作为代理人为开发商销售楼盘，是以被代理人（开发商）的名义从事销售活动的，是为典型的代理行为。

4.2.1.2　房地产买卖经纪合同与房地产租赁经纪合同

各地有关部门发布的各类示范文本中有双方合同，也有三方合同。从名称来看，委托合同（经纪服务合同）为双方合同，如名称有房地产经纪委托合同、房地产经纪服务

---

① 史尚宽. 债法各论. 北京：中国政法大学出版社，2000：462-463.

② 意大利民法典. 北京：中国政法大学出版社，1997：452.

③ 胡康生.《中华人民共和国合同法》释义. 北京：法律出版社，1999：568.

合同、房地产代理合同等。而实践中使用的房地产中介合同多为三方合同，甲、乙方是买卖双方，中介方作为第三方（丙方），如上海市、哈尔滨市的中介合同示范文本；亦有交易、经纪合二为一的合同，如成都称《存量房买卖经纪服务合同》《成都市房屋租赁合同（居间交易版）》，经纪机构是合同的丙方当事人，合同亦需要三方签章确认。

房地产买卖中，买方和卖方的需求是不一样的。出卖人是委托经纪方出售房地产，买受人是委托经纪方买入房地产。因此，理论上他们是不可能同时出现在一个委托合同中的。但是，实务操作中经纪机构的工作主要是居间撮合，因此通常在撮合成功后可能签订三方协议。而之前，在一般的小型经纪机构，通常都是口头委托，出售委托人告之要求，经纪机构登记并为之寻找目标客户。同样，如买受方找到经纪机构提出自己的购房需求，经纪机构予以登记，然后信息发布、配对，双方洽谈，达成初步购买意向，水到渠成，则签订三方的买卖经纪服务合同。实际上其内容既包含经纪服务的内容，也基本涵盖房地产买卖的大致框架要求。如果是买卖双方各自委托，则需要签订独立的房地产出售经纪合同和房地产承购经纪合同，均为双方合同。

房地产租赁经纪服务合同包括两方面：承租人的委托承租经纪合同和出租人的委托出租经纪合同，是经纪机构和租赁双方分别签订的合同，为当事人提供出租、承租服务。近年来的长租公寓有两种：一种是开发商自持的新建商品房出租，按照出让合同要求不能任意转让，只能出租；另一种是经纪机构将其批量承租的房屋再行出租，实际上是转租，是经纪机构以自己的名义出租房屋，并不存在经纪服务关系，经纪机构和承租人签订的是房屋租赁合同，即经纪机构自己是出租方，是租赁合同的当事人。当然经纪机构亦可以自行购入房产用于出租，这种行为亦非房地产经纪。

4.2.1.3 新建商品房经纪合同与存量房经纪服务合同

新建商品房经纪合同通常表现为代理关系，即房地产经纪公司以开发公司的名义代理销售新建商品房，以开发商的名义与购房人签订合同。在房地产开发与销售逐步分离的情况下，越来越多的开发商将项目销售委托给专业的房地产经纪机构（这类机构往往不仅从事中介服务，还从事项目策划及代理等服务）。在商品房经纪服务中，开发商与经纪机构签订经纪合同，将项目全部委托给经纪机构代销，并约定销售分成。经纪机构往往以被代理人的名义（开发商）销售新建商品房。

相对于新建商品房经纪合同，存量房经纪服务合同则略显复杂。存量房经纪服务合同是针对存量房交易居间而言的。在这类合同中，经纪机构主要是为存量房交易双方提供成交机会、促成交易，主要是中介活动，基本上不存在代理行为。从法理上看，是比较纯粹的中介行为，其主要是通过经纪机构的中介活动促成双方达成交易。存量房经纪服务合同也存在两类：出售方的委托出售经纪合同和买受人的委托承购经纪合同。

4.2.1.4 房地产买方代理合同与房地产卖方代理合同

代理是民事法律行为。按照《民法典》的规定，代理包括委托代理和法定代理。委托代理人按照被代理人的委托行使代理权，法定代理人依照法律的规定行使代理权。经纪机构的行为是委托代理，即受当事人委托代为实施民事法律行为，其行为后果归属于委托人。代理往往通过签订委托合同确定代理双方的权利义务。按照《民法典》，委托合同是委托人和受托人约定，由受托人处理委托人事务的合同。受托人应当按照委托人的指示处理委托事务。根据代理行为性质，代理只能以被代理人的名义进行。因此，作为房地产买方代理，经纪机构只能是买方的代表，以买方的名义行事。在房地产卖方代理关系中，经纪机构只能是卖方的代理，以卖方的名义行事（如新建商品房销售代理）。但须注意的是，在代理关系中，经纪机构是以一方当事人的面目出现的，不再是中介方（按照《民法典》，代理人不得以被代理人的名义与自己同时代理的其他人实施民事法律行为，但是被代理的双方同意或者追认的除外）。

在房地产买方代理合同中，双方可以约定经纪机构具体的代理事项、权限和代理期限。经纪机构没有代理权、超越代理权或者代理权终止后，仍然实施代理行为，未经被代理人追认的，对被代理人不发生效力。通常，房地产买方代理是指买受人委托经纪机构寻找房源、参与洽谈、签订合同，办理过户等，但以双方合同约定为准；房地产卖方代理合同是指出卖人委托经纪机构寻找买家，参与洽谈，签订买卖合同，办理过户等，其具体权限亦以合同约定为准。

4.2.2　房地产经纪服务合同内容的界定

房地产经纪服务合同的内容是指合同约定的房地产经纪双方的具体权利和义务。按照我国《民法典》的规定，中介有两种方式，一是中介人一方为他方提供、报告订约机会，二是中介人为订立合同提供媒介服务。由此看来，中介人是在交易双方当事人间起到介绍、协助作用的中间人。中介的这一内容，在房地产经纪活动的流程中体现得最充分。经纪行业内一般认为房地产经纪应该有居间和代理两种行为。该观点认为房地产经纪的内涵与范围不仅是提供缔约机会和促成合同成立，还包括接受委托，代理相关房地产事务。

代理、中介均由委托而产生，但我国现行法律并未对房地产经纪服务合同做出明确规定，即在现行的《民法典》规定的有名合同中，并无经纪合同的规定。有观点认为，房地产经纪服务合同（房地产中介服务合同）是兼有中介合同、委托合同、代理合同性质的混合合同①。实际上，《民法典》并无代理合同的名称，代理是一种法律行为，可以通过委托合同建立。中介、代理都是通过委托合同而建立的，均属于委托合同的范畴。

我国的房地产经纪服务合同是民事合同，依《民法典》调整和规范。委托是基础，代理关系也是基于委托合同而产生的。从这个角度看，经纪合同本质上可以归于委托。

房地产经纪服务合同的主要条款是其必须具备的条款。合同的主要条款一般由法律规定或合同性质决定，合同的内容可由当事人约定。根据《房地产经纪管理办法》的规定，房地产经纪服务合同的主要内容一般应当包括以下条款：双方当事人的姓名或名称、住所，服务项目的名称、内容、要求和标准，合同履行期限，佣金数额和支付方式、时间，

---

① 卓洁辉. 论房地产中介服务合同的性质与法律适用. 特区经济，2010 (8).

违约责任和纠纷解决方式，当事人约定的其他内容。

经纪合同除了上述必备条款之外，其他的内容可以由当事人自由约定，当事人还可以签订补充协议或者补充条款，经签字确认即可。订立合同的基本原则是当事人的意思自治，但由于经纪方具有专业知识，在合同的签订过程中具有优势地位。因此，经纪机构在签订合同前应该充分解释合同条款，告知与签订合同有关的信息。我国香港地区的规定是要求经纪人在从事相关代理活动时，解释代理协议中所列出的每一条款及条件，以确保当事人知悉其在该协议下的权利及责任；如当事人不明白，须建议其寻求法律意见。在香港地区地产代理监管局的网站上均有相关文本供下载。

一般来说，房地产经纪机构的权利与义务主要有：收取中介服务费用；交易信息的充分披露；根据需要查阅委托人的有关资料和文件；查看现场（委托人应当协助）；建立业务记录，设立业务台账并载明业务收入与支出等费用；经纪人员若与委托人有利害关系应当回避；等等。委托人的义务有：委托人与房地产经纪机构签订房地产经纪服务合同时应当向房地产经纪机构提供真实有效的身份证明；委托人具有出售、出租的权利，并能够向房地产经纪机构提供真实有效的房屋权属证书。

我国台湾地区规定经纪机构可以同时接受双方委托，公平提供双方当事人类似不动产之交易价格，公平提供双方当事人有关契约内容规范之说明，提供买受人或承租人关于不动产必要之资讯，告知买受人或承租人依仲介专业应查知之不动产之瑕疵，协助买受人或承租人对不动产进行必要之检查及其他事项。这些服务内容主要是居间服务及其延伸服务的内容，可以体现在经纪机构和交易双方、交易方各自与经纪机构签订的经纪合同中。

依据《民法典》，结合房地产经纪的实际情况，经纪合同的主要条款包括如下内容：

1. 当事人的名称、姓名和住所

当事人是合同的主体，房地产权利人可以是有民事行为能力的成年人，也可以是限制或者无民事行为能力的未成年人和成年人。房地产经纪服务合同的委托人若无民事行为能力或者限制民事行为能力，应由其法定代理人代理签约。订立经纪合同时，应当明确主体具有签约能力。经纪合同的主体一方是委托人，一方是经纪机构，经纪机构可以由法定代表人签约，也可以由经纪人员代表签约。

如果合同主体不确定，则很容易产生法律纠纷。

案例 4-1

离职经纪人员冒用经纪机构名称，伪造材料网签诈骗

李某曾是甲房产经纪公司门店的业务员，后来离职。一天他联系曾光顾门店的王某夫妇，谎称有新房源。领着王某看房后，李某便装模作样地让价几万元。之后，他带着王某夫妇去了过去自己任职的门店，拿出空白的盖有甲经纪公司公章的居间协议，填好基本信息后让王某签字。同时，王某将 2 万元意向金交给李某，李某以个人名义出具了收据。2 天后，李某将有“房东”签名的居间协议给了王某，还收取了 8 万元意向金，并让其准备剩余首付款 80 万元。因办理合同网签需要经纪公司审核，李某拿着伪造的房产证等材料、“房东”和王某夫妇的身份证，找到熟人乙房地产经纪公司门店负责人曾某，提出在乙公

司办理网签。曾某并不是第一次帮忙，看材料齐全，就帮忙打印好正式合同给李某网签。交完首付款后，王某夫妇一直没有等到收房的消息。无奈之下，两人将“房东”诉至法院，要求办理过户。经法院审核，“房东”身份信息均系伪造。王某报警后知道李某已前后诈骗了6位购房人，金额达200多万元。该案中经纪机构的离职人员隐瞒离职的事实，伪造房产证，诈骗多人房款，已经构成犯罪。其收取意向金和房款，以个人名义出具收据，明显违反国家规定和经纪机构的操作规范。根据有关规定，经纪机构不能代收代付房款；经纪机构合同保管不善，存在管理漏洞，网签时随意盖章签字，须为自己的管理失误承担相应的法律责任。该刑事判决虽然判令犯罪人退赔，但其已无经济能力履行。为拿回房款，王某夫妇遂将甲和乙经纪公司告上法院，认为甲公司对李某利用公司合同、场所实施诈骗的行为有不可推卸的管理责任；乙公司协助李某办理网签并打印合同，为诈骗行为创造了条件。法院认为经纪公司合同没有妥善保管，签订合同时没有核查当事人的真实身份和房屋真实情况，应该承担责任。综合案件情况，法院最终判决两经纪公司各自承担20%的责任。

资料来源：离职中介嗜赌起坏心　伪造产证签约骗首付　李某获刑12年6个月，两家中介公司管理失当各担责两成. 新华网，2018-05-21.

房地产经纪人员流动性较大，对于房地产经纪机构来说，处理好离职人员和机构的法律关系是十分重要的。因此，委托人与房地产经纪人签约时一定要确认其身份和单位。虽然经纪业务主要是经纪人员具体操作，但经纪合同的签约主体是委托人和经纪机构，一旦有问题，经纪人员所在的机构需要承担法律责任。

2. 标的

合同的标的是合同法律关系的客体。房地产经纪服务合同的标的就是服务。在合同的条款中应当清楚、明确标明合同的客体。在房地产经纪服务合同中对标的描述应当清楚明白，并明确主客体关系（双方当事人与标的之关系）的各项内容。在房地产经纪服务合同中，由于劳务服务区别于实体商品，其广泛性和不确定性要求合同条款中应当明确服务的具体内容，如为订立合同提供的具体是报告或是媒介服务及其他服务等，应该在合同中分别约定清楚。

3. 服务事项与服务标准

这一条款表明房地产经纪人的服务能力和服务质量，也是体现房地产经纪机构履约情况的主要条款。服务的事项和标准应当明确，不明确难以保证合同得到正确履行。合同中应当列明经纪服务项目的名称、内容、要求和标准，明确房地产经纪机构应承担之具体义务。如果合同中没有约定提供延伸服务，则合同订立后代办房屋过户、按揭贷款、水电气过户服务等属于房地产经纪的延伸服务，应该另行约定。除此以外，具体的收费标准、收费时间、支付方式、佣金支付义务方等也应该通过合同约定清楚。

通常房地产经纪服务的事项有提供咨询、查找房源信息、带领看房、协助或组织洽谈、协助签订交易合同、协助办理合同备案或不动产登记、协助办理房屋交接等，所有的事项应通过合同约定清楚。

我国房地产交易实行的是登记生效制度，办理转移登记才表明所有权发生转移。而当事人双方签订买卖合同后，除双方当事人另有约定外，合同成立，未办理过户登记，不发生物权转移的效力。如经纪机构促成合同成立的工作已经完成，由于双方当事人的原因未办理转移登记或交易双方自行解除合同，或者因其他不可归责于经纪机构的原因而导致合同无效（例如，委托人隐瞒共有人、优先购买权人，导致对方主张合同无效等），但实际上经纪机构已经完成了合同义务。司法实践中，一些法院认为交易合同虽已达成，但是按通常的惯例，经纪机构并没有将所有的交易工作（依民间惯例，过户、交割、监督付款等工作大部分由经纪方协助完成）做完，因此，即便是支持支付佣金的，也适当减收费用。

有鉴于此，经纪合同应该对合同的服务事项和服务标准进行明确的约定。经纪服务完成标准，如果有规定的，按照规定；没有规定的，按照合同约定。实践中标准各有不同，有的以双方签订合同即视为完成服务；也有要求办理交接或者办理合同备案、转移登记的，具体以合同约定为准，但是经纪机构应该在签订合同前告知清楚。

4. 劳务报酬或酬金

由于房地产经纪服务合同的特征是有偿合同和双务合同，酬金是房地产经纪机构或经纪人完成劳务服务的价款，也是提供劳务服务的对价。酬金及酬金的标准是合同的主要条款，也属于合同的明示条款。服务费用的支付时间、支付标准、支付方式、各地的习惯和操作是不一样的，应该通过合同明确约定。

按照法律的规定，未促成交易的，不能要求支付报酬，但可以要求支付由此而支出的合理费用。但由于许多费用无法确定，比如人力、办公等费用，因此，在价值上无法衡量“必要费用”。对于什么是“必要费用”，法律上也没有明确的规定。在司法实践中，通常法院根据经纪机构或者经纪人完成的工作量，综合考虑交通、人工等支出费用斟酌确定。

实践中会出现当事人双方先解约，然后再订约，从而逃避佣金的情况，即在经纪机构的中介环节下，双方已签订合同，后双方又通知经纪机构解除合同，然后背着经纪机构，再行签订买卖合同，即民间俗称的“跳单”。这对双方当事人来讲，省去了一大笔费用，但经纪机构的合法权利很难得到保障。由于目前诚信体系尚未完善，合同信用意识较低，这类行为引发了诸多纠纷，严重制约了经纪行业的健康发展①。

5. 合同的履行期限、地点和方式

合同的履行期限直接关系到合同完成的时间，同时也是确定违约与否的因素之一，一般当事人应当在房地产经纪服务合同中予以约定。履行的地点和履行的方式也应当在合同中予以明确。由于房地产方面的法规、政策、规定各地不尽一致，交易习惯和具体操作也存在不少差异，因此合同的履行地点涉及具体规范的适用以及司法管辖问题，是十分重要的。

6. 违约责任

违约责任是当事人违反合同约定时应承担的法律责任。违约责任条款有利于督促当事人履行合同义务，保护守约方的利益。合同条款中应当明确违约责任及其承担方式，如明确规定违约致损的计算方法、赔偿范围等，以有利于纠纷解决。

为了确保合同的履行，当事人常常在订立合同时既约定定金，又约定违约金。定金指

---

① 《民法典》规定：委托人接受中介人提供的服务后，利用中介人提供的交易机会或者媒介服务，绕开中介人直接订立合同的，应向中介人支付报酬。

在合同订立或在履行之前支付一定数额的金钱作为合同的担保方式，目的在于督促当事人正确、积极履行义务。违约金，是指当事人预先设定的，在一方违约后做出的独立于履行行为以外的给付。定金罚则是一种惩罚性规定，违约金的主要目的在于弥补无过错方的损失，同时兼具惩罚性，若两者同时使用，可能会导致权利人得到过多的额外利益。《民法典》第五百八十八条规定："当事人既约定违约金，又约定定金的，一方违约时，对方可以选择适用违约金或者定金条款。定金不足以弥补一方违约造成的损失的，对方可以请求赔偿超过定金数额的损失。"因此，合同双方可以在定金与违约金之间择一适用。若是造成的损失大于约定的违约金的，当事人可以要求人民法院增加。但当事人所有的主张均需有证据支撑，否则无法认定。同样，如要求损失赔偿，也需要提供有具体损失的证据。

7. 解决争议的方式

争议的解决方式是当事人解决合同纠纷的手段和途径。当事人应当在合同中明确选择解决合同争议或纠纷的具体途径，如通过调解、仲裁或诉讼，当事人没有做明确的选择，则可以通过诉讼解决合同纠纷。

房地产经纪纠纷往往涉及三方当事人，原因较为复杂。目前从纠纷的处理来看，并非所有的当事人均愿意诉诸法律。

合同中主要可以约定的解决争议方式有：

（1）非诉方式。

当争议产生之时，当事人求助于行业主管部门或相关的政府部门解决。这方面体现了浓厚的行政管理色彩。

运用调解方式解决争议是近年来较为流行的，我国在民事领域实行人民调解是比较成功的。调解不仅是民事诉讼中解决争议的有效手段，并且非诉讼调解也形成了一些制度。在房地产经纪争议中，当事人基于诉讼成本高、时间久、程序复杂等情况，愿意通过调解解决纠纷。主管部门、行业协会都可以进行调解，如通过房产管理部门、房地产业协会、经纪人协会、消费者保护协会等解决纠纷。另外，还可以申请人民法院进行民事调解，经调解达成的协议具有法律效力，当事人可以申请司法确认。

通过仲裁解决争议。根据《仲裁法》规定，当事人选择了仲裁就排斥了诉讼。相对于诉讼而言，仲裁有程序简便、一裁终结的优势。但仲裁必须要有仲裁协议，根据我国《仲裁法》及《民事诉讼法》的有关规定，一方当事人不履行仲裁裁决的，另一方可以直接向人民法院申请执行。不少城市房地产管理部门和工商管理部门制定的房地产买卖合同和房地产经纪服务合同的示范文本中，均将仲裁作为争议的解决方式之一，供签约人选择适用。

（2）诉讼解决争议。

在现有的法律、法规的框架内，通过诉讼解决争议是最有效、最彻底的。当事人诉讼到法院，法院一旦受理即进入解决纠纷的司法程序。法院所做出的发生法律效力的判决、裁定，当事人必须履行。一方当事人拒绝履行的，对方当事人可以向人民法院申请执行，审判员也可以直接将判决移送执行。虽然诉讼解决争议的方式是最终的，但在诉讼中仍然可在法院的主持下进行调解。根据民事诉讼法，调解书经双方当事人签收后，即具有法律效力，发生法律效力的调解书可以申请强制执行。

当事人双方可以在经纪合同中明确约定选择用哪种方式解决争议，如果选择了仲裁，建议同时选择具体的仲裁机构。

本章小结

房地产经纪服务合同是双方在自愿、平等协商、诚实信用的基础上订立的，以交易当事人委托为基础，经纪机构提供中介（居间）、代理服务为主要内容。合同确定了经纪机构和房地产交易委托人双方权利义务的具体内容，是房地产经纪活动的基本依据。经纪机构和委托人应严格遵循合同约定，秉持诚实信用原则履行合同。规范的合同可以提高双方当事人的满意度，维护双方当事人的合法权益，有利于保障房地产交易安全，有助于房地产交易规范、有序进行。

关键术语

委托　代理　中介（居间）　房地产代理行为与房地产中介合同　新建商品房经纪服务合同与存量房经纪服务合同　房地产买卖经纪合同与房地产租赁经纪合同　房地产买方代理合同与房地产卖方代理合同

复习思考题

1. 请分析房地产经纪服务合同的概念。
2. 房地产经纪服务合同的特征有哪些？
3. 房地产经纪服务合同在房地产经纪活动中的作用有哪些？
4. 简述房地产经纪服务合同的主要内容。
5. 分析房地产经纪服务合同的类型及特征。
6. 什么是房地产经纪居间？
7. 中介合同的特征有哪些？
8. 请分析代理的概念及法律特征。
9. 案例分析：

于某为改善居住条件，将其住房挂牌出售，并委托某房地产经纪公司寻找本小区的大套住房以置换。经纪公司很快就为其找到了房源，于某与房东韩某以及经纪公司签下居间协议，约定于某先向韩某支付定金5万元。在签订房地产买卖合同时再支付首付款74万元，若韩某违约不出售房产，则须向于某双倍返还定金，若于某违约不购买该房屋，5万元定金将不予返还。于某要求经纪公司在《佣金确认书》上增加“如果于某在1个月内未将自己的房屋卖掉，造成首付款不能到位的，经纪公司必须让韩某同意延期支付，直至于某卖出自己的房子”。在签下这份《佣金确认书》后，于某才放心地支付了5万元定金。后于某旧房果然未售出，无力支付首付款。而此时韩某拒绝延期支付，双方因此未能签订正式的房屋买卖合同，韩某收取的定金不予返还。于某凭前所签《佣金确认书》的附加条款将经纪公司起诉到法院，要求赔偿自己经济损失5万元。

问题：

(1) 于某与经纪公司的《佣金确认书》的性质。

(2) 居间合同的效力。

(3) 经纪公司应承担的法律责任。

参考文献

[1] 胡康生.《中华人民共和国合同法》释义. 北京：法律出版社，1999.

[2] 孔祥俊. 合同法教程. 北京：中国人民公安大学出版社，1999.

[3] 史尚宽. 债法各论. 北京：中国政法大学出版社，2000.

[4] 意大利民法典. 北京：中国政法大学出版社，1997.

[5] 孙良国. 不动产交易信息披露义务研究：基础框架的设定. 当代法学，2008 (1).

[6] 薛峰，李玉斌. 房屋买卖中介服务合同的若干法律问题：从司法角度考察. 苏州大学学报（哲学社会科学版），2014 (6).

[7] 黄喆. 居间合同义务的射程："看房确认书"效力迷局之破解. 南京大学学报（哲学·人文科学·社会科学版），2013 (6).

[8] 夏根辉. 商事独家销售代理合同的认定及违约责任分担. 法律适用（司法案例），2018 (20).

[9] 其木提. 居间报酬请求权的法理依据. 法学，2018 (7).

第5章

房地产经纪服务纠纷

本章导读

房地产经纪活动中的纠纷大多属于民事纠纷，且主要表现为合同纠纷。预防和解决纠纷首先需要准确理解房地产经纪服务合同的性质、内容，同时对于房地产交易合同的主要内容及当事人双方的权利义务也应清晰知晓。在充分了解房地产经纪双方权利义务的基础上，经纪机构应严格依法，依约履行自己的义务，规范操作，最大限度地减少纠纷的发生。

知识结构图

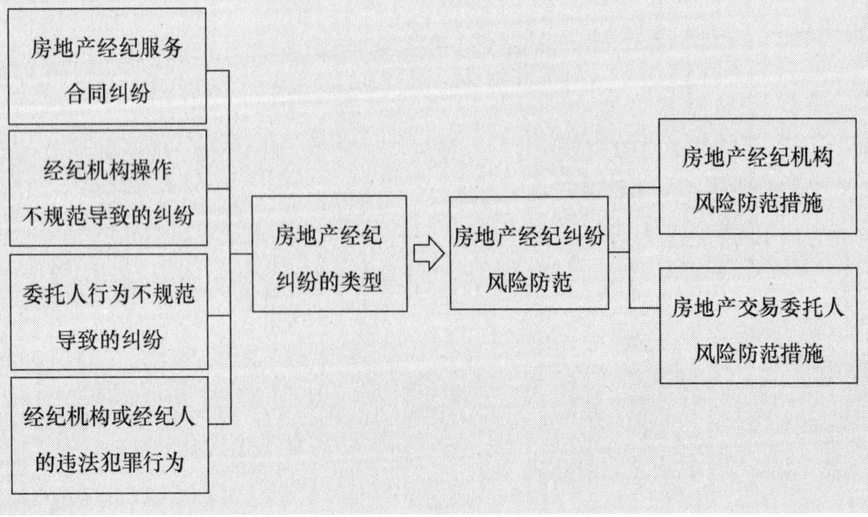

重点问题

- 房地产经纪服务合同纠纷的主要类型
- 经纪机构操作不规范导致的纠纷
- 委托人行为不规范导致的纠纷
- 经纪机构和经纪人的违法犯罪行为
- 防范房地产经纪纠纷的主要措施

5.1　房地产经纪纠纷的类型

房地产经纪纠纷往往发生在复杂的房地产交易过程中，因经纪机构或者经纪人员在经纪活动中的故意或者过失行为引发，亦有一些是经纪机构或者经纪人员忽视职业道德、漠视法律规范等行为导致的；有委托人违反诚信引发纠纷，亦有因双方对合同的不同理解发生争议，实践中主要表现为合同纠纷。

5.1.1　房地产经纪服务合同纠纷

房地产经纪纠纷的产生不少源于当事人对合同性质和各自权利义务的理解不同，且经纪纠纷往往和委托人间的房地产交易纠纷裹挟在一起，其中不仅有经纪机构的问题，也涉及买卖双方的纠纷。因此，分清纠纷中合同各方的权利义务和责任是非常必要的。

5.1.1.1　对经纪服务内容或者完成标准理解不同导致的纠纷

经纪机构认为促成交易双方签订交易合同即完成了服务，按照经纪合同的特征，除有特殊约定之外，经纪机构在促成双方成交之后即可视为完成经纪合同的义务。而委托人认为须过户才能表明交易达成，合同的签订不代表交易一定能够完成，经纪机构全面规范履行经纪义务是其获取佣金的必要条件，应该在完成服务内容之后收取佣金。

经纪机构没有促成买卖双方成交不能收取佣金，但也并非成交均可以收取佣金。除有特殊约定之外，经纪机构在促成双方成交之后即可认为完成经纪合同的义务，可以收取佣金。但是，究竟何种情况属于促成交易，有的认为只要签订合同即成交，也有的认为须签订合同示范文本并办理备案才算成交，甚至有的认为办理转移登记才是成交。对此，理论界、实务界、一般社会大众的认识是不同的，由此引发的争议在司法实务部门也有不同的认定。

案例 5-1

房屋未租成，是否应交中介服务费

徐女士通过甲经纪机构出租一套房屋，每月租金 1 万元。有租客看中，签订合同并支付1 000元定金。后徐女士得知，小区的物业管理费即将由原先的2.7元/平方米，涨至5.7元/平方米。她希望由承租方承担物业管理费，但双方协商未成，徐女士决定不再出租房屋并愿意向承租人承担违约责任，双倍返还定金，转付承租人2 000元。甲经纪机构要求徐女士支付3 500元租房中介费，因为他们认为合同已生效。徐女士与甲机构交涉无果，遂转3 500元给中介人员魏小姐并拿到发票。后承租人也被中介要求全额支付中介费，但他认为他的中介费3 500元应由徐女士承担。

资料来源：上海市民房屋租赁合同签好即解约　被要求交全额中介费．新浪网，2017-01-01.

就案例5-1的纠纷而言，有法律界人士认为经纪机构按照约定可以收取服务费。但是，经纪机构未提供完整服务，只能向违约方收取“部分”中介费。这一派意见认为出租方与承租方虽然签署了书面租赁合同，但租赁合同未实际履行。因此，中介人不得要求支付全额报酬；但中介人也为此提供了服务，可以主张必要的费用，该费用应当以居间人实际支出的费用为基础来认定。也有观点认为，只要经纪机构促成合同成立就享有报酬请求权，不论该合同是否实际履行。经纪机构是否可主张全部中介费则取决于其是否已提供全部中介服务。根据《房地产经纪管理办法》，房地产经纪机构签订房地产经纪服务合同前，应当向委托人说明房屋租赁合同的相关内容，书面告知“房屋交易涉及的税费”，但在案例5-1中，甲经纪机构未告知徐女士物业费发生调整的情况，服务存在“瑕疵”，故不能主张全部中介费。关于“部分”中介费由谁承担，有法律界人士认为承租人不应承担，也有认为双方均应该承担。

5.1.1.2　合同格式条款的效力之争

经纪机构提供的经纪服务合同一般采用格式条款的形式，特别是对于违约金条款、独家委托条款等的约定。经纪机构在拟定合同条款时，会考虑到各种风险，以合同条款预防风险发生。对此，有观点认为这些格式条款系经纪机构事先单方拟定，双方未就内容进行充分协商，限制了委托人权利的行使，加重了委托人的责任，应认定无效；也有观点认为，基于合同自由原则，委托人在签订合同时是知晓这些格式条款存在的，委托人选择与经纪机构签订合同也完全是意思自治的结果，且目前房地产交易市场尚不规范，交易中诚信缺失，委托方为追求自己利益最大化也可能损害经纪机构的利益（如“跳单”），因而这些格式条款的内容如不违反法律规定，不应否认其效力。

案例5-2

“带看”不是成交，格式条款未获支持

秦某与某房地产经纪公司签订了一份房屋代购委托协议，该经纪公司为秦某的非独家代理服务提供者。随后，该公司向秦某推荐一处房屋并带看，秦在该公司自己印制的《客户服务确认单》上签下“确认中介成功”字样。实际上，该房屋的所有权人并未委托该经纪公司卖房子，最后秦某通过其他途径和卖方交易成功。经纪公司凭借当初签下的《客户服务确认单》要求秦某支付服务费，但经纪机构的诉讼请求未获支持。该案中的买主仅是通过经纪机构看中了卖方的房屋，经纪机构提供了带看房屋的服务，但这只是经纪服务的

一部分内容。该案中的“确认交易成功”实际上是单向的，经纪公司并未完成所有的服务内容。因此，经纪机构只能主张为促成交易而支出的必要费用。

资料来源：张光辉，张秀生．看房就等于居间合同成立？“霸王条款”埋“杀机”．中国法院网，2006-03-01.

该类案件中看房和交易成功存在很多必然联系，其界限也不是很分明，所以易产生不同看法。通常经纪机构的此类诉求存在举证困难，诉讼中难以得到法院的认可。实践中，法院会全面审查合同未能履行的责任，及中介人在此过程中是否依据诚实信用原则及法律规定和行业规范全面履行了合同义务。

5.1.1.3 未成交的费用处理导致的纠纷

依据《民法典》有关中介合同的规定，买卖双方未达成协议的，居间方不得收取佣金。但在这类纠纷中，由于经纪机构已为当事人双方提供了一定的服务，如在相关的媒体上为委托方发布了广告，有一定的费用支出。如带看房屋付出了一定的人力物力，依据相关规定，可以要求委托方支付为促成交易所付出的必要的费用。比如，可要求支付已支出的广告费、交通费等，但不得要求支付佣金。关键是，具体必要费用的数额在实践中无标准，在诉讼中与中介机构要求的差距比较大。经纪机构通常是比照成交佣金提出请求，但与法院的裁决往往相去甚远。

5.1.1.4 合同违约导致的纠纷

实践中，房地产经纪机构的责任往往是由于其未尽说明告知义务，或者利用其对市场信息的熟悉度欺骗或误导委托人所导致的。在房地产经纪活动中，房地产经纪机构较之委托人对市场价格等信息掌握得更全面，加之经纪机构为买卖双方介绍交易机会的特性，可能利用委托人对市场价格和交易对方有关信息的不了解，隐瞒部分信息甚至误导委托人来赚取利益。委托人亦可能因提供不实信息、资料和不依约支付佣金、“跳单”等构成违约，须各自承担违约责任。

1. 经纪机构未尽谨慎审查义务

经纪机构作为专业机构，在从事经纪活动时，应该利用自己的专业知识，按照专业流程规范操作，并尽到谨慎注意的义务。如应确认出卖人是否具有合法的房地产权利证书；查实委托人是否有合法的出售手续，房屋是否有出售限制；如存在代理，则需要查清代理人是否具有合法的委托手续。总之，经纪机构负有确认当事人真实身份，核验相关证件，保证房源信息的真实性、合法性的合同义务。

案例5-3

经纪人核实信息有误，经纪机构承担补充责任

阳某在某房地产经纪公司看中了王某挂牌出售的一套房屋，与经纪公司签订了居间合同，经纪公司派经纪人刘某负责该房产的居间服务。同时，双方签订补充协议，约定阳某于2016年3月8日支付购房定金2万元，由经纪公司转付王某；首付房款25万元（不包括定金2万元）于2016年3月18日前支付给王某。阳某按约定备齐27万元购房款，并

以转账方式支付给经纪公司，经纪公司亦转账支付给王某。后来，刘某带阳某实地看房才发现，王某的房屋是租住的，房产证等材料均系伪造，阳某当即报警。最终王某因合同诈骗罪被判处有期徒刑4年零6个月，罚金10万元。王某入狱，已无偿还能力。阳某以经纪公司未尽谨慎审核义务，存在严重过失为由，向法院起诉，要求经纪公司赔偿27万元。经纪公司辩称未故意隐瞒相关事实，亦没有提供虚假情况，该房屋权属情况系经纪人刘某核实有误，应由刘某个人承担，不同意赔偿。法院认为，王某实施诈骗行为是阳某遭受损失的根本原因，王某是直接侵权人，应当由王某对阳某的损失承担赔偿责任。但在损失无法通过刑事诉讼退赔程序予以完全救济的情况下，阳某有权提起民事诉讼，要求经纪公司承担相应的赔偿责任。在相关信息未核实清楚的情况下，要求阳某支付定金及购房款，经纪公司的上述过失为王某诈骗行为的顺利实施提供了条件，其应在过失范围内承担相应补充赔偿责任。刘某行为属于职务行为，应由所在中介公司承担民事责任。阳某自己亦应该完全核实清楚之后再支付购房款，对损失亦存在一定过错。综合考量，法院酌定由被告中介公司赔偿阳某8万元。

资料来源：王明建．中介公司疏于审核须承担补充赔偿责任．检察日报，2018-02-03．

经纪机构作为专业机构，在接受委托以及提供中介服务时，应尽到必要的审查、核实义务，也应当利用自己的专业知识与技能对委托人提供的信息资料、权利证书等情况进行查实。此案中经纪机构具有不可推卸的责任。

经纪机构未经核实相关情况导致交易纠纷的，应承担连带责任。如果委托人故意隐瞒真实情况，有证据证明经纪公司谨慎注意仍无法发现或核实的，应当免除其责任。经纪机构在接受委托、发布信息时应当告知委托人有提供真实信息的义务，并应对其提供的基本信息进行谨慎审查和核实，以免承担本不应由其承担的法律责任。

2. 信息披露不实

房地产经纪服务最重要的工作之一就是提供房屋交易信息，由于经纪机构有意、无意的信息披露不实或者信息披露不全导致纠纷的，应承担相应的法律责任。实践中常见的有：经纪机构有意隐瞒房屋质量情况，不向购房者如实告知交易房屋的建成时间、房屋结构、物业权利瑕疵等情况。

案例5-4

无证据证明隐瞒信息，经纪公司不承担责任

洪小姐通过某经纪公司花费近780万元购入一别墅，过户后才知道这处别墅在若干年前曾经发生过凶杀案，业主的女儿、丈母娘和保姆在屋内遇害，案件至洪小姐诉讼时仍未侦破。后来，出卖人承认别墅发生过凶杀案，洪小姐以“欺诈”为由将出卖人告上法院，要求解除买卖合同，退还房款并赔偿损失计90余万元。原告认为出卖人清楚别墅内发生过凶杀案却故意隐瞒。但被告卖方认为自己没有义务将房屋的历史全面告知买方，同时，交易是委托某知名经纪公司操作的，其本人并没有要求经纪公司帮助隐瞒事实。最终法院认定出卖方未提供证据证明向经纪机构披露该信息，判定出卖人构成合同欺诈，买卖合同撤销。

资料来源：陈洋根．女子780万买别墅后知是“凶宅”，法院判令退房．人民网，2012-09-04．

该案虽然经纪机构未承担法律责任，但经纪机构如实披露与房屋有关的信息是其义务，否则应该承担相应的法律责任。经纪机构在处理房地产交易时应当要求委托人说明与交易有关的所有情况，并承诺承担相应的法律责任，同时也有将自己所了解之信息如实披露给委托人的义务。严格履行信息披露义务是规定，也是合同义务。

3. 委托人未尽诚实义务

通常委托人包含了房地产交易双方，由于交易双方的原因导致交易不能正常进行时，亦可能损及经纪机构。如出售委托人无不动产权利证书或者房屋被限制转让却仍然委托经纪机构出售房屋，也有委托人未经共有人同意出售房产或者委托人身份信息虚假、买方不具备购房主体资格等情况，对此，经纪机构应拒绝接受委托。

总体来看，这类纠纷其实是委托人未尽诚实善良义务、经纪机构未尽谨慎尽职义务，甚至明知故犯所致。结果往往导致合同无法履行，违约方和经纪机构应承担各自的责任。

4. “跳单”并拒付佣金

此类纠纷关乎交易当事人的诚信，也涉及房地产经纪机构的操作规范。表现为委托人出于规避经纪服务收费的目的，在通过经纪机构的经纪服务接触到另一方当事人并达成交易后，双方选择绕过该经纪机构，自行签订房屋买卖合同从而拒付佣金。

案例5-5

签订确认书并非成交，另行交易不构成“跳单”

以最高院指导案例1号（上海中原物业顾问有限公司诉陶德华居间合同纠纷案）为例。涉案房屋原产权人李某某到多家房屋经纪机构挂牌委托销售房屋，被告陶德华同样委托数家房地产经纪有限公司带其看房。本案之外的上海某房地产顾问有限公司与本案原告中原物业顾问有限公司曾先后带陶德华看房，且中原公司在带原告看房当日即与陶德华签订了《房地产求购确认书》。该确认书约定，在验看过该房地产后6个月内，陶德华或其委托人、代理人、代表人、承办人等与陶德华有关联的人，利用中原公司提供的信息、机会等条件，但未通过中原公司而与第三方达成买卖交易的，陶德华应按照与出卖方就该房地产买卖达成的实际成交价的1%，向中原公司支付违约金。后来，由于上海某房地产顾问公司房屋报价低于中原公司，并积极与卖方协商价格，故其后陶德华与卖方在上海某房地产顾问公司签订了房屋买卖合同并办理了过户手续，陶德华向某房地产顾问公司支付了相应佣金。随后中原公司将陶德华诉至法院，认为其行为属恶意“跳单”，请求法院判令其支付相应的违约金。

依据我国《民法典》第九百六十四条规定：“中介人未促成合同成立的，不得请求支付报酬；但是，可以按照约定请求委托人支付从事中介活动支出的必要费用。”由此可见，促成交易合同的成立是获取报酬请求权的核心条件。实践中，经纪机构因收佣存在一定的风险，为应对可能发生的“跳单”损失，采取了一些办法避免风险，如本案中签订的《房地产求购确认书》。但在司法实务中，经纪机构往往因此格式条款而陷于不利。结合本案来看，二审法院认定《房地产求购确认书》属于居间合同性质，并确认其中的禁止“跳单”格式条款有效，因为其不存在免除一方责任、加重对方责任、排除对方主要权利的情形。虽然该案格式条款被认定有效，但法院认为“跳单”违约的认定主要是依据买方是否利用了该经纪公司提供的房源信息、机会等条件。结合本案原告的工作，其诉请最终未获法院支持，法院认为并非中原公司的工作促成了交易。该案的指导意义在于建立了经纪机构促成交易的具体的司法判断标准。

知识链接 5-1

指导性案例

指导性案例是指裁判已经发生法律效力，认定事实清楚，适用法律正确，裁判说理充分，法律效果和社会效果良好，对审理类似案件具有普遍指导意义的案例；其一般符合以下条件：社会广泛关注；法律规定比较原则，需要建立可操作性的指引；具有典型性或属于疑难复杂案件，或是新类型案件及其他具有指导意义的案例。

最高人民法院自2010年开始，定期确定并统一发布对全国各级人民法院审判、执行工作具有指导作用的指导性案例。截至2019年2月，最高人民法院已经公布112个指导案例，囊括了刑事、民事以及行政法领域的案件。

根据相关规定，最高人民法院发布的指导性案例，各级人民法院审判类似案例时应当参照。我国并非判例法国家，因此最高人民法院公布的指导性案例不能作为法官做出判决的法律依据。最高人民法院规定，各级人民法院审理类似案件参照指导性案例的，应当将指导性案例作为裁判理由引述且应该引述指导性案例的编号和裁判要点，但不能将其作为裁判依据引用。在办理案件过程中，要求案件的具体承办人员必须查询相关指导性案例，以避免在类似案件中出现与指导性案例大相径庭的结果。公诉机关、案件当事人及其辩护人、诉讼代理人如果引述指导性案例作为控（诉）辩理由，案件承办人员应当在裁判理由中回应是否参照了该指导性案例并说明理由。最高人民法院也明确了指导性案例的淘汰机制，即当某一指导性案例与新的法律、行政法规或者司法解释相冲突和/或为新的指导性案例所取代时，该指导性案例即不再具有指导作用。

我国台湾学者黄茂荣的观点为“居间人之报酬，于双方当事人因居间合同而成立契约时，应许其请求”。纵使“其后契约因故解除，于其所得报酬并无影响”①。除非房地产经纪机构与委托人约定其对合同的后续履行承担相应的保证责任，或合同的解除与该机构的行为有关，否则即使房屋买卖合同其后因故解除，房地产经纪机构的报酬请求权仍受法律保障。

此类纠纷往往由委托人变更经纪机构完成交易所致，但如何通过诉讼维护经纪机构的合法权益及法院在此案中的认定标准值得注意。

实践中典型的多家委托往往导致经纪机构与出售委托人之间产生纠纷。委托人与经纪机构可以通过合同约定是否独家委托或多家委托，明确违约责任。随着独家委托的出现，新的问题亦出现，如在签订独家委托合同之后，在约定的独家委托期限内，委托人解除合

① 黄茂荣. 债法各论. 北京：中国政法大学出版社，2004：197.

同，另行委托其他经纪机构。如何处理有两种观点：一是认为依据《民法典》第九百三十三条，委托人或受托人可以随时解除合同；二是认为：如果双方在委托合同中约定委托期限内不能解除合同、另行委托其他机构，则表明委托人放弃了解除权，据此委托人不能解除合同。但在司法实践中法院一般结合合同条款和具体案件综合考量，判决结果亦有不同。

5.1.2　经纪机构操作不规范导致的纠纷

此类纠纷是指，经纪机构违反法律法规及有关规定，不依法开展经纪活动、不按照业务规范和程序操作等导致纠纷产生。

5.1.2.1　经纪机构缺乏相关证照

经纪机构不具备从事经纪业务的一些规定的条件，如未办理营业执照和合法的登记备案手续。遇到该类情况，委托人如与经纪机构在交易过程中发生争议，往往据此拒绝经纪机构的服务，甚至要求解除经纪合同。

案例 5-6

经纪机构未办理备案，委托人拒付费用

陈女士计划购置一套学区房，到张大妈经营的房屋信息服务部咨询，之后通过张大妈看了一套某小区 3002 室的房源，但并未达成购买意向。几个月后，张大妈发现陈女士已经买下了 3002 室。张大妈认为自己的房源信息促成了交易，陈女士应支付约定的 1 万元“中介费”。但陈女士认为房子是通过其他中介买下的，不应支付费用，为此双方多次发生冲突并报警。后张大妈通过其女儿许某在合肥论坛、万家论坛等网络论坛发帖，将陈女士的姓名、工作单位及照片在论坛发布，并到陈女士工作单位门口拉横幅。最终陈女士以侵犯名誉权为由，将张大妈、许某以及运营合肥论坛、万家论坛的两家公司诉至法院，要求四被告立即停止侵犯陈女士名誉权的一切行为，在公共媒体上向陈女士道歉并赔偿精神抚慰金 2 万元。法院开庭审理时，被告一方称曾多次安排陈女士看房。陈女士一方称从未与张大妈签过看房协议，也不存在所谓“协议上的中介费”。原告律师经调取相关证据显示，张大妈所经营的房屋信息服务部并无房产经纪备案，工商营业执照上载明服务部的经营范围是房屋信息咨询服务，因此陈女士一方认为该机构不能进行房产买卖经纪，陈女士另行通过证照齐全的正规中介公司购买房产并无不妥，张大妈讨要“中介费”的行为于法无据，并且认为张大妈及其女儿的行为，已经对陈女士的名誉造成了严重损害，应该承担侵权责任。

资料来源：为讨“中介费”，大妈网上“晒”他人信息被诉侵权. 中国法院网，2014-12-01.

因经纪机构无营业执照、备案证明，会导致委托人极度不信任，实践中有的直接称为“黑中介”，并因此拒付佣金。

5.1.2.2 隐瞒与房屋的利害关系

按照相关规定，经纪机构或经纪人应当披露与其委托房屋是否有利害关系，不能承购、承租自己提供经纪服务的房屋。如出现上述情况，委托人一旦发现即可能主张交易无效。在此类案件中，不少经纪机构或者经纪人通过自己对房地产市场的了解，以及对房地产交易程序等的熟悉，意图压低购买价格，通过买进卖出方式赚取房屋差价，严重损害委托人的利益。

5.1.2.3 赚取房屋差价（俗称"吃差价"）

此类型的纠纷主要表现为房地产经纪机构利用买卖双方委托人对于房屋市场行情等缺乏了解，通过向卖方压低报价，向买方提高其购买意向价格的方式赚取差价。具体表现为直接以工作人员或关联方名义与一方委托人签订房屋买卖合同，之后再转让给第三方，赚取差价。该类案件通常表现为经纪机构在买进房地产时不办理过户手续，而是通过公证委托（多以员工名义）作为卖方的代理人，买进再卖出。

案例 5－7

隐瞒真实情况，经纪机构员工低价购房

李某于 2017 年在万山公司居间下与薛某签订一份房屋买卖合同。合同载明案涉房屋为李某所有，并约定了相应的房屋交易价款。合同订立后，薛某声称其已给付万山公司产权代办费与定金后，李某发现薛某系万山公司的财务负责人，根据银行估值认为该买卖合同约定价款远低于市场价，遂认定薛某与万山公司系恶意串通、隐瞒重要事实，并以此为由拒绝继续履行合同，要求撤销该房屋买卖合同。法院认为该案符合法律对于因重大误解订立合同的相关规定，因此支持了其请求。

资料来源：（2017）豫 01 民终 17373 号，薛卫超等诉李占锋房屋买卖合同纠纷案，【法宝引证码】CLI. C. 10782046.

实践中也有房地产经纪机构同时与买卖双方签订经纪合同，但拒绝向双方当事人披露交易对方的具体信息，致使双方丧失直接与对方磋商达成买卖协议的可能，于是从中赚取差价。这样的行为显然违反了民法的诚信原则，但就已收取的服务费和赚取的差价应当如何处理，实践中做法不一。有的法院将该差价认定为不当得利，判令经纪机构将其返还给出售房屋一方；有的法院认为经纪机构的做法违反了居间合同的忠实义务，判令其返还已收取的服务费①。实际上法院的裁判结果是根据当事人的请求而来的，因此当事人的诉求不同，判决结果也不同。

经纪机构能否作为委托方的代理人，存在法律上的争议。房地产经纪主要是促成交易，以收取佣金为目的，从其本质看，自己从事房地产买卖等业务是不符合其法律特征的。

① 吕国强，等. 商品房买卖纠纷案件精选. 上海：上海人民出版社，2005：289.

5.1.2.4　滥用委托人信息

在信息数据时代，经纪机构的信息安全保障义务至关重要。由于房地产交易的性质，房地产经纪机构和经纪人可以直接接触当事人的个人信息资料，了解委托人个人的财产状况、家庭状况，因此个人信息安全是当事人最担心的。除违法使用个人信息（如泄露委托人个人信息，甚至买卖委托人信息谋利）外，错误、不当利用委托人的个人信息也须承担相应的法律责任。

案例5-8

房地产经纪公司滥用信息，委托人被“离婚”

王女士与刘先生经某经纪公司居间，签订了房屋买卖合同。办理手续时，她发现经纪公司向房屋登记中心提交了多份内容不实的购房资格核验信息，将她的婚姻情况写为“丧偶”或“离异”。她认为经纪公司冒用她的姓名，侵犯隐私权，构成侵权，要求经纪公司赔礼道歉。经纪公司称，居间服务合同中约定买卖双方授权本公司办理网上签约手续，而购房资格核验是网上签约的必要程序，公司为顺利通过购房资格核验使用了一些技术手段，是有利于王女士办理手续的。经纪公司认为资格核验并非向社会公众发布，不会造成王女士的社会评价降低和个人隐私被公开的后果，因此不构成对王女士姓名权的侵害。法院认为经纪公司使用王女士的姓名提交购房资格核验信息具有合同依据，不构成对其姓名权的侵犯。购房资格核验结果需要提供姓名、申请编号、身份证号才能查询，并非向社会公众发布，不会造成王女士的社会评价降低、隐私被公开的后果。但个人婚姻信息等构成人格权的基本要素，故经纪公司的不实信息一定程度上侵害了王女士的一般人格权，并给王女士造成了一定的伤害和困扰，判决经纪公司应就此向王女士书面致歉。

资料来源：为促成房屋买卖　中介“自编”客户信息判败诉. 中国法院网，2015-05-01.

该案中购房人的个人错误信息进入了登记中心的系统，最终承担法律责任的可能是购房人。该错误信息对购房人以后购房或者进行相关信息查询是有影响的，且婚姻状况属于个人信息，涉及个人隐私。虚假的婚姻信息对购房人的个人生活有可能造成不良影响，经纪公司应就信息登记不实行为承担法律责任。

实践中更多见的是经纪机构利用交易中获取的客户个人信息，通过反复拨打电话、发送短信、电子邮件、微信等方式强行推销或者收集客户信息，骚扰当事人。经纪人员的骚扰电话、垃圾短信等导致当事人忍无可忍，相关的诉讼也时有发生。经纪机构利用职业便利，侵害委托人的权益，则其应该承担相应的法律责任。

5.1.2.5　代收代付、挪用委托人定金、房款

2006年，在建设部、中国人民银行《关于加强房地产经纪管理规范交易结算资金账户管理有关问题的通知》发布前，经纪机构经手买卖双方交易款项、代收代付较普遍。一些贷款银行为争取房贷业务，也将贷款账户设立在经纪机构，个别经纪机构违法占用委托人定金、房款，甚至卷款而逃，造成了恶劣的社会影响。

在房地产交易中，交易双方往往互不相识，对于对方能否严格履行义务没有把握，且房地产交易并非即时结清的“一手交钱一手交货”，双方履行义务有先后，先履行的一方有一定的风险，因此寄希望于经纪机构作为中间人或者作为见证人、保证人控制风险，一定条件下可能愿意将房款交付给第三方，以期借第三方的力量保证资金安全并制约对方当事人。有鉴于此，交易资金监管十分重要。

通过房地产经纪机构进行房款转付中，常见经纪机构挪用房款或者未经委托人同意，扣留部分尾款等情况。

案例 5－9

房地产经纪机构挪用房款，银行等机构承担连带责任

2007 年 5 月 28 日，出卖人林某、买方、经纪公司三方签订了房地产买卖中介合同，约定房款分三次付清，其中 23 万元通过银行贷款支付，由经纪公司协助买方办理银行贷款，经纪公司在 30 个工作日内将房款付给林某。经纪公司将林某、买方带到南京一家担保公司办理贷款担保手续，约定银行将贷款转给担保公司，担保公司将款项转给经纪公司。但当买方到经纪公司提款时，发现钱款已被挪用，遂将经纪公司、江苏省建行、南京市公证处、担保公司诉至法院。法院对此案进行调查时发现，经纪公司、担保公司、公证处、银行之间均是稳定的业务合作关系，经纪公司揽到业务后介绍给担保公司，担保公司收取购房人的有关费用后，再与公证处分成。房款划给担保公司时虽然有交易方签字的协议书，但银行既未就此向交易方审核，又对担保公司无房款专用结算账户放任不管，公证处公证员未亲眼看见交易方在承诺书上签名，未亲自办理该公证事宜。上述机构违反了其对客户交易结算资金安全的基本注意义务，在客观上导致了经纪公司侵害原告合法权益的后果。据此，法院判决经纪公司返还原告林某购房款 23 万元，江苏省建行、公证处以及担保公司对经纪公司返还房款不能给付部分承担连带赔偿责任。

资料来源：房款被中介挪用，法院首次判决银行、公证机关连带赔偿责任. 广西建设网，2008-03-01.

该案反映了在存量房交易中，相关各方在交易、法律责任划分上的模糊性。负有资金监管义务的相关方没有尽到其应有的责任，经纪活动中的各方均失责，未尽法律义务和合同义务，导致了交易当事人的损失。

不少案件最初表现为民事纠纷，如经纪机构无法挽回委托人损失，委托人报案则往往演化成刑事案件。

5.1.2.6 诱导委托人签约

经纪人员的业绩收入与房产是否成交直接相关，实践中为急于促成房产交易而隐瞒事实、诱导委托人签约的情况较常见。

案例 5－10

房地产经纪机构谎称信息真实，诱导委托人签约付款

张小姐通过网络信息看中某房地产经纪公司的一套房，经该房地产经纪公司的居间，张小姐决定购买此套房屋。在买卖双方进行洽谈并拟正式签约时，张小姐发现看房时的居住者并非是房屋所有权人。但是，该房屋居住人赵某持权属证书复印件和所有权人的授权委托书，并称自己已经得到房屋所有权人的授权，可以处分该房屋。张小姐当时对此颇有质疑，但该经纪公司为促成交易，谎称已经核实过。基于对经纪公司专业水平的相信，张小姐向赵某支付定金 10 万元，并签订了正式的房地产买卖合同，支付了首付款。但此后赵某即消失。后发现赵某仅系房屋承租人，并且租期即将届满，因此其伪造授权委托书，骗卖房屋。该案中，赵某的行为固然是涉嫌诈骗犯罪，应当承担刑事法律责任和民事法律责任。而经纪公司不仅没有对相关的材料进行调查核实，并且利用委托人对其具有专业知识的信任，隐瞒实情，诱导委托人签约付款。作为经纪机构，既未和委托出售人（真正的房屋所有权人）见面，亦未亲见房屋所有权人委托赵某出售房产的意思表示或者亲见其亲笔书写授权委托书，未要求赵某出示公证委托书并核实，即和赵某催促张小姐签约交易，在法律上未尽合理审查义务。在其责任范围内应该对张小姐的损失承担相应的民事法律责任。

资料来源：李永一. 买二手房要小心“假房陷阱”. 新华网，2018-12-03.

此类案件反映了经纪机构重视成交、轻视法律风险的业务导向，诱导签约是经纪活动中投诉较多的事项。

5.1.2.7　为限制交易的房屋提供经纪服务

依据法律法规和相关的规定，有些房屋是不能进入市场的（如违法建筑、农村集体土地上开发的小产权房、司法或者行政机构查封冻结的房屋等），有些是转让有限制条件的，如经济适用房、共有产权房或拆迁安置房等；也有些是根据约定，转让须符合一定条件的。对于这样的房屋交易，经纪机构应该遵循有关法律法规的规定，拒绝接受委托。如果违法、违规居间介绍该类房屋交易，不仅当事人交易无法达成，还会引发一系列的法律纠纷。

案例 5－11

违法交易安置房，巨额损失无法受偿

某经纪公司老板汪某向樊某推荐了一套约 72 平方米的拆迁安置房，单价比普遍房价低约 2 000 元/平方米，承诺 3 年后办理产证。双方在经纪公司签订了一份房地产买卖合同，该合同的出卖人为汪某，买受人为樊某。房屋总价 95 万元，樊某按合同约定付足了首付款。后汪某以各种理由拖延交付，樊某 5 次转账给汪某共计 95 万元。最后，樊某彻底联系不上汪某，经纪门店也关闭。樊某报警后发现，与她有相同遭遇的购房者已有 20 多户，购买的都是汪某的安置房，损失总计近千万元，而所谓的房源都是汪某从不同的房东处承租下来的。

资料来源：低价购入动迁房，沪逾 20 户被骗千万，老板卷款蒸发. 凤凰网，2015-05-20.

该案中经纪公司有多处违法甚至犯罪行为：当地规定拆迁安置房 5 年内不能转让，经纪机构老板租赁拆迁安置房并冒充房屋的产权人或者产权人的代理人，以自己的名义直接

与购房人签订买卖合同，收取购房人支付的定金、首付款、房款，本质上不是从事经纪服务，而是违法买卖房屋；后卷款而逃，涉及房款数额巨大，涉嫌合同诈骗犯罪。

类似为公租房、廉租房、经济适用房、查封房屋等提供出租、出售等经纪服务的，既违反规定，也无法完成合法的交易手续。如经纪机构代理销售无预售许可证的商品房项目，按照最高人民法院的司法解释，签订的商品房买卖合同亦无效。

5.1.3 委托人行为不规范导致的纠纷

实践中不乏委托人在房地产交易活动中提出违法违规要求的，经纪机构如对于不合法的要求不予拒绝，甚至为规避法律，为之出谋划策，也必须为此承担相应的法律责任。

5.1.3.1 签订"阴阳合同"

经纪人作为房地产专业人员对房地产政策大多有所了解，对房地产交易的税费缴纳环节也较为清楚，而买卖双方对此可能并不清晰。在交易过程中，双方当事人有时均有逃避税费的想法，而经纪机构为尽快促成交易，亦主动帮助当事人避税。一旦交易当事人之间发生纠纷，经纪机构亦须承担责任。

案例 5-12

做低房价违法，定金合同无效

经某经纪公司的居间介绍，郑女士与卖方陈先生在房地产经纪人的主持下签订了三方参与的房地产居间合同。合同约定郑女士购买陈先生的住房，房价为出卖人陈先生的净到手价 229 万元。双方亦同意填写正式的房产部门制定的买卖合同，该合同价为 160 万元。在签订三方居间合同的同时，郑女士支付了定金 10 万元。双方同时约定签订买卖合同时，郑女士、陈先生在经纪公司再就首付款金额、合同价等问题进一步磋商。后来，出卖人陈先生表示做低房价至 160 万元存在风险，不同意以此价为正式合同价。最终双方未能就房屋买卖达成一致意见。郑女士因此将陈先生诉至法院，要求双倍返还定金 20 万元。法院认为，买卖双方在居间协议中约定的定金条款，属预约定金性质，以担保主合同的签订，即保证双方按时签订房产局制定的房地产买卖合同，以促使交易成功。但双方之间的定金合同明显损害了国家利益，合同的违法性显而易见。所以认定定金合同条款无效，不产生定金罚则之效力。对郑女士提出双倍返还定金的请求，法院不予支持，判决陈先生返还定金 10 万元。

资料来源：杨克元．做低房价逃税定金罚则失效 买家诉请被驳．中国法院网，2011-05-01.

逃避国家税费是违法行为，情节严重的构成犯罪。经纪机构参与其中，其行为违法、违规，不仅可能导致交易纠纷，而且司法实践中亦有因逃税被法院判决合同无效的案例。

作为委托人，做低房价不合法，一旦产生纠纷法律救济难度大。如果当事人恶意串通，损害国家、集体或第三人利益的行为，合同可能被法院认定为无效。如合同被认定为无效，则不存在违约责任。

5.1.3.2 无权代理

按照我国法律的相关规定，交易当事人不能到场办理房地产交易手续的，可以通过合法的方式委托他人代为办理相关交易事宜。由于房地产交易涉及金额较大，实践中均要求书面委托。按照《民法典》的规定，委托代理授权采用书面形式的，授权委托书应当载明代理人的姓名或者名称、代理事项、权限和期间，并由被代理人签名或者盖章。

案例 5-13

签约人系无权代理，买卖合同不生效

2017年3月，金某与裘某、方文房地产置换所签订房地产转让合同一份，卖方为林某，裘某代林某在合同卖方处签名，约定买卖价格为3 800 000元，购房定金为200 000元。如卖方违约不卖，须双倍返还定金；金某违约不买，对方有权没收已付定金。合同还对方文房地产置换所代办产权过户、按揭贷款等其他事项做了约定。合同订立当日，裘某收到金某支付的购房定金200 000元，并承诺其代表林某全权签订该房地产转让合同及收取定金，若有反悔或违反所签的转让协议，愿按转让协议的违约条款做出赔偿。后来，该房屋所有权人林某不同意转让房地产，房屋无法办理所有权转移手续。金某诉至法院，要求经纪机构赔偿因未尽居间人的审慎义务而造成的损失。

法院认定：房地产转让合同签订时，裘某并未持有该房屋登记所有权人林某授权其出卖房屋的委托书，金某亦未提供其他证据证明裘某出卖该房屋得到林某的授权或事后得到林某的追认，虽裘某和林某系母女关系，但仅凭此种关系不足以使裘某获得代理林某出卖房屋的权利。裘某代理林某与金某签订房地产转让合同是一种无权代理的行为，在林某拒绝追认的情况下，该合同不对林某发生法律效力。金某为善意相对人，有权根据《民法总则》第一百七十一条第三款的规定要求裘某赔偿履行利益损失，裘某应对金某因本案房屋买卖合同纠纷造成的损失承担全部赔偿责任。

资料来源：(2019) 沪0120民初5717号，金兵、张书燕与殷德军、祝仁芳等房屋买卖合同纠纷一审民事判决书.

按照《民法典》的规定，行为人没有代理权、超越代理权或者代理权终止后，仍然实施代理行为，未经被代理人追认的，对被代理人不发生效力。善意相对人有权请求行为人履行债务或者就其受到的损害请求行为人赔偿，但是赔偿的范围不得超过被代理人追认时相对人所能获得的利益。但是相对人知道或者应当知道行为人无权代理的，相对人和行为人按照各自的过错承担责任。

5.1.4 经纪机构或经纪人的违法犯罪行为

有少数不良经纪机构或经纪人不以从事正当的经纪活动为目的，而是以房地产经纪为幌子，从事违法犯罪活动，严重影响了房地产经纪行业的声誉。

5.1.4.1 恶意诈骗

这类纠纷通常有两种情况：一是经纪机构及其法定代表人均存在诈骗故意，恶意骗取当事人的房款；二是经纪机构管理疏漏，个别员工或者机构高层管理人员恶意诈骗或者卷款，造成交易当事人的损失。

案例 5－14

以房地产经纪为名，骗取购房人房款

吴秉麟伙同被告人刘爱平、卢金磊等人陆续在内蒙古、宁夏等省（区，市）成立关联公司，开展房地产中介业务，至 2013 年 2 月，被告人吴秉麟在银川市成立总部作为管理机构。总部明确将公司的业务划分为 ABC 三类，即 A 类件（正常业务）、B 类件（办理起来有难度的业务）、C 类件（小产权房、经济适用房买卖等不能办理的业务）。总部各部门及“兴麟系”各公司的负责人、工作人员明知开展的相关业务违反相关法律法规且资金入不敷出，仍遵从总部的要求大力开展该类业务，违法收取、占用客户资金。2014 年 5 月后，被告人吴秉麟、刘爱平、卢金磊等明知“兴麟系”公司占用的客户资金超过 7 亿元，巨额资金亏损无法弥补，仍一方面通过调整薪资提高奖励、提成，无原则地要求各地分公司的业务员提高业绩，部分店长冒充房主，以一房多卖的欺骗手段与被害人签订买卖合同，大规模骗取被害人首付款及定金。截至 2014 年 9 月，被告人吴秉麟、刘爱平、卢金磊等的上述行为导致全国 17 个省（区，市）近万名被害人遭受 10.4 亿余元的巨额经济损失。法院认为被告人吴秉麟伙同被告人刘爱平、卢金磊等以非法占有为目的，在全国多地成立“兴麟系”房产中介公司，授意公司员工在签订、履行合同过程中隐瞒事实真相，骗取客户资金 10.4 亿余元，被告人吴秉麟及被告单位、被告人刘爱平等 32 名被告人的行为均已构成合同诈骗罪。

资料来源：银川市中级人民法院（2015）银刑初字第 75 号.

从该案来看，被告成立经纪公司不是开展正常的房地产经纪活动，而主要是以骗取购房人款项为目的。

5.1.4.2 买卖客户信息

在买卖客户信息的犯罪案件中，经纪机构或者经纪人员买卖客户信息数量巨大，构成了侵犯公民个人信息罪。按照我国《刑法》的规定：违反国家有关规定，在履职或提供服务过程中向他人出售或者提供公民个人信息，情节严重的，处 3 年以下有期徒刑或者拘役，并处或者单处罚金；情节特别严重的，处 3 年以上 7 年以下有期徒刑，并处罚金。如违反国家有关规定，将在提供服务过程中获得的公民个人信息出售或者提供给他人的，从重处罚。如经纪机构犯罪的，对单位判处罚金，并对其直接负责的主管人员和其他直接责任人员，依照上述规定处罚。

案例 5－15

大肆购买业主信息，被告领刑 6 个月

2010—2017 年，被告人王建设为开展房屋中介业务，先后多次向他人购买某市爱博一村至爱博七村、富力虹桥十号、万科时一区等社区的业主信息 1 万多条，其中有业主住址、联系电话、身份证号、户籍地等内容。法院认为被告人王建设犯侵犯公民个人信息罪，判处有期徒刑6个月，缓刑1年6个月，并处罚金人民币5 000元。

资料来源：上海市闵行区人民法院（2018）沪0112刑初807号.

按照“两高”的解释：非法获取、出售或者提供交易信息等其他可能影响人身财产安全的公民个人信息500条以上的，非法获取、出售或者提供行踪轨迹信息、通信内容、征信信息、财产信息50条以上，或者将在提供服务过程中获得的公民个人信息出售或者提供给他人，数量或者数额达到上述规定一半的，认定为《刑法》第二百五十三条之一规定的“情节严重”。

5.1.4.3 恶意侵占房款

与一般违规的代收代付房款行为不同，恶意侵占房款的犯罪案件中的被告是以恶意侵占、侵吞客户的房款为目的的，即房地产经纪机构或经纪人的主观犯罪意图明显，而非一般的民事纠纷。

案例5-16

非法侵占房屋销售款，构成职务侵占罪

某市公安局接到报案，报案人称本公司销售经理张某涉嫌侵占公司销售款36万元，并已逃匿。民警根据线索将在某网吧内上网的张某抓获归案并刑事拘留。经审查，张某任职期间，多次以公司的名义，通过私开收据的方式收取客户房款、车位款，并非法侵占公司140余万元。经深入调查，张某侵占公司销售款，其中两笔数额较大，分别为25万元和30万元的购房款，其他则是车位销售款，达20多笔，并挥霍一空。张某因涉嫌职务侵占罪被起诉。

资料来源：房产销售经理非法侵占140万 澳门赌博全输光. 中国法院网，2018-11-01.

该案涉及的是商品房销售款，属开发公司所有，张某将本单位财物非法占为己有，数额较大，符合职务侵占罪的构成要件。

5.1.4.4 协助逃避巨额税费

房地产交易中涉及多项税费，经纪机构为促成交易，有时候不仅许诺委托人可以逃税，甚至为此向税收征管人员行贿，以逃避税费。按照我国《刑法》的规定，逃避税额巨大的，构成逃税罪。

案例5-17

房地产经纪人员为逃税行贿，构成行贿罪

某经纪机构工作人员王某前后两年伙同某市地方税务局工作人员杨某、刘某和协税员李某，在帮助部分房产交易经纪人员办理某市15套房屋交易税款缴纳过程中，利用杨某、刘某、李某所在岗位的职务便利，通过伪造房产交易原始完税凭证、房屋产权证明等方式，偷逃二手房交易个人所得税、营业税及其他税费。在办理逃税时，王某根据具体情况向经纪人员索要应缴税款35%～45%的好处费，再按比例给李某等人共计100多万元，其个人获利10万元。法院认为，王某伙同国家工作人员，利用国家工作人员职务便利，非法收受他人财物，为他人谋取利益，其行为已构成受贿罪。鉴于王某如实供述大部分犯罪事实，部分赃款已被追缴，一审从轻判处王某有期徒刑6年，并处罚金60万元。王某名下银行账户内的70余万元予以没收，继续退赔犯罪所得。

资料来源：房屋中介过户员收取好处费190万被判6年. 中国法院网，2018-05-01.

按照《刑法》规定，纳税人采取欺骗、隐瞒手段进行虚假纳税申报或者不申报，逃避缴纳税款数额较大并且占应纳税额10%以上的，处3年以下有期徒刑或者拘役，并处罚金；数额巨大并且占应纳税额30%以上的，处3年以上7年以下有期徒刑，并处罚金。多次实施的，按照累计数额计算。

5.2 房地产经纪纠纷风险防范

房地产经纪纠纷产生，有经纪机构的原因，也有委托人的原因，或者是双方或三方的原因，成因也较为复杂，不可一概而论。房地产经纪纠纷既然由不同的原因导致，且出现在经纪活动的不同环节，如有针对性地做好防范工作，或者提供有效的解决方法，可以减少或者化解纠纷。合同是经纪服务的重要依据，签订规范的合同是预防和避免房地产经纪纠纷的有力手段。经纪机构在提供服务时，应依法签订合同，并严格履行合同的各项义务。民事主体合法、合规地从事经纪活动是房地产市场有序发展的重要条件。

5.2.1 房地产经纪机构风险防范措施

5.2.1.1 履行事先告知义务

房地产经纪服务中的告知是经纪机构和经纪人在民事活动中的一项法定义务，实际上也是我国法律规定的民事活动基本原则的体现。一方面，委托人要将自身所需求的有关房屋信息如实告知经纪机构；另一方面，经纪机构应将订立合同的机会和房屋有关的信息如实告知委托人，因此双方互有告知义务。根据《民法典》的规定，中介人的义务主要有：如实报告、不得故意隐瞒与订立合同有关的重要事实或提供虚假情况。如果因此损害委托人利益的，不得要求报酬，并应当承担损害赔偿责任。

《房地产经纪管理办法》第二十一条采用“概括加列举”的方式相对详细地规定了应当告知的具体事项，如房屋交易的一般程序以及交易风险等八项应当告知的事项，这可以视为是对如实告知义务在规范管理基础上的进一步具体化。一些地方对具体的告知事项进行了细化，如编制《房地产经纪重要信息告知书》等示范文本，为房地产经纪机构履行告知义务提供参考，并阐明其具体范围和形式、载体，对履行告知义务规定了最低的法律限度。

5.2.1.2　明确委托双方责任

对于委托人适合的要求，民事规范有规定。对于其未尽谨慎注意义务或者恶意隐瞒身份信息及合同标的物权属状况，导致合同目的无法实现的，法院可以依申请判令解除合同并要求其承担违约责任。此外，委托人在与房地产经纪机构做出委托意思表示时应提供相应证明文书，经纪机构应依照规定履行审查义务。若因为其未尽审查义务，导致房屋买卖合同无法订立或遭解除，则其亦应丧失报酬请求权，并应承担相应的法律责任。若经纪机构为促成交易恶意隐瞒，甚至教唆一方当事人资料造假，则应与过错方当事人一同对另一方当事人承担连带赔偿责任，并应接受相应的行政处罚。

就房地产经纪合同履行过程中委托人一方的违约行为引起的纠纷，则可根据《民法典》的相关规定处理。委托人与经纪机构应通过合同明确委托关系的性质，约定是否独家委托或多家委托，并明确违约责任。对于买卖双方通过经纪机构的实质性服务却“跳单”的，违约当事人应就其失信行为承担相应的违约责任。但须注意经纪机构制定的防“跳单”的合同条款应事先和委托人解释清楚并保留相关的证据，避免事后因格式条款问题可能导致合同无效。

5.2.1.3　签订规范的经纪服务合同

为防止经纪机构提供的格式合同条款引发纠纷，房地产经纪机构最好推荐委托人使用中房学或者地方政府主管部门制定的经纪服务合同示范文本。房地产经纪合同应明确约定双方的权利义务，明确委托事项、范围、内容、权限、委托时限、委托方式、服务完成标准、佣金收取的条件和时间及违约责任、纠纷解决方式等。为避免争议，应附必要的图纸、照片等作为合同附件，且合同及附件均应有经纪机构签章及房地产经纪人一人或者协理两人签章，并标明职业证号。委托人须本人签字或者由办理了合法委托手续的代理人签字。

5.2.1.4　规范合同履行完毕后的工作

促成双方当事人交易达成后，可以收取佣金，此时经纪机构的合同义务履行完毕（双方另有约定的除外）。对于达成交易后，经纪机构是否需要提供经纪合同之外的其他服务事项，法律上并无明确要求。按照大部分地方的交易习惯，经纪机构也会提供一些合同后续的服务。但如果经纪合同无明确约定，这些延伸服务可以另行签订服务合同。如果无合同约定，经纪机构并无提供服务的义务。但在司法实践中，有些法院认为经纪机构应该提供一些后续服务，否则认为其经纪义务未全部履行完毕，这是需要注意的。

5.2.1.5　经纪机构要规范操作

房地产经纪机构在为买卖双方服务的时候应清楚介绍交易流程、收费标准等重要信息和相关的法律规定，应提供经纪合同的规范文本、房地产交易的注意事项、资金监管的具体措施等信息。经纪机构应保留重要的交易文件和证据，并做到公正、透明、规范操作，提高服务质量。

5.2.1.6 规范租赁房地产经纪行为

为避免房屋权属状况发生变化而引起纠纷，经纪机构在签订租赁合同前，应前往房地产登记机构查询租赁房屋的权属状况，以确认该房产不存在重大物权争议或者其他抵押处置、查封等风险。如出租人为经纪机构，则在与承租人签订租赁合同时应载明房租支付方式的具体信息和法律性质，尽到说明与告知义务，充分提醒承租人所面临的法律风险。对于与第三方金融机构合作提供的贷款产品，除应告知该支付方式的法律风险外，其对合作的第三方金融机构的资质也应做初步审查，确保其拥有合法的经营资格和相应的资金实力，并提供给承租人符合法律规定且公平的合同，如作为长租公寓的运营方应该向承租人充分披露信息和服务费的收取依据。

5.2.2 房地产交易委托人风险防范措施

5.2.2.1 对委托人的特别提示

委托人由于对房地产交易程序及相关的法律法规等知识的缺乏，在经纪活动中往往依赖于经纪机构。因此，委托人在经纪机构的选择、合同签订及履行等方面应特别注意。

交易当事人在选择经纪公司时，首先应选择工商营业执照、房地产经纪备案资质证明等证照齐全的机构。一旦发生纠纷，可以及时查询到相关信息，最好选择信誉好的品牌经纪机构。目前各地房地产管理部门的网上房地产平台上，都可以查找到备案的经纪机构和经纪人员的信息，且多有信用记录在网上公示。对提供服务的房地产经纪人应查验其是否拥有房地产经纪人或房地产经纪人协理执业资格证书。经纪行业的从业人员应持有经纪人员职业资格证书，房地产经纪机构应当将房地产经纪执业人员的基本情况在经营场所显著位置予以明示，明示的内容应当完整、真实，并接受公众查询和投诉举报。委托人可通过各种途径了解经纪机构的情况，谨慎选择。

5.2.2.2 签订规范的房地产经纪服务合同

首先是签订好与经纪机构的经纪服务合同。建议选用行业协会或者管理部门制定的合同示范文本，房地产经纪机构不得要求当事人接受不公平的格式条款。房地产经纪机构和委托人所签订的经纪合同，应当附有执行该项经纪业务的房地产经纪执业人员的签名，按照规定由经纪机构统一收取佣金，开具发票，依法纳税，并做到服务与收费质价相符；交易合同应当使用政府部门制定的合同示范文本，经纪机构应在相应的栏目中签章，并且按照要求办理相关的网签备案手续。一旦交易双方发生纠纷，也可以作为相关的证据。

5.2.2.3 选择安全方式支付定金及房款

定金和房款直接通过银行支付给本人或者选择资金监管，不宜通过经纪机构转付，以免发生纠纷或产生资金安全问题。

最高人民法院《关于适用〈中华人民共和国担保法〉若干问题的解释》第一百一十八

条规定：当事人交付留置金、担保金、保证金、订约金、押金或者定金等，但没有约定定金性质的，当事人主张定金罚则权利的，人民法院不予支持。在存量房交易中，定金纠纷较普遍。一种是双方当事人直接约定定金数额并交付。如果一方违约，适用定金罚则一般也无疑义；另一种是当事人就定金达成协议之后，通过经纪机构进行定金的转付，这种情况极易发生纠纷。定金合同本身为实践性的合同，以交付为成立。如收受定金方并未委托经纪机构收取定金，而经纪机构却自行收取定金，则定金合同未生效，所以不存在适用定金罚则的问题。

5.2.2.4 注意个人资料和信息安全

不动产权利证书、当事人的身份证件等原件资料不要随意交付，以免被违法使用，如可能被用作抵押担保，或被扣押无法取回，或被复制非法使用等，造成不必要的损失。这类案件存在查证困难，影响大且后果难以一时消除。留存个人资料复印件应特别写明仅用于经纪机构的交易委托，不能另作他用。

5.2.2.5 谨慎签字

许多当事人在交易中对于签字较为随意。如果是不问来由地签字，不法经纪机构及经纪人可能持当事人的亲笔签字，代表当事人处分相关权利，甚至做假委托手续，取得处分当事人权利的授权。

委托人自己也须尽谨慎注意的义务，对于所有的签字一定要仔细斟酌，谨慎落笔，否则自己也须承担责任。

本章小结

房地产经纪纠纷表现形式不同，有民事纠纷，亦可能涉及刑事责任。经纪活动中的严重违法犯罪行为会导致刑事案件。这些纠纷的发生可能是由于经纪方或者委托方各自的不当行为，也可能是不能归咎于双方的其他原因造成的。但经纪方和委托方应各自秉承民事活动的基本原则，公平自愿、诚实信用、恪守承诺、尊重公序良俗，依法依规履行好自己的义务，最大限度地减少纠纷的发生，严防经纪活动中的犯罪行为。

关键术语

定金罚则　　权利义务　　“跳单”　　“吃差价”

复习思考题

1. 分析“跳单”的法律性质。
2. 分析房地产经纪机构赚取房屋差价的法律性质。
3. 分析房地产经纪方代收定金的性质。

4. 分析房地产经纪方的告知义务。
5. 分析因委托人的行为引发纠纷的特点和性质。
6. 房地产经纪合同纠纷有哪些主要类型?
7. 委托人如何规避经纪活动中的法律风险?
8. 分析房地产经纪机构在租赁中的法律责任。
9. 案例分析:

涉讼房屋登记在李某及其父母名下。李某与文某在某经纪公司的居间介绍下,签署了房地产居间协议。同时,文某向该经纪公司支付了意向金,并约定如卖方在经纪机构起草的房屋买卖合同上签字,则该意向金转化为房屋买卖合同的定金。协议另就其他事项进行了约定。李某与文某皆在该协议上签字。同日,双方还签署了经纪机构起草的房屋买卖合同。李某则签署了定金协议书,明确其因出售涉讼房屋收取特定金额定金,且该定金交由该经纪公司代为保管。其后,李某以其父母不同意出售涉讼房屋为由,拒绝与文某签署主管部门制定的房地产买卖合同。文某遂诉至法院,请求判令李某双倍返还定金。

问题:

(1) 该案中定金的性质。

(2) 分析该案件可否适用定金罚则。

(3) 分析经纪机构起草的房屋买卖合同的效力。

参考文献

[1] 王利明. 合同法案例研习. 北京:中国人民大学出版社,2019.

[2] 吴庆宝,赵培元,孟祥刚. 委托类合同裁判原理与实务. 北京:人民法院出版社,2008.

[3] 山东省青岛市中级人民法院课题组. 房地产居间合同纠纷案件适用法律疑难问题的调研报告. 人民司法,2012 (11).

[4] 税兵. 居间合同中的双边道德风险:以"跳单"现象为例. 法学,2011 (11).

[5] 周峰,李兴. 房屋买卖居间合同纠纷中"跳中介"现象的法律问题研究:以居间合同的信息匹配属性与复合型构造为视角展开. 法律适用,2011 (10).

[6] 彭辰,周嫣. 房屋居间机构未尽审慎核查义务之责任认定. 法律适用,2014 (10).

[7] 周江洪. "上海中原物业顾问有限公司诉陶德华居间合同纠纷案"评释. 浙江社会科学,2013 (1).

[8] 隋彭生. 居间合同委托人的任意解除权及"跳单". 江淮论坛,2012 (4).

[9] 汤文平. 从"跳单"违约到居间报酬:"指导案例 1 号"评释. 法学家,2012 (6).

[10] 其木提. 论"跳单"之认定标准:最高人民法院指导案例 1 号评释. 交大法学,2016 (4).

[11] 黄茂荣. 债法各论. 北京:中国政法大学出版社,2004.

第6章

房地产经纪机构的企业管理

本章导读

房地产经纪机构的运行有其自身的特点，房地产经纪机构的企业管理是对房地产经纪机构的经纪活动进行计划、组织、指挥、协调和控制等一系列活动的总称，其目的就是尽可能利用房地产经纪机构的信息、人力、物力和财力等资源，取得最大的投入产出效率。良好的企业管理，有助于房地产经纪机构明确发展方向，提高运营和运作效率，以更好的产品和服务提高客户的满意度和忠诚度，充分发挥员工潜能，明晰企业财务结构以及树立良好的企业形象。在本章中，重点介绍房地产经纪机构的运营管理、客户关系管理以及人力资源管理的内容和方法。

知识结构图

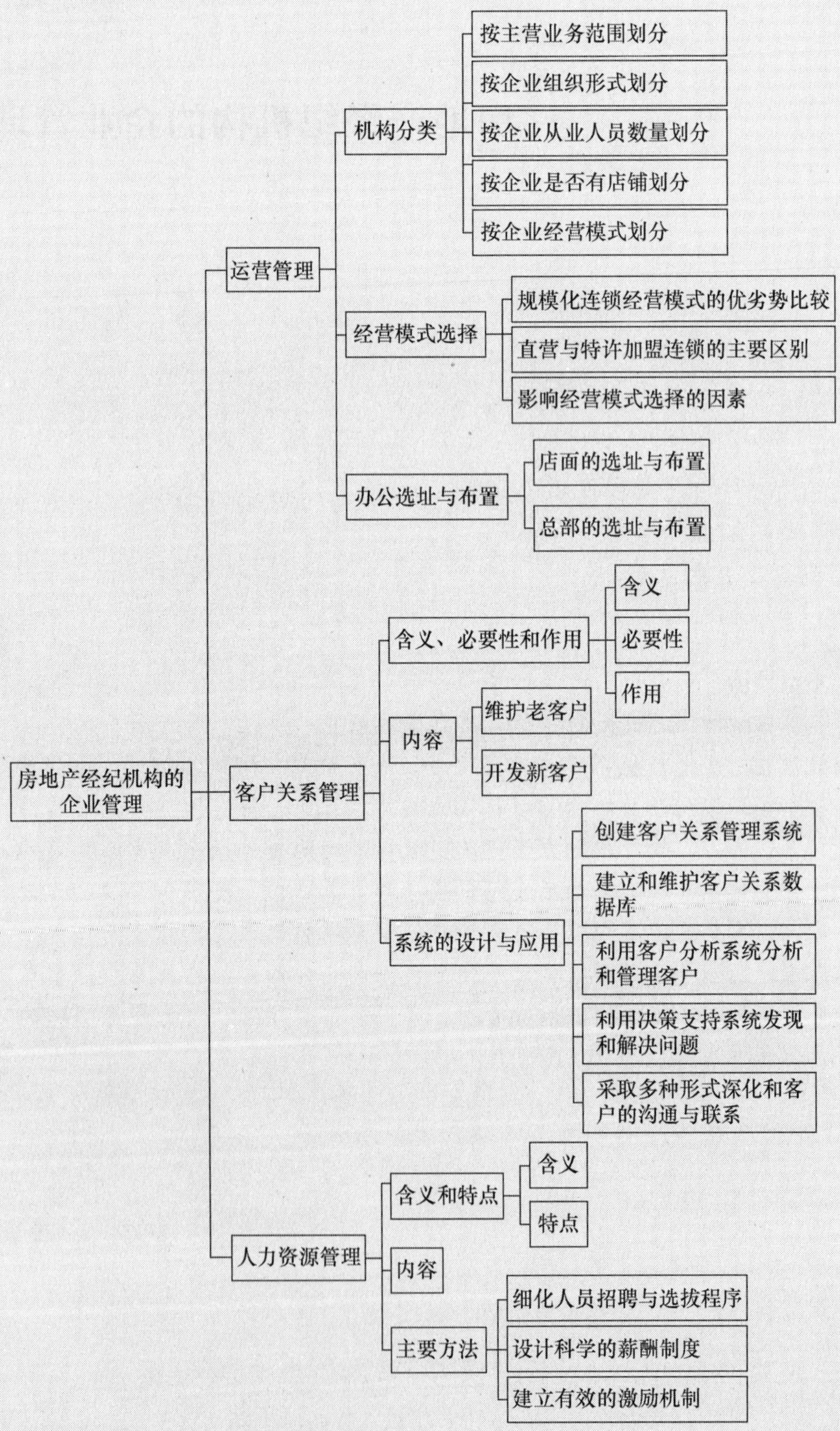
房地产经纪机构的企业管理
运营管理
机构分类
按主营业务范围划分
按企业组织形式划分
按企业从业人员数量划分
按企业是否有店铺划分
按企业经营模式划分
经营模式选择
规模化连锁经营模式的优劣势比较
直营与特许加盟连锁的主要区别
影响经营模式选择的因素
办公选址与布置
店面的选址与布置
总部的选址与布置
客户关系管理
含义、必要性和作用
含义
必要性
作用
内容
维护老客户
开发新客户
系统的设计与应用
创建客户关系管理系统
建立和维护客户关系数据库
利用客户分析系统分析和管理客户
利用决策支持系统发现和解决问题
采取多种形式深化和客户的沟通与联系
人力资源管理
含义和特点
含义
特点
内容
主要方法
细化人员招聘与选拔程序
设计科学的薪酬制度
建立有效的激励机制

重点问题

- 房地产经纪机构的分类
- 房地产经纪机构经营模式的选择
- 房地产经纪机构办公选址与布置
- 房地产经纪机构客户关系管理的核心内容
- 房地产经纪机构客户关系管理系统的设计与应用

6.1　房地产经纪机构的运营管理

6.1.1　房地产经纪机构的分类

对于不同类型的房地产经纪机构，其企业管理的重点和所采用的方法有所不同，因此在分析房地产经纪机构运营管理之前，需要对房地产经纪机构的分类总体上有所了解和把握。房地产经纪机构（企业）有多种分类方法，本节我们主要介绍五种分类方法。

6.1.1.1　按主营业务范围划分

按主营业务范围的不同，可以将房地产经纪机构划分为以存量房经纪业务为主的房地产经纪机构，以新建商品房代理业务为主的房地产经纪机构，以房地产策划、顾问业务为主的房地产经纪机构，综合性房地产经纪机构，房地产网络经纪机构以及其他类型的房地产经纪机构。各类机构的主营业务、典型机构示例如表6－1所示：

表6－1　按主营业务范围划分的房地产经纪机构类型及其主营业务、典型机构示例

机构类型	主营业务	典型机构示例
以存量房经纪业务为主	以存量住宅的买卖、租赁经纪业务为主	链家、我爱我家、芒果不动产等，以门店为依托开展业务
以新建商品房代理业务为主	主要为房地产开发企业提供新建商品房销售、租赁代理服务	世联地产、新联康、同策等
以房地产策划、顾问业务为主	专注于房地产投资管理与服务，房地产市场分析、房地产投资项目的可行性研究、房地产营销方案策划等咨询服务	戴德梁行、世邦魏理仕、第一太平洋戴维斯、仲量联行、高力国际等
综合性房地产经纪机构	同时经营存量房经纪业务、新建商品房经纪业务以及房地产咨询、顾问、策划等多种业务	易居（中国）、中原地产、合富辉煌、富阳（中国）、我爱我家

续表

机构类型	主营业务	典型机构示例
房地产网络经纪机构	以互联网平台为依托提供房地产经纪服务	房多多、贝壳、安居客、搜房、丁丁租房等
其他	由其他行业渗入房地产经纪行业，或房地产经纪行业与其他行业相结合的产物	从事办公楼的管理、租赁代理业务的物业服务企业

6.1.1.2 按企业组织形式划分

按企业组织形式不同，可以将房地产经纪机构划分为个人独资房地产经纪机构、合伙制房地产经纪机构、公司制房地产经纪机构以及房地产经纪机构的分支机构，不同机构类型的设立依据和设立方式如表6-2所示：

表6-2 按企业组织形式划分的房地产经纪机构的类型

机构类型	设立依据	设立方式
个人独资房地产经纪机构	依照《中华人民共和国个人独资企业法》和房地产经纪管理有关规定在我国境内设立	由一个自然人投资，财产为投资人个人所有，投资人以其个人财产对机构债务承担无限责任的、从事房地产经纪活动的经营实体
合伙制房地产经纪机构	依照《中华人民共和国合伙企业法》和房地产经纪管理的有关规定在我国境内设立	合伙人订立合伙协议、共同出资、合伙经营、共享收益、共担风险，并对合伙机构债务承担无限连带责任的从事房地产经纪活动的营利性组织
公司制房地产经纪机构	依照《中华人民共和国公司法》和房地产经纪管理的有关规定，在我国境内设立有限责任公司和股份有限公司	有限责任公司是指股东以其出资额为限对公司承担责任，公司以其全部资产对公司的债务承担责任。股份有限公司是指其全部资本分为等额股份，股东以其所持股份为限对公司承担责任，公司以其全部资产对公司的债务承担责任
房地产经纪机构的分支机构	由在我国境内设立的房地产经纪机构申请设立	经拟设立的分支机构所在地主管部门审批在境内设立，分支机构能独立开展房地产经纪业务，但不具备法人资格

6.1.1.3 按企业从业人员数量划分

根据国家统计局《统计上大中小微型企业划分办法（2017）》①，房地产中介服务被划入其他未列明行业，规模指标只有从业人员数量，而没有营业收入要求，这里的从业人员是指期末从业人员数，没有期末从业人员数量的，采用全年平均人员数代替。根据从业人员数量对房地产经纪机构的划分情况如表6-3所示：

① 《统计上大中小微型企业划分办法（2017）》的通知. http://www.stats.gov.cn/tjgz/tzgb/201801/t20180103_1569254.html.

表 6-3　按企业从业人员数量划分的房地产经纪机构的类型

机构类型	从业人员数量（X）人
微型	$X<10$
小型	$10\leqslant X<100$
中型	$100\leqslant X<300$
大型	$X\geqslant 300$

6.1.1.4　按企业是否有店铺划分

按企业是否有店铺，可以将房地产经纪机构划分为无店铺和有店铺两大类，这两类机构的特点如表 6-4 所示：

表 6-4　按企业是否有店铺划分的房地产经纪机构的类型

机构类型	特征	典型企业
无店铺模式	不设店铺，主要靠业务人员乃至企业的高层管理人员直接深入各种场所与潜在客户接触来承接业务	新建商品房代理机构、互联网经纪机构
有店铺模式	设有店铺以承接业务，通常是面向零散房地产业主及潜在购房者，从事二手房买卖和房屋租赁、代理的房地产经纪机构	各种单店、小规模（10 家以下）和规模化的连锁机构

6.1.1.5　按企业经营模式划分

按企业经营模式可将房地产经纪机构划分为直营连锁、特许加盟连锁以及直营与特许加盟连锁混合等模式，具体机构的特征如表 6-5 所示：

表 6-5　按企业经营模式划分的房地产经纪机构的类型及其特征

机构类型	机构特征
直营连锁	多家连锁机构由开设机构统一所有、统一经营管理，具有统一的企业识别系统（CIS），实行集中采购和销售
特许加盟连锁	连锁经营与特许经营相结合；（法人）对商标、服务标志、独特理念、专利、经营方式等拥有所有权并授权其他人使用上述权利；在授权合同中包含一些调整和控制条款，以指导受许人的经营活动；受许人需要支付权利使用费和其他费用
直营与特许加盟连锁混合	既下设直营连锁机构，又接受特许加盟；通常有两种形式：一种是以直营为主、特许加盟为辅，另一种是直营、特许加盟连锁并行发展。对于直营门店，公司拥有完全的所有权和经营决策权；而对于加盟门店，则按照“特许加盟模式”，在加盟合同框架下实行“自主经营，自负盈亏”
其他：如合伙人股权模式	将合伙制与连锁经营相结合，开设机构将合伙的理念应用于其开设或合作的企业，按企业规模和层次设计多种不同的股权机构，并收取一定管理费

6.1.2　房地产经纪机构经营模式的选择

广义的企业经营模式是指企业根据自己的经营宗旨，为实现企业所确认的价值定位所采取某一类方式方法的总称，包括企业对自己在产业链中所处位置、业务范围、竞争战略的选择。狭义的房地产经纪机构的经营模式，是指房地产经纪机构在业务范围已确定的情况下，具体承接及开展房地产经纪业务的渠道及其外在表现形式。房地产经纪机构的经营模式与房地产经纪机构自身的业务类型、企业规模、企业地位以及当地的社会、经济状况有密切关系。

如表6－4、表6－5所示，根据房地产经纪机构是否有店铺，可将房地产经纪机构的经营模式分为无店铺模式和有店铺模式两种类型。其中有店铺经营模式根据房地产经纪机构下属分支机构的数量及分支机构的商业组织形式，又可将其分为单店模式、小规模连锁经营模式和规模化连锁经营模式，其中规模化连锁经营模式又可根据房地产经纪机构与分支机构的关系分为直营连锁经营模式、特许加盟连锁经营模式以及直营与特许加盟连锁混合模式和其他模式。在这里重点介绍规模化连锁经营模式。

6.1.2.1 规模化连锁经营模式的优劣势比较

在房地产经纪行业中连锁化经营模式的引进，有效克服了单店经营由于店址固定、顾客分散造成的规模小、经营成本高等缺点，使企业可通过统一的信息管理、统一的标准化管理和统一的广告宣传形成规模效益。其中，直营连锁与特许加盟连锁各有其不同的特点（见表6－6）。

表6－6 规模化连锁经营模式的优劣势分析

机构类型	优势	劣势
直营连锁	（1）可以统一调动资金，统一经营战略，统一开发和运用整体性资源；（2）大型直营连锁机构，商业资本雄厚，有利于同金融界、生产厂商打交道；（3）在人才培养、人员调配、新技术产品开发推广、信息和管理现代化方面，易于发挥整体优势；（4）众多的连锁店可深入消费腹地，扩大销售	（1）成员店自主权小，积极性、创造性和主动性受到限制；（2）总部需要拥有一定规模的自有资本，发展速度受到限制；（3）大规模的直营连锁店管理系统庞杂，容易产生官僚化经营，提高企业的交易成本
特许加盟连锁	（1）对于特许人而言，可以不受资金的限制，迅速扩大规模；（2）在当今经济全球化的趋势下，有助于加快国际化发展进程；（3）有助于降低经营费用，集中精力提高企业管理水平；（4）对于那些资金有限、缺乏经验，但又想投资创业的人而言具有极强的吸引力	（1）受特许人经营体系的制约，经营方式上没有自主权，增长有所限制；（2）需要支付昂贵的特许经营费，利润可能也需要按协议与特许人共享；（3）对特许人来讲，与加盟者之间缺乏资金纽带的链接，对加盟企业的控制有一定的难度，一个特许加盟企业出现问题，会连累整个机构和品牌等

6.1.2.2 直营与特许加盟连锁的主要区别

1. 产权关系不同

特许加盟连锁经营是独立主体之间的合同关系，各个特许加盟店的资本是相互独立的，与总部之间没有资产纽带；而直营连锁店都属于同一资本所有，各个连锁店由总部所有并直接运营、集中管理。这是特许经营与直营连锁最本质的区别。特许经营总部由于利用他人的资金迅速扩大产品的市场占有率，所需资金较少；相比之下，直营连锁的发展更易受到资金和人员的限制。

2. **法律关系不同**

特许经营中特许人（总部）和受许人（加盟店）之间的关系是合同关系，双方通过订立特许经营合同建立起联系，并通过合同明确各自的权利与义务；而直营连锁中总部与分店之间的关系则由内部管理制度制约和调整。

3. **管理模式不同**

特许经营的核心是特许经营权的转让，特许人（总部）是转让方，受许人（加盟店）是接受方。特许经营体系是通过特许者与受许者签订特许经营合同而形成的，各个加盟店的人事和财务关系相互独立，特许人无权干涉。而在直营连锁经营中，总部对各分店拥有所有权，对分店经营中的各项具体事务均有决定权，分店经理作为总部的一名雇员，完全按总部意志行事。

4. **涉及的经营领域不完全相同**

直营连锁的范围一般限于商业和服务业；而特许经营的范围则宽广得多，除商业、零售业、餐饮业、制造业、高科技信息产业等领域外，在制造业也被广泛应用。

6.1.2.3　影响经营模式选择的因素

房地产经纪机构经营管理的首要任务是选择恰当的经营模式，房地产经纪机构要根据企业自身的具体情况选择合适的经营模式。一般来说，房地产经纪机构选择经营模式主要考虑三个方面：企业规模、是否有店铺、规模化经营方式的采用。

1. **企业规模**

房地产经纪机构对企业规模的选择，首先要遵循规模经济的一般原理，其次要根据经纪机构自身的特点，着重考虑经营规模与信息资源、人力资源和管理水平三个因素的匹配程度。其一，房地产经纪机构以信息为主要资源，如果没有充足的客户信息和房源信息，那么过多的店铺或机构部门就会被浪费。其二，房地产经纪机构以提供专业性服务为主要经营范围，人力资源主要包括企业的业务人员和管理人员，是最重要的要素之一，房地产经纪机构经营规模的大小必须与其已拥有及可能拥有的人力资源实力相适应。其三，管理水平决定着房地产经纪机构在规模扩大时能否保持乃至提高其整体服务质量和水平，所以也是房地产经纪机构在选择经营规模时必须充分关注的要素。

2. **是否有店铺**

房地产经纪机构是否开设店铺主要是根据其所面向的客户类型决定的。一般而言，面向零散客户的机构通常需要开设店铺，而面向机构类大型客户的经纪企业不一定要开设店铺。

3. **规模化经营方式的采用**

与任何企业一样，房地产经纪机构也是不断谋求由小变大的发展。当一个城市的房地产经纪服务市场发展到一定程度，或者房地产经纪机构发展到一定规模时，规模化经营方式的选择尤其重要。无店铺的经纪机构规模化运作时，需要考虑企业内部部门的扩张、结构更新或设立分支机构；有店铺的经纪机构规模化运作的主要方式则是采取连锁经营。从实践来看，连锁经营具体模式的选择，首先要考虑的因素便是企业的资金来源和抗风险能力。如果企业资金实力较强，资金运作能力和抗风险能力较强，经纪机构可以开设分支机构或直营连锁店；如果经纪机构不想承担较高的扩张成本，又想以较低的风险迅速扩张，则可以采取与他人合资成立经纪机构或采用特许加盟连锁经营的方式。

目前，房地产经纪机构经营模式也在不断创新，如合伙制股权模式，将合伙制与直营连锁模式有机地结合在一起，根据所合作店面的规模，设计不同的股权分配比例，以及从店长股东到城市区域机构享有其公司100%股份，总公司只收取管理费等多种形式，在充分发挥直营连锁经营模式的优势的基础上，极大地调动了员工的主观能动性和主人翁精神，实现了多方的共赢。

6.1.3 房地产经纪机构办公选址与布置

房地产经纪机构作为现代服务业的企业，其办公场所就是其最核心的“生产”场所，因而也是房地产经纪机构组织管理中的主要对象之一。房地产经纪机构办公系统的管理应以促进机构运作效率为目标，同时考虑安全性和持续性。具体而言，因为目前我国绝大部分房地产经纪机构都采用规模化连锁的经营模式，所以房地产经纪机构办公系统管理一般从运营店面地址的选择和内部布置、办公总部地址的选择和布置等方面着手。

6.1.3.1 店面的选址与布置

1. 店面选址

运营店面的选址是房地产经纪机构在创建和发展过程中的重要内容之一，也是决定房地产经纪机构经营能否成功的关键因素之一。因为店面是房地产经纪机构“生产”和“回收”的“车间”，店面选址决定了店铺可以吸引的有限距离或区域内潜在客户的多少，从而决定了房地产经纪机构的经营绩效，关乎店面甚至经纪机构的前景，关乎经纪机构经营目标和战略的制定与实现，所以运营店面选址对于有店铺经营的房地产经纪机构来说十分重要。

一般来说，运营店面的选址要满足确保可持续性经营、有充足的潜在客户群及房源、有顺畅的交通条件以及具有客户的可达性等关键条件。同时，要尽量满足广告位醒目、门店宽阔、空间方正、视野开阔等要求。具体来说，房地产经纪机构运营店面的选址有以下四个要点：

（1）环境与地形选择。一般来说，不同的环境与地形，对商业活动带来的影响不同。比如在三岔口设置店面，因为其满足最大的视野，能同时吸引几条路上的人流而非常有利于房源的推广和客源的建立，所以一般被认为是非常理想的店面位置。

（2）与道路的关联性。门店前的道路与店面是具有关联性的，道路本身的状况与店铺的构造、陈列、设计等都有联系。通常店面与道路基本处于一个水平面上是最理想的选址。

（3）客户的接近度。客户的接近度是指目标客户是否容易接近门店。接近度是衡量客户是否容易接近店面的标准。店面与客户接近度越高越好。通常衡量接近度应考虑以下七个要素：①店面门前道路的宽度、人流量及停留性；②人流的结构及行为特点；③道路的特性；④邻居类型；⑤同业店面的情况；⑥离社区主入口的距离；⑦是否便于停车。

（4）租金水平。一般来说，满足上述条件的地址都是比较繁华的地段，而这些地段的租金水平都会比较高。此时，房地产经纪机构必须衡量此租金水平是否在其开店的预算范围之内。

2. 店面布置

办公室不仅仅是容纳办公家具和设备的场所，更反映了对公司的总体构想和布局，建立的是公司的形象，因而办公室的分布应具有灵活性，能自由应付公司变化的需要。目前工作环境发展趋势对办公室容量提出的最基本的要求，通常是要有一个工作总部，员工单间办公。信息中心和支持中心的布置尤为重要，要求有充足的空间容纳管理人员和后勤支持人员、摆放办公和通信设备以及开展商务活动的正式场所，用于会见顾客和客户。

一般来说，房地产经纪机构运营店面的布置包括店面的形象设计和店面内部设计两个方面。

第一，从店面的形象设计来讲，在设计风格、装修措施、色调等方面应符合房地产经纪行业的基本特征，符合房地产经纪机构自身的形象，同时要充分考虑客户的消费心理等因素，做到设计的“人性化”。具体来说，店面招牌的设计应符合易见、易读、易懂、易记的要求，注意字形、图案、招牌位的选择与搭配，能够实现引人注意、吸引顾客的作用。在门脸和橱窗的设计上，门脸一般采用半封闭型的设计，店面入口适中，玻璃明亮；橱窗作为向客户展示物业信息及塑造企业形象的窗口，应方便顾客观看，注重美观和高品质。

第二，在店面的内部设计上，应与外部风格保持一致，重视统一性、协调性，注重灯光效果，合理利用墙体等展示空间。店面的内部布局也是店面内部设计的重要内容。良好的内部布局会给客户带来宾至如归的享受。基于房地产经纪业务具有标的大、隐私性强等特点，并结合经纪业务流程的特点，在布局方面应进行适当的功能分区，设置接待区、会谈区、签约区、工作区等。此外，店面的内部布局设计还必须考虑网络及电话的合理布线、电脑配置等事宜。同时，房地产经纪人员的工装配备也是内部设计不可缺少的一个环节。工装的颜色应考虑与整体色调的和谐，同时注重品质及领带、工牌等细节的设计。

6.1.3.2　总部的选址与布置

1. 总部选址

房地产经纪机构的办公总部在进行选址时，首先应考虑到整个房地产经纪机构的品牌形象问题。因为房地产经纪机构的总部往往是整个企业经济实力的展示和代言，其选址对于机构的品牌宣传和推广具有重要作用。在成本允许的情况下，房地产经纪机构应选择在较好地段的比较知名的楼宇中设置其办公总部。

其次，房地产经纪机构在选择办公总部时，应尽量选择交通较为便捷的地点，包括方便停车、有方便的交通工具等。因为无论是总部的员工、其他店面的员工还是客户，都有可能随时到总部办理相关业务，而方便的交通环境有利于缩短交通时间，提高办事效率，也有利于提高机构的知名度。此外，房地产经纪机构的办公总部选址还要考虑总部员工外出工作的便利性，比如离其他门店的远近、距离政府主管部门的远近、距离交易市场的远近，等等。

2. **总部布置**

房地产经纪机构办公总部的布置主要包括外部布置和内部布置两方面，从外部布置来讲，在条件允许的情况下，应将带有房地产经纪机构 logo 的广告牌置于办公楼外或办公楼层内，这样有利于客户快速找到总部，同时起到广告宣传的作用。此外，要保证楼外、停车场和所有人口照明充足，烟感器、急救箱、救火箱等配套设施有效设置，确保工作环境安全和舒适。从内部布置来讲，房地产经纪机构办公总部主要考虑合理划分工作区域和公共区域，在各区域布置上，应便于员工工作过程中的移动，有助于工作效率的提高，同时让员工感觉舒适、便利和有吸引力；在办公区的平面布置设计上，其趋势倾向于“敞开式办公”，格子式或者大通间式的布置，有利于培养团队精神，也有利于相互交流；接待区是公司的第一形象，要为来访的客户提供座椅休息，预备大量的资料或者促销资料，拉近公司与客户之间的距离；等等。最后，在办公总部的装修上，一般来说，还要考虑室内装饰的磨损和维修、办公设备的质量和安全问题。

6.2 房地产经纪机构的客户关系管理

6.2.1 客户关系管理的含义、必要性和作用

6.2.1.1 客户关系管理的含义

客户关系管理（customer relationship management，CRM）源于“以客户为中心”的市场营销理论，是一种旨在改善企业与客户之间关系的管理机制。从解决方案的角度讲，是市场营销的科学理论与信息技术的整合，是以客户为核心的企业营销的技术实现和管理实现。所以，CRM 既是一种现代经营管理理念，又是一套技术解决方案，其核心思想包括：客户是企业发展的重要资源之一，对企业与客户发生的各种关系进行全面管理以及进一步延伸和健全企业的服务链管理。

房地产经纪机构的客户关系管理，是以管理理念为指导，以信息技术为支撑，实现对客户资源的整合应用，以达到提高核心竞争力、保持企业长远持续发展的目的。具体而言，房地产经纪机构的客户关系管理，就是以客户为中心，利用数据库、数据挖掘、多媒体等信息技术，对客户进行系统化的研究，对客户实行关怀，以改进对客户的服务水平，建立企业与客户良好的信任关系，帮助企业维持老客户，吸引和开发新客户，为企业创造更大的效益和竞争优势。

6.2.1.2 客户关系管理的必要性

首先，从外部环境来讲，房地产经纪机构面对的是客户，而客户的消费理念、消费方

式随着经济的发展在不断发生变化，这是房地产经纪机构实施客户关系管理的前提。

虽然房地产商品价值量大，客户重复购买的概率比一般普通商品要小，但客户关系管理的理念强调房地产消费者的生命周期，提出了“终身客户”的概念。随着我国二手房交易市场的发展，住房梯级消费观念正在培育和形成。比如，年轻人刚就业时选择租房或购买小户型公寓，结婚时购买二居室或三居室，事业有成时购买别墅，老年时可能需要换成老年住宅。所以，一个客户在其生命的不同阶段，都可能会产生新的房屋交易需求，因而可能终身都是房地产经纪机构的客户。客户关系管理是打造和维护终身客户的重要手段。

其次，“以客户为中心”的概念被不断强化，这是房地产经纪机构实施客户关系管理的内部要求。随着房地产经纪服务市场的不断成熟，以及消费者维权意识的不断增强，房地产经纪机构的服务将进一步体现在提升服务手段和提供更合理的产品建议上。传统的客户服务意识将面临巨大的市场挑战。未来市场的竞争，将逐渐过渡到客户信息竞争、客户满意度竞争、客户服务手段竞争。好的服务是提高客户满意度、增强客户忠诚度最直接的手段和途径。如何将这些散落、分割的服务环节有机结合起来，建立立体化、多层次的客户服务体系，不断提高客户的满意度，是目前房地产经纪机构高层管理者所面临的紧迫问题。所以，伴随着“以客户为中心”概念的强化，中国的房地产经纪机构有必要通过积极的客户关系管理，重塑经纪服务的全过程。通过基础平台建立和完善，最终使中国的房地产经纪业有能力参与更激烈的国内竞争与国际化竞争。

6.2.1.3 客户关系管理的作用

无论房地产经纪机构采取何种发展战略，作为企业，它的最终目的通常是利润最大化，企业实施客户关系管理的最终目的，就是通过为企业创造通向不同市场的渠道、创造高效的为客户提供超值服务的平台等提升企业的核心竞争力，最大限度地增加企业的价值和利润。房地产经纪机构的业务流程相对简单，不同企业提供的服务相似程度非常高，因此，相对于生产型企业，房地产经纪机构实施客户关系管理显得尤为重要。其作用主要体现在以下五个方面：

1. 客户关系管理是技术支持的重要手段

客户关系管理使房地产经纪机构有了一个基于电子商务的面向客户的前端工具。房地产经纪机构通过客户关系管理，借助通信、互联网等手段，利用企业以及合作企业的共享资源，对已有的客户自动化地提供个性化的解释、解答、现场服务等支持和服务，并优化其工作流程，使之更趋合理化，从而更有效地管理客户关系。

2. 客户关系管理为服务研发提供决策支持

客户关系管理的成功在于数据库建立和数据挖掘。房地产经纪机构通过数据收集了解客户，发现具有普遍意义的客户需求，合理分析客户的个性化需求，从而挖掘出市场有需求而企业尚未提供的服务内容、类型，以及需要完善和改进之处等具有高附加价值的深加工信息，结合赢利模型测算，在房地产经纪机构的研发环节，为确定服务品种、内容等提供决策支持。

3. 客户关系管理为适时调整内部管理提供依据

房地产经纪机构客户关系管理系统是企业整个内部管理体系的重要组成部分，经纪机构通过信息反馈机制，可以检验现有内部管理体系的科学性和合理性，以便及时针对存在的问题调整内部管理制度和政策。

4. **客户关系管理为选择客户策略提供决策支持**

在客户关系管理中，通过挖掘和分析客户信息来预测客户的未来行为，这使经纪机构在正确的时间，向正确的客户提供正确的服务。客户分析系统一般包括客户分类分析、市场活动分析、客户联系时机优化分析等。通过客户分类分析，可以找出企业的重点客户，使企业可以将更多的精力投放在能为企业带来最大效益的重点客户身上；通过市场活动分析，企业知道客户最需要什么；通过客户联系时机优化分析使企业掌握与客户联系的最佳时机。客户关系管理要做到与不同价值客户建立合适的关系，使企业赢利最大化。

5. **客户关系管理可提高经纪机构相关业务的成效**

房地产经纪机构通过客户关系管理，对业务活动加以计划、执行、监视和分析，通过调用经纪机构外部的电信、媒体、中介机构、政府部门等资源与客户发生关联。同时，在协调企业其他经营要素的同时，在企业内部达到资源共享，提高企业相关业务部门的整体反应能力和事务处理能力，强化业务活动效果，从而为客户提供更快速更周到的优质服务，吸引和留住更多的客户。

6.2.2 客户关系管理的内容

为获得较高的客户满意度，建立与客户的长期良好关系，具体而言，客户关系管理的主要内容包括：通过客户信息交流建立和保持企业与客户的良好关系；通过客户分析掌握客户的类型、不同需求特征和购买行为，分析客户差异对企业利润的影响；通过对客户的承诺明确企业提供的产品和服务，尽可能降低客户在购买过程中可能面临的各种风险，提升客户满意度；采取有效措施取得客户信任，保持企业与客户的长期友好关系，通过客户反馈及时发现客户服务过程中存在的问题，消除客户不满，维护客户利益，赢得客户的信任。

客户关系管理的核心是“以客户为中心”，视客户为企业的一项资产，以优质的服务吸引和留住客户。对房地产经纪业务而言，关键在于从客户的角度出发，充分运用客户生命周期理论，对客户进行研究，尽量延长客户的生命周期，并争取更多的客户。

6.2.2.1 维护老客户

房地产的消费具有生命周期，客户有可能会重复购买，而且与获取新客户相比较，保留客户的成本要比吸引新客户低得多，因此房地产经纪机构要通过满足和超过客户需求来留住他们。具体可以从以下四个方面入手：

1. **与客户积极沟通**

房地产经纪机构的沟通对象包括房地产开发企业、业主、潜在购买者和承租人等，经纪机构要与他们进行积极的、及时的沟通。客户俱乐部是经纪机构与客户有效沟通的载体，经纪机构除了提供基本的会员服务，诸如免费发放会刊、提供丰富的楼盘或房源信息、政策法规咨询、优先优惠认购等，还可以定期安排会员活动，比如会员沙龙、投资分析讲座、家居服务活动等，以增进对客户的了解，为客户提供力所能及的帮助，从而建立与客户的友好关系，取得客户的信任甚至信赖，达到真正赢得客户的目的。

2. **提供个性化服务**

要想留住客户必须为客户提供迅捷、满意的服务，这就要求房地产经纪人员掌握专业知识，熟悉市场，了解客户需求。通过对成交客户资料的研究，分析客户的行为特点，确定客户的服务级别，并可针对特殊的客户提供个性化服务。比如，来自国外的客户由于文化、生活习惯的差异，居住偏好与中国人有很大的差异，房地产经纪人员就可以通过研究成交资料，了解他们的居住及生活偏好，帮助他们及时准确地找到满意的物业，从而提升客户的满意度。

3. **建立长久的合作关系**

对于机构客户，房地产经纪机构通常可以通过介入开发企业的项目前期运作，与开发企业形成稳定的纽带关系，成功的项目合作可与开发企业形成长久的合作伙伴关系。对于个人客户，经纪机构要根据客户价值，挑选出最有价值的个人客户，建立长期的合作关系。

4. **正确处理投诉**

对投诉的正确处理也相当重要，恰当的投诉处理可以将因失误或错误导致的客户失望转化为新的机会，并可展现房地产经纪机构诚信经营和为客户服务的品牌形象。即使问题不是由经纪机构的过错造成的，经纪机构也应该及时做出解释，如果能帮助客户解决就更好了，可以给客户留下良好的印象。

6.2.2.2 开发新客户

房地产经纪机构除了维护好老客户外，还需要积极开发更多的客户。具体可以从以下两个方面着手：

1. **鼓励客户推荐**

可以通过服务佣金折扣、返点、推荐积分等形式鼓励经纪机构的老客户介绍朋友到该机构委托服务。

2. **给新客户提供附加服务**

房地产经纪机构为新客户提供附加服务的方式多种多样，比如，吸收新客户时，考虑到客户缺少经验或者工作繁忙，给他们提供一些装修和购置家具等方面的建议；如果租赁客户是刚来中国的外国人，在为客户寻找到满意的房子后，为他们提供一些生活细节上的帮助，如介绍购物、餐饮娱乐的场所，如何交电话费，权威的旅游信息，等等；对于开发商客户，可为其提供新楼盘设计、市场定位的指导建议；等等。这些都是提高客户满意度的有效手段。附加服务体现了企业对客户的关怀，对完善企业形象很有好处，能够从侧面促进企业业务的发展。

6.2.3 客户关系管理系统的设计与应用

房地产经纪机构客户关系管理是通过基于客户关系管理的理念和先进信息管理技术的

客户关系管理系统来实现的。上述客户关系管理中留住客户和争取更多客户所采取的措施都建立在利用客户资料数据库进行客户研究的基础上。一般来说，不同业务类型的房地产经纪机构客户关系管理系统的内容可能有所不同，但客户关系管理设计思路和应用大致相同。

6.2.3.1 创建客户关系管理系统

房地产经纪机构客户关系管理系统是信息技术、软硬件系统集成的管理方法和应用解决方案在房地产经纪机构中的应用。该系统由客户联络中心、客户资料数据库、客户分析子系统、决策支持子系统等构成，其中，客户资料数据库是客户关系管理的核心。

6.2.3.2 建立和维护客户关系数据库

客户关系数据库是由房地产经纪信息及销售管理信息组成的。建立客户关系数据库包括信息的输入与存储、整理分析、数据输出等工作。首先，在客户关系数据库中，客户信息可通过客户电话咨询、登门访问以及电子商务门户收集（客户访问企业网站）获得，获得这些信息的形式包括电话记录、访问表格、电子邮件及网页（HTML）表单等，信息整理后被导入客户关系数据库。客户关系数据库作为经纪企业的客户关系数据仓库，是开展经纪工作的基础，必须进行实时备份以保证数据的完整性和安全性。

6.2.3.3 利用客户分析系统分析和管理客户

把保存在资料库中的客户信息按客户群体分类整理后，利用客户分析系统对其进行管理和分析，通过数据挖掘，发现客户的基本特点、影响其购买行为的主要因素，并对客户进行有针对性的分类，对重点客户进行有效的识别和重点关注。客户分析系统可以提供和输出客户表单管理、营销表单管理、客户资料管理、营销服务质量分析以及客户行为分析等的分析结果。

6.2.3.4 利用决策支持系统发现和解决问题

利用决策支持系统，企业可以根据客户分析的结果，全面了解和把握企业的营销质量是否有显著的提高；能够及时发现客户关系管理中存在的问题；发现企业整个经营活动各个环节是否协调一致；并在此基础上，提出有针对性的解决方案，纳入企业下一步的经营决策。

6.2.3.5 采取多种形式深化和客户的沟通与联系

客户关系管理系统是无形的客户组织。房地产经纪机构还可以建立有形的客户组织——客户俱乐部，维持与客户的长久联系。同时，房地产经纪机构可以吸引客户和潜在客户加入客户俱乐部，通过举办讲座、沙龙、论坛、看房等活动扩大影响，增加交流。这样既达到项目对外宣传推广的目的，同时老客户也会带来新客户加盟，或通过老客户的惠顾为经纪企业带来其他销售。在与客户的交流中，经纪企业还可以不断征询客户的意见，采纳客户的合理化建议，使得今后的业务活动更有针对性，以此来增加客户的满意度和忠诚度。有形的客户组织也为客户关系数据库提供大量的数据，是企业与客户直接沟通的纽带，因而可以成为客户关系管理的重要载体之一。

6.3　房地产经纪机构人力资源管理

6.3.1　房地产经纪机构人力资源管理的含义和特点

6.3.1.1　人力资源管理的含义

人力资源管理是指企业运用现代管理方法，对人力资源的获取（选人）、开发（育人）、保持（留人）和利用（用人）等方面进行的计划、组织、指挥、控制和协调等一系列活动，最终达到实现企业发展目标的一种管理行为。房地产经纪机构的人力资源管理是指房地产经纪机构的一系列人力资源政策以及相应的管理活动。这些活动主要包括企业人力资源战略的制定、员工的招募与选拔、培训与开发、绩效管理、薪酬管理、员工流动管理、员工关系管理、员工安全与健康管理等。

6.3.1.2　人力资源管理的特点

房地产经纪产业是人才密集型产业，是人才需求量大、专业人才需要多的产业。房地产经纪机构一般需要拥有专业技能的评估师、策划专员、投资顾问、物业管理代表、抵押贷款代表以及销售人员。特别是房地产经纪人员，因其与房地产经纪机构之间有着较为特殊的关系，从而规定了房地产经纪机构人力资源管理的某些特点。

1. **合法合规性**

首先，房地产经纪机构与房地产经纪人员之间有法律责任关系，这要求房地产经纪机构的人力资源管理必须遵守相关劳动法规的规定。鉴于房地产经纪业务一般是由房地产经纪机构统一承接的，房地产经纪合同是在委托人与房地产经纪机构之间签订的，一方面，房地产经纪人员在执业活动中由于故意或过失给委托人造成损失的，由房地产经纪机构统一承担责任；另一方面，由于委托人的故意或过失给房地产经纪机构或房地产经纪人员造成损失的，应由房地产经纪机构向委托人提出赔偿请求。

其次，房地产经纪人员与房地产经纪机构之间有执业关系，决定了房地产经纪机构的人力资源管理必须遵守行业的相关规定。根据一般的规定，不论是设立房地产经纪公司、房地产经纪合伙企业、房地产经纪个人独资企业，还是设立房地产经纪机构的分支机构，都要求有规定数量的持有中华人民共和国房地产经纪人执业资格证书或中华人民共和国房地产经纪人协理资格证书的人员。房地产经纪业务一般是由房地产经纪机构统一承接的。

2. **双赢性与互惠性**

房地产经纪机构与房地产经纪人员之间有经济关系，这决定了房地产经纪机构人力资源管理应设计科学的符合行业和地区特点的薪酬制度，并建立有效的激励机制。采取互惠取向，强调管理应该是获取组织绩效和员工满意度与成长的双重结果；强调组织和员工之间的“共同利益”，并重视发掘员工更大的主动性和责任感。

3. **人本性与全面性**

人本性要求人力资源管理必须采取人本取向，始终贯彻员工是企业的宝贵财富的主题，强调对人的关心、爱护，把人真正作为资源加以保护、利用和开发。全面性则强调即以员工为基础，以支持员工为中心和导向，聚焦于为组织创造财富、创造竞争优势的人员的管理上，注重全部人员的全面活动和招聘、任用、培训、发展的全过程的管理。

6.3.2 房地产经纪机构人力资源管理的内容

1. **职务分析与设计**

对房地产经纪机构中的各个工作职位的性质、结构、责任、流程以及胜任该职位工作人员的素质、知识、技能等，在调查分析、获取相关信息的基础上，编写职务说明书和岗位规范等人事管理文件。

2. **人力资源规划**

把企业人力资源战略转化为中长期目标、计划和政策措施，包括人力资源现状分析、未来人员供需预测与平衡，确保企业在需要时能获得相应的人力资源。

3. **员工招聘与选拔**

根据人力资源规划和工作分析的要求，为企业招聘、选拔所需要人力资源，并录用安排到一定岗位上。这是人力资源管理最重要的环节之一。

4. **绩效考评**

对员工在一段时间内对企业的贡献和工作中取得的绩效进行考核和评价，及时做出反馈，以便提高和改善员工的工作绩效，并为员工培训、晋升、计酬等人事决策提供依据。

5. **薪酬管理**

包括对基本薪酬、绩效薪酬、奖金、津贴以及福利等薪酬结构的设计与管理，以激励员工更加努力地为企业工作。

6. **员工激励**

采用激励理论和方法，对员工的各种需要予以不同程度的满足，引起员工心理状况的变化，激发员工向企业所期望的目标而努力。

7. **人员培训与开发**

通过培训提高员工个人、群体和整个企业的知识、能力、工作态度和工作绩效，进一步开发员工的智力潜能，以增强人力资源的贡献率。

8. **职业生涯规划**

鼓励和关心员工的个人发展，帮助员工制定个人发展规划，进一步激发员工的积极性、创造性。

9. **人力资源会计**

与财务部门合作，建立人力资源会计体系，开展人力资源投资成本与产出效益的核算工作，为人力资源管理与决策提供依据。

10. 劳动关系管理

协调和改善企业与员工之间的劳动关系，进行企业文化建设，营造和谐的劳动关系和良好的工作氛围，保障企业经营活动的正常开展。

房地产经纪机构与房地产经纪人员的劳动关系建立的标志都是双方签订正式的劳动合同。劳动合同是证明雇佣关系建立的唯一法律凭证，也是保护双方权益的重要保障和手段，房地产经纪机构与员工签订劳动合同必须遵守国家相关劳动法律的规定。需要注意的是，当房地产经纪机构需要终止与员工的劳动关系时，必须慎重考虑解除的前提和法律方面的问题，严格遵守终止合同关系时遵循的相关程序，并将这些行为内容制作成人事管理文件存档以规避可能出现的纠纷。

6.3.3 房地产经纪人力资源管理的主要方法

6.3.3.1 细化人员招聘与选拔程序

根据新员工招聘来源的不同，可分为外部招聘和内部选拔。外部招聘是指从公司外部吸收具备相应能力和资格的人员，然后编制到相关岗位的过程。外部招聘的程序分为编制宣传手册、广告宣传、招聘测试、招聘决策等。内部选拔是添补空缺的一个重要途径，是对员工的一种有效激励。内部选拔的优点是有利于提高员工的士气和工作绩效，有利于激励主管人员奋发向上，较易形成企业文化；缺点是不易吸收优秀人才，自我封闭，可能使企业缺乏新鲜的活力。内部选拔分为内部调用和内部提升两种。内部调用是指需要的岗位与原来的岗位层次相同或者略有下降。内部提升是在公司内部将员工的职位提高到比原来更高的层次。

一般来说，房地产经纪机构在收到报名参加招聘的人员的材料后，会根据材料对报名者进行初步考察和遴选。考察内容一般包括学习经历、英文水平、计算机应用技能及工作经历等。初步遴选通过的人员一般可以参加公司的下一轮选拔。

房地产经纪机构选拔的办法有很多，包括心理测试、知识考试、情景模拟和面试等，从实践来看，房地产经纪机构在一次招聘过程中经常综合运用几种方法，而最常用的就是面试。房地产经纪机构的面试内容包括道德品质、沟通技巧、协作精神、专业技能等。面试重视人才的全面性，着重考察其是否具有创新性、挑战精神，以及能否适应公司的组织文化。

面试一般分为三轮：初步面试一般由人力资源主管进行，获得应聘者的应聘岗位、能力和对工作的期望等直观信息，考察其所具有的房地产专业知识。

第二轮是在初步筛选后，再由人力资源部组织进行相关业务能力和专业知识技能测试。比如，销售人员必须善于交流，遵守纪律，有组织能力，能够自我调节和受过良好的教育，还要能够承受压力，保持冷静，遭受拒绝而不感到沮丧、颓废，感染自己的顾客和客户而不受自己个人兴趣的影响。

第三轮是由招聘职位的最高层经理和招聘人员共同参加，选出符合公司要求的人员。确定人选后，公司与新成员进一步双向沟通，确保他们在指定时间内投入工作，然后做出聘用承诺，签订劳动合同。最后，企业为员工建立个人档案，对新员工进行相关培训。

6.3.3.2 设计科学的薪酬制度

房地产经纪机构薪酬制度是在房地产经纪机构与房地产经纪人员经济关系的基础之上建立的。良好的薪酬制度不但能使业务人员士气旺盛、勇往直前，敬业地为公司服务，而且能吸引其他公司卓越的业务员进入本公司服务。研究与设计良好的薪酬制度是促使公司业务成功的关键。

1. 薪酬制度的制定原则

薪酬是房地产经纪机构员工的劳动所得，薪酬的多少、是否合理等会直接影响员工的工作士气和业绩，而这些都有赖于建立科学、规范、良好的薪酬制度。薪酬制度是房地产经纪机构管理理念、房地产经纪机构与房地产经纪人员关系等的集中体现。实践证明，良好的薪酬制度不但能使企业员工士气旺盛，敬业地为企业服务，而且能吸引其他企业的卓越人才进入本企业服务。所以，研究与设计良好的薪酬制度是促使房地产经纪机构成功的关键因素之一，也是房地产经纪机构人力资源管理的核心内容之一。

一般来说，薪酬制度的制定要遵循底薪与奖金分离、简明扼要、易于执行、管理方便、符合经济原则、在同行业中有竞争力、有一定弹性、能配合商业变动等基本原则。而更为重要的是，房地产经纪机构的薪酬制度一定要遵循既公平合理，同时又有激励作用的原则。

首先，薪酬制度的公平合理是指薪酬制度要体现外部公平性和内部公平性。外部公平性是指同一行业、同一地区或同等规模的不同企业中，相似职务的薪酬应该基本相同。内部公平性是指同一企业中不同职务所获得的奖酬应当正比于各自的贡献。外部公平性可以保证企业工作团队的稳定性，尽量减少人才的流失和人员的流动。内部公平性可以增强企业的团队建设，凝聚团队力量，从而更好地影响企业内部环境，减少不必要的内部摩擦。

其次，薪酬制度要有激励作用是指薪酬制度的设计应体现对企业工作人员能力的肯定和褒奖。房地产经纪机构的薪酬制度设计应和绩效考核制度、岗位聘任制度等密切结合，根据企业对员工工作业绩的考核进行必要的奖励与惩罚设计，同时要和岗位聘任制度挂钩，岗位能上能下，这样有利于有才能的、业务能力强的员工脱颖而出，也有利于鼓励企业员工不断进取，不断提高能力，完善素质，做出成绩。

2. 薪酬支付方式

在我国房地产经纪机构中，薪酬的支付方式大体分为以下三种：

(1) 固定薪金制，即有保障底薪，维持最低所得，对人员生活最有保障，人员流动率最低，与顾客的关系容易保持。但其最大的缺点是不具有激励性。

(2) 佣金制（个人提成），即没有保障底薪，其收入完全视个人业绩而定，业绩高则薪酬高，业绩低则薪酬低，甚至没有薪金。佣金制激励性强，业务员的“危机意识”最高。但由于无底薪，公司在管理上存在较大的难度，人员流动大。有些业务员为了达到成绩，甚至不择手段，可能会对公司的信誉产生严重的影响。

（3）混合制，即将固定薪金制和佣金制混合运用，有时也称底薪＋提成方式。如工资加代理佣金、销售佣金加提成比例等。它结合了上述两种支付方式的优点，并避免了它们的缺点。

目前，在我国房地产经纪机构中，薪酬制度设计大多是采用底薪加提成的方式，将员工保障和有效激励较好地结合在一起。具体的底薪与提成比例则视公司规模、公司内不同岗位序列、不同职级而有所区别。底薪与提成比例还具有明显的地域特点，地域不同，其比例也有较大的差异。

6.3.3.3　建立有效的激励机制

企业实行激励机制最根本的目的是正确诱导员工的工作动机，使他们在实现组织目标的同时实现自身的需要，提升其满意度，从而使他们的积极性和创造性继续保持和发扬下去。由此也可以说，激励机制运用的好坏，在一定程度上是决定企业兴衰的一个重要因素。如何运用好激励机制也就成为企业面临的一个十分重要的问题。

房地产经纪机构通过激励机制的建立和合理使用，可以吸引、保留、激励企业所需要的人力资源，激发员工工作热情，调动工作积极性，强化员工的归属感和责任感，鼓励员工尽其所能创造优秀的业绩。

1. 目标激励

设置适当的目标，把员工的需要与目标紧密联系在一起，从而调动员工的积极性。心理学家认为，个体对目标看得越重要，估计实现的可能性越大，这个目标所起的作用就越大。因此，设置目标要合理、可行。在选择和确立目标时，要对目标的效果和实现目标的概率做出科学的价值评估与判断，使目标的设置具有科学性。只有长远与近期相结合，集体利益和个人利益相结合，经过努力能够实现，实现之后能够获得利益的目标，才是具有激励作用的目标。

2. 情感激励

积极的情感可以焕发出惊人的力量，消极的情感会严重妨碍工作。领导者如能和员工建立起真挚的感情，用自己积极的情感去感染员工，打动和征服员工的心，就能起到激励作用。领导关心员工，关心员工家属，信任员工并给予员工热情的支持，那将是一股强大的力量，既可以增强员工战胜困难的信心和勇气，也可以让他们千方百计地克服困难、战胜困难，取得突出成绩。

3. 尊重激励

尊重是加速员工自信力爆发的催化剂，尊重激励是一种基本激励方式。上下级之间的相互尊重是一种强大的精神力量，它有助于企业员工之间的和谐，有助于企业团队精神和凝聚力的形成。如果管理者不重视员工感受，不尊重员工，就会大大打击员工的积极性，使他们认为工作仅是为了获取报酬，激励从此大大削弱。这时，懒惰和不负责任等情况将随之发生。

4. 参与激励

现代人力资源管理的实践经验和研究表明，现代员工都有参与管理的要求和愿望，创造和提供一切机会让员工参与管理是调动他们积极性的有效方法。毫无疑问，很少有人参与商讨和自己有关的行为却不受激励的。因此，让员工恰当地参与管理，既能激励员工，又能为企业的成功获得有价值的意见。通过参与，形成职工对企业的归属感、认同感，进一步满足自尊和自我实现的需要。

企业发展需要员工的支持，员工不是一种工具，其主动性、积极性和创造性将对企业生存发展产生巨大的作用。而要取得员工的支持，管理者就必须在组织中灵活运用不断创新的激励机制，提升员工的满意度，增强组织的活力和凝聚力，这样企业就会在竞争中立于不败之地。

总之，商业竞争说到底是人才的竞争，是人力资源综合素质的竞争。通过合理的制度设计，建立专业匹配、组合合理的团队，留住企业人才，最大限度地激励员工，发挥员工的主观能动性，实现人力资源的精干和高效，是房地产经纪机构人力资源管理的内容，也是房地产经纪机构保证市场竞争力的基础。

本章小结

管理内容包括职务分析与设计、人力资源规划、员工招聘与选拔、绩效考评、薪酬管理、员工激励、人员培训与开发、职业生涯规划、人力资源会计以及劳动关系管理等10个方面；人力资源管理的主要方法包括细化人员招聘与选拔程序、设计科学的薪酬制度以及建立有效的激励机制。

1. 房地产经纪机构的企业管理是对房地产经纪机构的经纪活动进行计划、组织、指挥、协调和控制等一系列活动的总称，其目的就是尽可能利用房地产经纪机构的信息、人力、物力和财力等资源，取得最大的投入产出效率。

2. 房地产经纪机构（企业）有多种分类方法，可以按主营业务范围、企业组织形式、企业是否有店铺以及经营模式将其划分为不同类型的机构。不同类型的经营模式有其各自的特点和优劣势，选择房地产经纪机构的经营模式需要着重考虑的因素包括企业规模、是否有店铺以及规模化经营的方式等等。

3. 房地产经纪机构的客户关系管理，是以客户为中心，利用数据库、数据挖掘、多媒体等信息技术，对客户进行系统化的研究，对客户实行关怀，以改进对客户的服务水平，建立企业与客户良好的信任关系，帮助企业维持老客户，吸引和开发新客户，为企业创造更大的效益和竞争优势。

4. 房地产经纪机构的人力资源管理是指房地产经纪机构的一系列人力资源政策以及相应的管理活动；由于房地产经纪机构人员构成的复杂性，其人力资源管理具有合法合规性、双赢性与互惠性、人本性与全面性等特点。

关键术语

房地产经纪机构的分类　个人独资房地产经纪机构　合伙制房地产经纪机构　房地产经纪公司　直营连锁模式　特许加盟连锁模式　客户关系管理　房地产经

纪机构人力资源管理　　房地产经纪机构薪酬制度与激励机制

复习思考题

1. 如何对房地产经纪机构进行分类？
2. 分析影响房地产经纪机构经营模式选择的因素。
3. 分析比较直营连锁模式与特许加盟连锁模式的优劣势。
4. 分析房地产经纪机构客户关系管理的主要内容和方法。
5. 为了保证员工权益，应如何设计房地产经纪机构的薪酬制度？
6. 为了调动员工的积极性，应如何设计房地产经纪机构的激励机制？

参考文献

[1] 国家统计局．关于印发《统计上大中小微型企业划分办法（2017）》的通知．http://www.stats.gov.cn/tjgz/tzgb/201801/t20180103_1569254.html.

[2] 丁建杰．上海房地产经纪企业发展现状及经营风险分析．上海：上海交通大学，2010.

[3] 陈燕．基于比较研究的我国大城市房地产中介行业实证分析：以南京市为例．中国房地产，2011（14）.

[4] 苏伟伦．卓有成效的激励．北京：电子工业出版社，2006.

[5] 孙成军．如何进行企业薪酬设计．北京：北京大学出版社，2004.

[6] 迈斯马．激励雇员．北京：企业管理出版社，2002.

[7] 杨蓉．人力资源管理．大连：东北财经大学出版社，2006.

[8] 吕玉印．试析房地产中介服务组织的佣金收入及其行业管理．中国房地产，1994.

[9] 王波．房地产中介收入的三大问题．中国房地产，1999（3）.

[10] 阮小健．住宅二级市场经纪服务佣金与合同研究．北京：清华大学，2005.

[11] 黄英，刘洪玉，刘琳．我国房地产经纪服务的定价方法研究．价格理论与实践，2005（7）.

[12] CROCKETT. Competition and efficiency in transacting：the case of residential real estate brokerage. Journal of the American real estate and urban economics association，1982，10（2）.

[13] GELTNER D，KLUGER B D，MILLER N．Incentive commissions in residential real estate brokerage. Journal of housing economics，1992，2（2）.

[14] YAVAS A．Matching of buyers and sellers by brokers：a comparison of alternative commission structures. Real estate economics，1996，24（1）.

[15] JARES T E，LARSEN J E，ZORN T S．An optimal incentive system for real estate agents. Journal of real estate research，2000，20（1/2）.

［16］ YAVAS A . Impossibility of a competitive equilibrium in the real estate brokerage industry. Journal of real Estate research，2001，21（3）.

［17］ MUNNEKE H J，YAVAS A. Incentives and performance in real estate brokerage. Journal of real estate finance & economics，2001，22（1）.

第7章

房地产经纪信息

本章导读

自1998年住房制度改革以来，我国房地产市场出现了众多的个人住房消费群体，逐步形成了增量住房与存量住房并重的消费格局。由于消费者个体能力的限制性，其获取和使用房地产市场信息的效率存在很大的差异。房地产经纪行业充分利用收集和发布海量房源和客源信息的优势，匹配买方与卖方供给需求，降低交易双方的交易风险和成本，成为一个以经营房地产经纪信息并提供经纪服务从而获取经营收益的服务产业。

房地产经纪信息是房地产经纪人最重要的资源，直接影响着房地产经纪业务的运营与经纪人的业绩。本章将围绕信息的逆向选择、价格离散等现象展开论述，阐释房地产信息和房地产经纪服务的特征及润滑作用，重点介绍房地产经纪信息的共享制度，并探讨新时代我国房地产经纪行业信息共享制度的建立和完善。

知识结构图

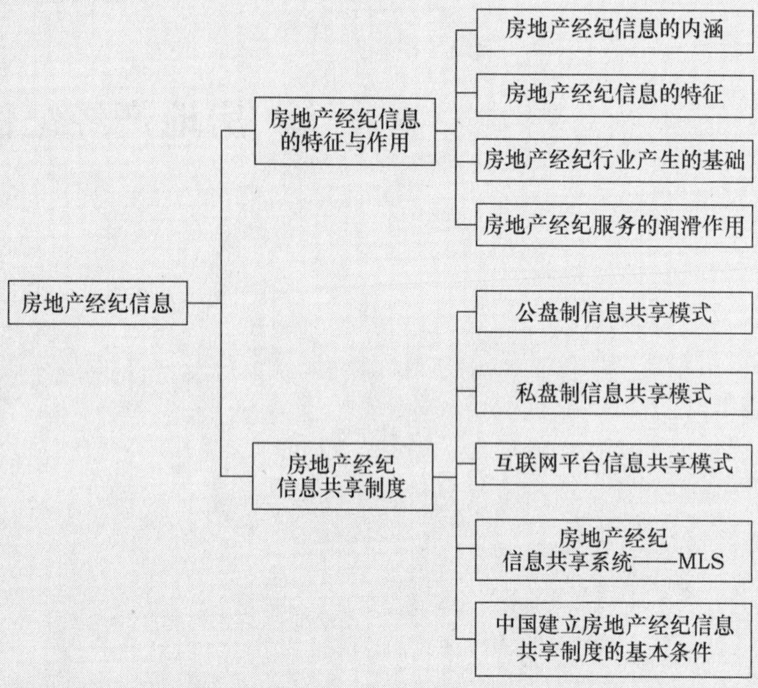

重点问题

- 房地产经纪信息的内涵及特征
- 房地产交易决策与信息搜寻
- 房地产经纪行业产生的基础
- 房地产经纪服务的润滑作用
- 房地产经纪信息共享模式
- 中国建立房地产经纪信息共享制度的基本条件

7.1 房地产经纪信息的特征与作用

房地产经纪行业是一个经营房地产市场信息并提供经纪服务的产业。房地产经纪机构和房地产经纪人对房地产市场信息的收集、整理和利用是房地产经纪行业存在的立足点和出发点。本节在介绍信息一般特征的基础上，简要分析房地产经纪信息的内涵和特征，阐释房地产经纪行业产生的基础及房地产经纪服务的润滑作用。

7.1.1 房地产经纪信息的内涵[①]

7.1.1.1 房地产经纪信息的内涵

信息，指音讯、消息、通信系统传输和处理的对象，泛指人类社会传播的一切内容。信息论创始人香农认为“信息是用来消除随机不确定性的东西”[②]。控制论创始人维纳认为：“信息是人们在适应外部世界，并使这种适应反作用于外部世界的过程中，同外部世界进行互相交换的内容和名称。”[③] 信息并非指客观事物本身，而是指表现事物特征的一种普遍形式，是自然界、人类社会和人类思维活动中普遍存在的一切事物和物质的属性之一[④]。信息具有普遍性、客观性、动态性和传递性这四方面的特征[⑤]。

房地产经纪信息是与房地产经纪活动有关的消息或信号，反映了房地产经纪活动的客观规律，为房地产经纪活动提供决策或管理所需的依据。房地产经纪信息由语言、内容及载体三项要素所组成。语言要素是大众所接受的沟通方式，展示着房地产经纪信息的内容；内容是房地产经纪信息的重点，既可以是与房源、客源有关的信息内容，也可以是与房地产市场或房地产经纪行业有关的信息内容；载体是传播信息的媒介，服从信息两级传播理论，不仅需要一般的大众传播媒介，更需要专门的传播媒介，即房地产经纪机构和经纪人。

从信息经济学视角来看，信息的理论定义表达为：信息是传递中的知识差（degree of knowledge）。知识差，显示了不同主体之间对某一事件或某一事物在不同时间点上知晓程度的差异，而这个知晓程度是不同概率下的观察结果。正因为信息可以理解为知识差，所以信息具有五个方面的内涵。第一，信息具有指向性（相对性）。这反映了信息发生的基础和过程。例如，当购房人甲和房地产经纪人乙之间存在对房地产市场的知识差时，“房地产经纪人乙向购房人甲”就存在传递信息的可能性。第二，由于存在知识差，信息价值由此产生，并能够使经济主体为了改善决策环境、降低决策风险而获得预期收益。因此，房地产经纪人通过收集房地产市场信息、收取经纪服务佣金的方式获得与房地产经纪信息价值相对应的收益。第三，信息与经济知识增长之间存在关系，知识差是这种关系的中介，揭示了收集和处理经济信息活动的价值和意义。正因为收集和处理经济信息活动具有经济意义，收集、利用和经营房地产市场信息的房地产经纪行业就有了存在的空间和意义。第四，信息具有层次性、不可分性和共享性，是由知识差的层次性、不可分性和共享性决定的，也形成了一级信息商品市场、二级商品市场和三级商品市场，以及信息的“搭便车”行为。这也是建立房地产经纪信息共享机制的理论基础。第五，知识差在传递过程中出现误差时，就会导致信息噪声、信息失真或误差。这在房地产经纪行业中是经常发生的。例如，房地产经纪人甲和房地产经纪人乙，在能力和经验上有一定的差异，能力相对更强的经纪人甲向购房人传递的房源信息，产生的信息失真或误差就会比经纪人乙少一些。

---

① 乌家培，谢康，肖建华．信息经济学．2版．北京：高等教育出版社，2007：81-93.

② SHANNON C E. A Mathematical theory of communication. Bell labs technical journal，1948，27（4）.

③ 维纳．人有人的用处：控制论与社会．北京：商务印书馆，1978.

④ 王冠仁．信息的商品化和社会化．商业研究，1985（12）.

⑤ 蔡岩兵．新编信息经济学．北京：中国经济出版社，2014.

信息的函数模型可以表达为：

$$S_x - S_o = \Delta S > 0, 且\{\Delta S\} \subseteq \{S_o\}$$

上式中，S_o 是任意给出的一个知识度，S_x 是另外一个给定的知识度，只要 S_x 大于 S_o，就可以认为 S_x 是 S_o 的信息源，S_o 是 S_x 的信息用户，ΔS 是信息，就是知识差。假定房地产经纪人A和购房人B之间存在知识差，亦即房地产经纪人A掌握更多的房地产市场信息，则房地产经纪人A有可能成为购房人B的信息源。购房人B就是房地产经纪人A的信息用户。

7.1.1.2 房地产经纪信息的特征

根据信息经济学的一般理论，信息以连续信息、计算信息和累计信息的形式存在。经济环境中的市场信息一般表现为公共信息与私人信息、同质信息与异质信息、完全信息与不完全信息、对称信息与不对称信息四种基本形式①。房地产经纪信息作为一种重要的房地产市场信息，结合信息经济学的四种基本形式，其具有以下五个方面的特征：

第一，房地产经纪信息是连续信息、计算信息和累积信息。

连续信息是指经济过程中的每一个时期都存在与下一步决策具有密切联系的信息，即 T 时期内的 t 阶段的信息会影响市场参与者在 $t+1$ 阶段了解到更多信息，并随着事件的发展，结果从 t 到 $t+1$ 阶段，形成连续信息。房地产经纪信息是一种典型的连续信息，房地产经纪机构通过收集各个时段的房地产交易信息，建立并发布房地产经纪信息数据库，房地产市场波动信息会直接影响房地产交易参与人的市场交易决策。很多研究都证明，滞后一期的房地产市场信息与上一期房地产市场信息存在关联。

计算信息是在连续时间基础上，在计算时间内完成的序列化或非序列化信息。计算信息的功用与计算信息的速度密切联系，得出计算信息的速度越快，计算信息对于经济决策所发挥的影响越大。房地产经纪信息也是一种计算信息，房地产经纪机构和房地产经纪人“计算”整理原始房源信息和客源信息，并迅速发布房地产经纪信息以影响房地产市场交易参与人参与市场交易。这也意味着信息具有时效性。房地产经纪服务以单个的客源和房源为目标，供求状况变化较快，时效性强，对市场的影响也多为短期影响。对于房地产经纪人而言，时间就是金钱，必须保证其掌握的信息是最新的，才能在变化的市场中有效促成交易。

随着时间的流逝，信息或知识累积后就形成了累积信息。两个以上的信息叠加而成的信息称为累积信息。显然，房地产经纪信息是累积信息，一般都是多个信息叠加而成的。例如，一条房源信息，通常是多个关于房源特征信息的总和。同时信息具有积累性。房地产经纪人需要通过营销活动与客户发生关联，积累更多的客源信息与房源信息，产生信息的规模效应。因此经纪人要不断追踪、积累才能建立稳定良好的信赖关系，使房源和客源成为经纪人的有效资产，最终成就了经纪人的业绩。

第二，房地产经纪信息中同时存在公共信息与私人信息。

公共信息，指共同知识或共同认识，即共同的市场知识，是能够被所有市场参与者获取的所有相关信息。市场参与者掌握关于市场的共同知识，使市场价格体系可以调节和指导资源配置。例如“价高者得”就是一种共同的市场知识。市场上公共信息增加，会降低

① 乌家培，谢康，肖建华. 信息经济学. 2版. 北京：高等教育出版社，2007：84-92.

市场运行效率，降低市场参与者收集信息的动力。私人信息指个别市场参与者所拥有的具有独占性质的市场知识，包括个人自身特征的知识（如工作能力）、个人行为知识（如努力程度）、个人对环境状态的理解和认识方面的知识（如个人对市场信息的掌握和认识程度）。市场上的私人信息可以提高市场交易率，在讨价还价过程中发挥重要作用。个别知识推动市场参与者成为理性的价格支配者。市场参与者为了避免风险，都十分重视私人信息。例如，为了长期为委托人提供服务，避免“一锤子买卖”，房地产经纪人需要以职业诚信和执业经验这些私人信息来保障长期利益。

房地产经纪信息既包含着公共信息（如房地产市场发展趋势、房地产交易程序、房地产交易制度等），又充斥着私人信息（房地产经纪人信息、房产交易信息、房屋求购信息）。房地产市场上如果只有公共信息没有私人信息，也就是没有个别的购房者或售房者信息，市场上就没有交易；如果只有个别购房者或售房者的私人信息，没有房地产市场的公共信息，房地产交易者很难进行房地产交易决策，需要承受没有市场信息条件下的交易决策风险，也使市场难以实现交易。

第三，房地产经纪行业收集的房地产经纪信息是异质信息。

同质信息是具有同等性质并将导致同样经济结果的信息，异质信息是性质上有所差别并将导致不同经济结果的信息。两个具有完全相同信息的最大利益者之间不可能发生交易关系。从房地产经纪信息中的房源信息和客源信息的特征来看，房地产经纪信息是一种典型的异质信息。原因有四个：一是房地产市场交易和开发经营过程中的销售条件、付款方式的差异，导致房地产价格变化。二是房地产产品本身因规划设计、施工建设形成差异，特别是二手房，由于房屋使用人使用和消费方式的差异导致房屋状况千差万别，使房地产具有明显的异质性。三是房地产市场交易不频繁且私密性强。房地产经纪信息往往是私密的，进一步加剧了房地产经纪信息的强异质性。四是房地产市场交易变化快，使房地产市场存在动态性，导致市场平均价格很难存在。基于以上这四个原因，房地产经纪行业搜集的房地产市场信息是典型的异质信息。

第四，不完全竞争房地产市场刺激了房地产经纪信息的收集。

完全信息是指市场参与者拥有对于某种经济环境状态的全部知识，不完全信息则相反。在市场一般均衡理论所定义的静态理想经济世界中，每个市场参与者在任何时间、任何地点都了解市场全部信息，且全部信息是免费被市场参与者使用的。但事实上，除了在完全竞争市场上（如拍卖市场），每个市场参与者都只能拥有有限信息，无偿提供完全市场信息也不符合理性经济人假设，市场缺陷、市场信息传播过程中的信息噪声以及不完全市场信息是常态。

相较于其他产品市场，房地产市场是不完全竞争市场，房地产市场信息是不完全市场信息。信息的传播需要时间和空间条件，房地产市场的价格信息不能有效地传达给每一个市场参与者，房地产供给存在滞后性，房地产商或房地产产权人能够控制出价，这些因素都导致房地产市场价格不能灵敏地反映房地产市场的供求状况，房地产市场不是一个完全竞争市场。在房地产市场上，拥有更多信息信号的房地产商比不拥有市场信息的房地产商能够获得更多的竞争优势，导致拥有信息的一方获得更多的刺激并可以控制风险。房地产经纪人作为市场参与者之一，为房地产市场交易方收集信息并经营房地产市场信息成为必然。就房地产经纪信息本身而言，房地产经纪人即使是从事房地产市场信息收集的“职业信息经营人”，也不能拥有某一经济环境状态的全部知识，因此，房地产经纪信息也是一种不完全信息。

第五，房地产市场参与者拥有不对称信息是产生房地产经纪行业的原因之一。

不对称信息是指相互对应的经济主体之间对有关事件的知识或概率呈不对称分布；反之，如果相互对应的经济主体之间对有关事件的知识或概率呈对称分布，就是对称信息。不对称信息主要是由于劳动分工和人们获取信息的能力存在差异造成的。社会分工专业化程度越高，专业人员与非专业人员之间的信息差别就越大。信息不对称程度越高，竞争性市场上产生垄断的可能性也就越大。具有信息优势的市场参与者相对于信息弱势的一方处于市场有利地位，并因此获得市场垄断利润。由于房地产市场是一个不完全信息市场，处于信息弱势的普通的市场参与者占大多数。为了使信息弱势的房地产市场参与者获得更多的房地产市场信息，房地产经纪行业向购买信息的一方提供专业房地产经纪信息，降低其房地产交易决策风险。进一步地，不动产价值量大，为了降低交易风险，房地产交易双方都需要收集更完备的信息，以弥补信息差距。这为房地产经纪行业成为市场交易信息供给者提供了可能性。

7.1.2 房地产经纪行业产生的基础

7.1.2.1 房地产交易决策与信息搜寻

在没有房地产中介的市场上，房屋购房人和售房人需要自己进行多次市场搜寻，并从几次搜寻行为的搜寻结果中遴选出符合自己需求的房屋或者愿意出高价的购房人（见图 7－1）。

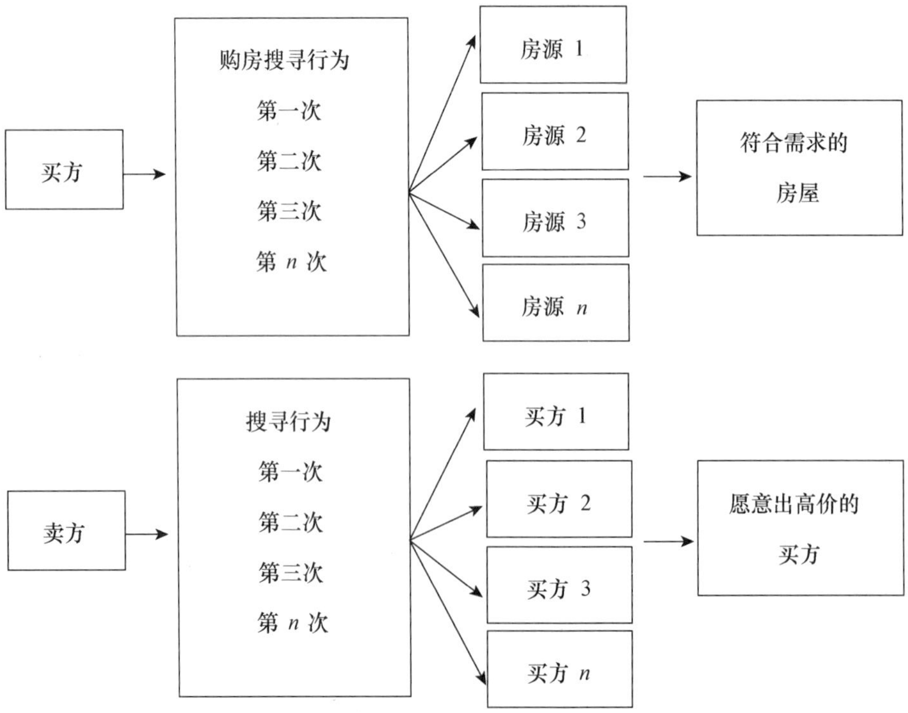

图 7－1 买方和卖方多次搜寻行为和目标

房地产交易客户，即购房人或售房人，为什么要多次搜寻房源信息和客源信息？从买方角度来看，买方在购房过程中，存在三个风险：一是对即将购买的房屋信息不充分了解，担心购买的房产存在瑕疵；二是能否找到符合需求的房屋；三是即使经过前期的多次搜寻行为，但最终有可能没有买到“好房子”。因此，买方为减少上述购房风险，需要进行多次的购房信息搜寻行为，以了解更多的房地产市场信息、房屋信息。获取市场信息是降低风险的积极手段，同时所获得的市场信息有助于降低房屋质量的不确定性，从而降低购房人的经济成本。同理，卖方也希望通过多次的市场搜寻行为找到有信用、符合自己出价愿望的购房人。

具体来说，在房地产交易过程中购房者面临的不确定性因素包括：房屋质量、价格、税费、产权、环境、片区未来发展规划、居住舒适度、宏观政策、金融政策等；受访者面临的不确定性因素包括：售价、税费、销售时间、出价方信用、回款时间、其他替代投资收益、宏观政策等。房屋交易双方都面临着上述这些不确定性，因此，交易双方对房屋交易的决策都是在某种风险条件下做出的。为此，买方和卖方为了减少因各自对市场无知而蒙受的损失，买方要对房屋购买偏好和走访目标房源等做出决策，卖方要对房屋出售价格、是否调查购房人的信用程度等方面做出决策。

7.1.2.2　房地产经纪行业的产生

当市场中的某一方有另一方不知道的信息时，不对称的信息可能会导致无效率，市场就有可能是不完全有效的①。房地产市场是不完全竞争市场，供求双方都存在不完全信息，可能造成市场参与者之间的利益失衡，影响社会公平、公正原则以及市场配置资源的效率②。受限于房地产市场的信息不对称特征，房地产交易体现出周期较长、风险较大、交易成本较高的特点。已有实证研究指出，通过房地产经纪服务进行房地产交易能够有效减少交易成本，提升交易效率③。

房地产经纪机构和经纪人通过经纪信息的搜寻和传播，能够有效促进房地产行业的发展。客观上，由于房地产市场价格存在离散性，地区差异和资源供求差异大，以及房地产市场规模的快速扩张，造成房地产市场参与人难以获得全面的市场信息。主观上，房地产市场参与者需要获得关于房地产市场价格离散程度的知识。因此，房地产市场的价格离散现象诱发了房地产信息搜寻的动机，并提供了信息搜寻的可能性。适应房地产市场需要，专门从事搜集和经营信息的房地产经纪企业和经纪人应运而生。

房地产市场是不完全竞争市场，不同物业间的异质性较强，价格差异较大，价格离散的现象更加明显，这就对房地产信息收集的数量和质量提出了更高的要求。了解更多的房地产市场信息、房屋信息，有助于购房人降低市场交易风险和房屋的不确定性，从而降低经济成本。从信息的搜寻效益和搜寻成本来看，房地产的价值量大，交易成本高，一次交易后使用的时间长，因此对房地产信息进行搜寻，降低风险和减少损失所带来的预期收益要比一般商品高。但商品房的购买者通常为中高收入群体，其信息搜寻的时间成本较高，

---

① 斯奈德．微观经济理论：基本原理与扩展．北京：北京大学出版社，2015：523.

② 刘月．房地产经纪市场信息不对称与政府监管．中国房地产，2007（3）：52-53.

③ 刘洪玉，黄英，刘琳．二手房市场中购房者对房地产经纪服务的选择行为研究．中国房地产，2005（5）.

这就降低了均衡状态下信息搜寻的数量和效益。

当市场价格具有离散性特征时，搜寻信息成为可能。在高信息搜集要求与高信息收集成本的矛盾下，专门以房地产信息收集和经营为主营业务的房地产经纪人与经纪机构是市场竞争运行的必然结果。此外，为了提高经济决策质量，作为信息使用者的一方，收集和购买信息是必然的行为。在社会专业分工的引导下，催生了收集、加工和出售房地产市场信息的另一方，即房地产经纪行业。

7.1.3 房地产经纪服务的润滑作用

7.1.3.1 房地产市场信息的经济作用

传统经济学普遍认为存在着消费者和厂商能够完全了解市场信息的假说。但事实上，信息与其他商品一样，需要付出代价才能获得，即消费者和厂商如果需要更全面、更丰富的信息，必须支付一定的成本，否则他们只能获得部分经济信息，而不是对他们有用的全部市场信息。如果不能获得全部市场信息，就会导致对市场的决策出现偏差，进一步地，不完全信息将导致市场价格更加僵化和资源的低效配置。房地产市场信息具有三个方面的经济作用：

一是以市场信号的形式（市场价格体系或价格机制）显示社会房地产（住房）稀缺资源配置的有效程度。房地产市场信息，即在房源信息和客源信息中，包含着大量的市场交易信息。某一种住房价格偏高，比如学区房价格持续走高，不仅意味着辖区内学区房的稀缺，同时也意味着高品质学校的稀缺，指示房地产提供者可以根据市场信息向市场提供一定数量的房地产。也就是说，房地产市场信息，特别房地产市场价格信号，显示了房地产资源配置的有效程度。

二是为评估或确定房地产经济关系提供决策支持，即越高质量的房地产信息和房地产交易参与者把握已有房地产信息的能力在很大程度上决定了房地产交易决策的经济效用。从决策程序上来看，获取充分的房地产市场信息有助于降低决策的风险和不确定性。所谓“三个臭皮匠顶一个诸葛亮”，背后的意涵是基于三个人的信息总和可能做出更为一个正确的决策。因此，更多的房地产市场信息在一定程度上降低了房屋交易决策结果的不确定性。

三是房地产市场信息体现为房地产经营管理的手段和工具。房地产市场信息，记录了市场主体在房地产市场运行过程中产生的原始数据，反映了市场主体在房地产市场运行过程中的决策结果，也反映了房地产市场发育和发展的程度，以及政府主体对房地产市场的监管结果。

7.1.3.2 房地产经纪行业的润滑作用

由于信息具有以市场信号的形式显示社会稀缺资源配置的作用，因此，房地产市场交易人获得房地产市场信息后，可以做出降低风险的市场决策，在一定程度上也降低了房地产资源不合理配置的程度。房地产经纪行业通过向市场提供房源信息和客源信息等房地产市场信息、提供专业服务，降低了房地产交易双方的信息搜寻成本，提高了市场交易效率，为房地产市场交易起到了润滑作用。房地产经纪行业的润滑作用表现在以下三个方面：

1. **促成房地产市场交易**

单独的市场主体对房地产交易产生需求时，因为时间精力有限，信息不足，搜寻及传播范围较小，往往不容易实现供给或需求。房地产经纪服务通过专业的经纪信息的收集、整理、分析、传播，产生信息的规模效应，能够从繁杂的信息中找到相互匹配的供给和需求并提供给市场主体，从而促成房地产市场交易，缩短交易周期。

2. **降低房地产市场的交易风险**

一方面，房地产市场复杂多变，供求双方由于对房地产专业知识掌握不足，在交易价格、程序、合同等环节可能力不从心；另一方面，房地产市场信息繁多，很容易遇到过时、无效甚至虚假的信息。这些都是房地产市场的交易风险。当房地产经纪人向房地产市场交易参与人提供准确丰富的房地产市场信息时，就可以在一定程度上从个人和社会两个方面降低房地产市场的交易风险。

对交易参与方，通过专业的知识能力和经验，经纪人能够为委托人收集到真实有效的信息。由于信息能够帮助决策者在进行经济决策时减少不确定性，降低决策者的风险，因此，房地产经纪行业通过向房屋交易双方提供专业信息，提高了房屋交易双方的决策质量，从而有效降低房地产市场的交易风险。

对房地产行业和全社会，经纪服务通过提供专业的知识和严格的服务流程，使房地产交易程序更加规范，房地产市场的整体交易风险性降低；房地产信息经由经纪机构收集汇总，先行进行筛选和整理，之后再向全社会公开，增加了信息的透明度和有效性；扩大了经纪人参与交易的范围，使房地产经纪行业能够更好地发挥自律性、规范性的作用，促使经纪人为委托人提供更高质量的经纪服务，产生正外部性。

3. **降低房地产市场的交易成本**

房地产市场个体在买卖房屋时，要经过长时间的信息收集和分析、多轮价格谈判、繁杂的登记流程，花费大量时间精力，产生了较高的交易成本。房地产经纪服务为委托人提供收集信息、价格谈判等服务，节省了委托人的时间精力，从而降低了交易成本。已有的研究表明，房地产经纪服务能够节约委托人20%的搜寻时间，从而降低交易成本①。

专业的信息搜集服务降低了委托人的交易风险，产生了信息的规模效应，降低了信息的搜寻成本，有利于减少整个房地产市场的不确定性和信息不对称。因此，房地产经纪服务可以降低整个房地产市场的交易成本，有效促进房地产市场的交易。

7.2　房地产经纪信息共享制度

本节主要介绍和分析房地产经纪信息共享制度，并探讨完善中国房地产经纪行业信息共享制度的路径。

---

① 郑思齐. 信息搜寻、经纪服务与市场效率：来自住房市场的微观证据和宏观意义. 经济体制改革，2007 (5).

7.2.1 房地产经纪信息共享制度的三种形式

中国房地产经纪行业伴随着房地产市场的发展而逐渐成长，目前整个房地产经纪行业呈现欣欣向荣的发展趋势。但对比美国等经纪行业发达国家，中国房地产经纪行业面临的一个突出问题是信息共享制度尚未建立，从而增加了二手房市场的信息搜寻成本，并引发消费者多家委托、一盘多放的行为①。为了提高中国二手房市场的运行效率和资源利用率，建立房地产经纪信息共享制度是提高行业管理水平和未来发展中迫切需要解决的问题②。

信息共享制度的建立依赖于不断完善的经纪制度、统一的会员管理体制以及严格有效的行业管理。目前中国房地产经纪行业仍然主要采用中介的经纪模式，中介模式下的房地产经纪信息共享模式主要有公盘制、私盘制、互联网平台三种。

7.2.1.1 公盘制信息共享模式

1. 公盘制信息共享模式的含义

公盘制是指接受委托人委托的房源经纪人，将房源信息和委托人的联系方式录入信息系统，并将所有信息与其所在经纪机构的其他经纪人共享，每个经纪人都可以直接和业主联系，谁先帮助业主完成交易，谁就获得佣金，而房源经纪人可以分享成交经纪人的佣金。这种信息共享方式常用于直营连锁的经纪机构，其对市场成熟度要求较高，常通过增开门店来充分应用其资源共享的优势，实现对区域市场的控制。公盘制主要在一些大型的房地产经纪机构内部使用，也就是说，在企业内部所有房地产经纪人都可以分享到全部房源信息。房地产经纪信息公盘制促进了房地产中介机构居间服务效率的提高。

2. 公盘制对交易效率的影响

公盘制的相关规则限于同一家房地产经纪机构内部。若经纪人只对房地产市场需求方提供自己搜集的房源信息，由于个人房源信息有限，可能无法满足客户需求，降低了交易效率，造成客户流失和佣金损失。公盘制的信息共享模式在一定程度上避免了由于经纪人自身掌握的房源信息少而可能出现“有客源没房源”的现象。公盘制能够在整个公司范围内扩充经纪人掌握的房源信息，从而使经纪人在共享更多信息的基础上给客户推荐房源，提高房屋买方选择到合适房源的概率，以便促成交易并获得佣金。采用公盘制的房地产经纪企业，通过企业内部的信息共享，降低了信息搜寻成本，提高了经纪人的工作效率。

对房地产经纪企业来讲，房源信息是经纪企业开展业务的基础。公盘制模式下房源信息在经纪企业内部充分流通使用，避免了房源共享系统的重复建设，使房源信息更加统一、标准，避免了信息繁杂混乱，提高了企业拥有的房源信息数量和信息利用效率。而一

---

① SONG C H，SU J Q. The impact of listing contract on second-hand house brokerage market performance//Proceeding of CRIOCM 2006 International Research Symposium on Advancement of Construction Management and Real Estate，2006.

② 宋春红，江小帆，杨明辉. 房地产经纪业信息共享制度建立影响因素研究. 工程管理学报，2012，26（3）.

旦中介机构拥有了房源信息优势，能够拓展业务量，并通过新建或并购中介门店等方式进一步扩大市场份额，就能够产生一定的规模效应，获得主导市场的垄断地位，掌握定价议价权，提高企业的利润率。

3. 公盘制对企业竞争及市场效率的影响

相较于房源信息不共享的情况，公盘制能够提高房地产市场交易效率，但也存在相应的局限和不足，可能造成排除与限制竞争影响，从而降低经纪企业的市场竞争力，损害房地产市场的运行效率和消费者福利。

企业竞争方面，公盘制下的经纪机构规模一般较大，且房源开发经纪人在房源成交后得到的佣金比例不高。由于企业内部房源客源信息共享，每个经纪人都可以根据共享信息联系到委托人，这不利于激发经纪人收集房源客源信息的积极性，容易出现“留盘”和信息外泄现象。当房地产市场萎缩的时候，公盘制还容易出现收集信息动力不足和内部恶性竞争，造成房地产经纪人专业知识不足、服务态度不够、人才迅速流失等问题。这违背了公盘制信息共享机制的初衷，影响企业运行效率，减弱企业的竞争力量，使企业不能在拥有房源数量和质量优势的基础上与其他企业展开竞争。

市场效率方面，由于实行公盘制的经纪机构一般为实力较为雄厚的大企业，其公司规模大，分支机构多，门店覆盖的地域范围较广，容易获得更多的房源信息。为了降低风险，缩短交易周期，委托人倾向于将房产委托给市场占有率高、规模大的经纪机构进行出售、出租，买主也倾向于通过大型经纪机构购房。这进一步增强了大型房地产经纪企业运用其房源信息优势的能力，扩展了大企业的企业边界，促进了企业扩张，而将中小型房地产中介企业屏蔽于其独自享有的房源信息之外。价格方面，较大的中介机构在提供居间服务时，能够收取较高的中介费用，很少给客户提供折扣。而小中介由于房源有限，即使通过打折也很难与大的中介竞争，且若中介费过低也会影响到自身获利。在这种情况下，市场占有率高的房地产经纪企业能够通过其房源和客源信息优势，制定出促进其利润提升而损害客户利益的策略，并对房地产市场产生一定的排除限制竞争影响，出现一定程度的垄断不利于房地产经纪市场的充分竞争，容易造成市场失灵。

7.2.1.2 私盘制信息共享模式

1. 私盘制信息共享模式的含义

相对于公盘制，私盘制的信息共享程度非常低。房地产经纪人只把房源信息与同一机构的其他经纪人共享，但不提供业主的门牌号、联系方式等信息，若其他经纪人有意向客源，必须通过房源经纪人与业主联系，业务成交后，可以分享到房源经纪人的佣金。这种模式多用于特许加盟和单店经纪机构，他们只需要成熟的市场，但业务范围比公盘制小，通常只限于一片区域或一个楼盘，对经纪人的专业素质要求比公盘制高。

2. 私盘制对交易效率的影响

在交易效率方面，私盘制保留了公盘制信息共享模式高效性的优点，即只保留了业主的私人信息，实现了信息的充分共享。在同一机构内部，其他经纪人仍然可以看到房源的核心信息，如区位、面积、价格等，利用这些信息与自己掌握的客源信息进行匹配，最终促成交易，而在这一过程中，业主的联系方式等信息并不影响交易的达成，只影响最终的佣金分配。透明的房源信息提高了房地产市场的交易效率，缩短了交易周期，提高了经纪人和经纪机构的报酬；同时，充分共享的信息在经纪机构内部产生了信息的规模效应，节省了企业的信息收集和管理成本。

在经纪人的激励机制方面，私盘制的模式保证了房源开发经纪人能够得到较高的佣金业绩，因而能够在很大程度上避免经纪人"留盘"现象。尽管在每一笔交易中，经纪人都想得到尽可能高的中介费，但由于时间、精力等方面的限制，不可能兼顾每一个房源的交易。通过私盘制信息共享模式，当机构内其他经纪人利用开发经纪人掌握的房源信息促成交易时，开发经纪人也能够获得较为可观的业绩，故降低了"留盘"发生的可能性，保障了收集房源信息的经纪人的利益，有利于提高其工作积极性。此外，私盘制倡导专家式的服务，以满足客户需求为导向，提供高质量的经纪服务，有利于公司的品牌化建设，形成良好口碑。

3. 私盘制对交易成本及市场效率的影响

私盘制的缺陷在于，一方面，在经纪机构内部，由于房源信息隐去了业主信息，一宗房地产交易的达成需要两个甚至多个经纪人的共同努力；另一方面，对房地产市场来说，采用私盘制信息共享模式的经纪机构仍然可以快速扩张，获得垄断地位。在这种情况下，私盘制会提高房地产市场的交易成本，减弱房地产市场的充分竞争性，损害市场效率。

在经纪机构内部，私盘制虽减少了"留盘"现象，但同时也对经纪人之间的合作提出了新的要求。相比于公盘制"多对一"的服务模式和房源信息的完全透明公开，私盘制隐去了房源信息中的业主信息，真正接触房源的只有单一的房源开发经纪人。在这种情况下，每宗房地产交易很难由一个经纪人独立完成，而需要房源经纪人和客源经纪人共同跟进配合。若开发经纪人不信任促成经纪人而拒绝透露房主信息，或是不配合促成经纪人而推托甚至给出错误信息，则交易很难达成。相比于公盘制，私盘制的信息共享模式增加了经纪人之间的协调配合环节，提高了达成房地产交易的成本，降低了经纪服务的效率，可能会因经纪人的工作不力而造成客户流失问题。

对房地产经纪市场来讲，一方面，经纪机构通过发挥房源信息共享的优势，产生信息的规模效应，扩大市场份额，快速扩张，获得市场竞争优势地位，减小了房地产经纪市场互相竞争的力度，容易造成市场失灵；另一方面，私盘制也增加了各加盟店之间沟通协调的机会，使不同分支机构能够在一个合理的名义下互相联系，为建立诸如价格联盟等机制提供了便利，使经纪机构在与业主和房地产需求方的谈判中拥有优势地位。综合来看，私盘制的信息共享模式会减小企业内部和房地产经纪总体市场的竞争力度，可能会一定程度上带来消费者权益的损害。

7.2.1.3 互联网平台信息共享模式

1. 互联网平台信息共享模式的含义

互联网平台信息共享模式也称互联网平台信息共享模式。它不同于公盘制和私盘制的信息共享范围，后两者仅仅局限于同一家经纪机构，而其他房地产经纪机构的经纪人无法得到属于某一房地产经纪机构的房地产经纪信息，即使自己拥有与之相匹配的房源或客源资料，也无法合作。互联网平台信息共享模式与私盘制的原理相同，房地产经纪人（房源客户）将房源信息上传互联网，客源客户登录网站就可以查询相应的信息，并与此经纪人联系，商讨合作事宜。互联网平台作为一种房源推广方式，为不同的房地产经纪机构提供展示其各自房源信息的平台。而房地产经纪机构则以这些网站为媒介向社会大众推销房源，并向网站运营商支付一定的服务费用。

2. 互联网平台信息共享模式对交易成本的影响

互联网平台信息共享模式区别于公盘制和私盘制的最大特点是信息共享范围更大、程度更高，借助互联网信息平台，将信息共享范围由经纪机构内部扩大到全社会。在互联网平台信息共享模式下，客户和经纪机构节省了交易环节的成本，但在中介经纪模式下，可能会因信息的时效性而产生新的交易成本。

交易流程方面，在公盘制和私盘制下，客户都需要亲自到房地产中介门店，将住房需求告知房地产经纪人，再由经纪人将客户需求与房源信息相匹配。在互联网平台信息共享模式下，客户可以根据个人需求自行查看、筛选房源信息，不必再行至各房地产中介门店，而经纪机构只在客户确定了意向房源后才提供房源业主的联系方式，提供带看房、推荐房源等居间服务。互联网平台信息共享模式缩短了客户与经纪机构沟通的时间，在交易流程环节降低了客户和经纪机构的交易成本。

信息时效性方面，互联网平台信息共享模式依赖于互联网平台的信息管理系统，但其本质仍然是非独家代理的中介形式。互联网平台信息共享模式下，客户可能会在房地产信息共享网站上看到不同经纪人代理的同一房源，房源信息存在重复性，需要自行对经纪人做出辨认和选择，这无疑带来了额外的成本。此外，我国房地产经纪行业目前采取的是非独家代理的中介模式，即同一房源的业主会在不同的房地产经纪机构登记，以达成交易的机构为准，只对达成交易的机构支付中介费用。在这一模式下，一个房源会被多个经纪人在同一网站甚至是不同网站上进行推广，当业主调整房源价格、改变出售意愿时，可能会由于信息沟通不畅造成不同网站、经纪机构的报价信息不一致，导致房屋交易受到影响，造成交易秩序的混乱，产生额外的交易成本。

3. 互联网平台对交易效率及市场效率的影响

交易效率方面，在公盘制和私盘制下，房源信息的共享范围仅限于同一家经纪机构内部，而互联网平台信息共享模式将房源信息上传至互联网，由全社会共享共用，客户可以自行寻找、查看房源，信息共享程度进一步提高。互联网平台信息共享模式扩大了信息的传播和使用范围，提高了信息使用率，从而提高了房地产市场的交易效率。

市场效率方面，不完全信息是造成市场失灵的重要原因。在互联网平台信息共享模式下，所有经纪机构掌握的所有房源信息都在互联网平台公开展示，充分共享的信息，可以帮助房地产市场的供求双方掌握房地产市场的供求和价格等信息，有助于房地产市场达到供需平衡，制定出清价格，从而提高房地产市场的市场效率。此外，互联网平台增加了信息共享程度，有利于社会和政府对经纪机构进行有效监管。信息充分共享下的市场和政府监管，有利于提高经纪服务质量，营造良好的经纪行业环境，提高市场运行的效率。

4. 房地产互联网自助交易与房地产经纪服务

本书第 3 章探讨了互联网技术背景下房地产经纪业务模式创新，本节继续从信息角度进一步分析互联网对房地产经纪行业的影响。在互联网技术下，公众已经习惯了网上购物，房地产买卖（租赁）是否也可以实现网上交易？是否可以建立房地产网络自助交易模式？如果房地产交易可以实现网络自助交易，需要回答三个问题：(1) 网络自助交易能够取代房地产经纪人的经纪服务吗？(2) 网络自助交易对不动产买方和卖方的交易过程和交易结果的影响是一样的吗？(3) 网络自助交易能取代传统房地产经纪行业吗？本部分从房地产经纪人的作用角度进行简要分析。

房地产经纪行业是一个经营房地产市场信息并提供经纪服务的服务业，房地产经纪人在经纪服务中主要发挥三方面的作用：一是房地产经纪人向市场交易参与者发布并传递房地产市场信息，扮演了信息中介的角色；二是房地产经纪人通过提供信息匹配、带客看房、交易谈判、签署交易合同等经纪服务撮合房地产交易双方实现交易，扮演了交易达成服务者的角色；三是房地产经纪人在房地产经纪服务过程中，利用专业知识为消费者提供房地产交易流程咨询，扮演了房地产交易专业咨询者的角色。

从房地产经纪人在房地产经纪服务中的三个作用来看，首先，从信息中介的角色来看，尽管房源提供者可以自行在互联网上上传房源信息，买方在互联网上查询到该房源信息，但相较于房地产经纪人勘查过的房源信息（根据经纪业务规范，房地产经纪人勘查房源并制作房屋状况说明书），个体房源信息提供者的信息质量和可靠性要低于房地产经纪人提供的房源信息。同时房地产经纪人也采用信息技术，收集大量信息并实现房源信息的智能搜索功能，使房地产经纪人的信息中介作用不能完全被互联网自助交易平台所取代。其次，从房地产经纪人交易达成服务者的角色来看，由于房地产交易是大宗交易，产品具有不可移动、价值大、差异性大、特征不易被全面描述（甚至某些特征还被刻意掩饰）等特征，在交易过程中，房地产客户更倾向于眼见为实，进行面对面交易谈判，所以房地产经纪人一般要全程陪同客户查勘待交易不动产，协助当事人办理权属转移手续和资金支付。因此，房地产经纪人交易服务达成服务者的角色亦很难被房地产网络自助交易平台所取代。最后，从房地产交易专业咨询者的角色来看，通常委托人咨询最多的事项是房地产市场价格和房地产产品质量。对这两个咨询事项，由于房地产价格特别是存量房价格具有较强的离散性，房地产质量需要实地勘查才能评估和判断性价比，房地产自助交易互联网很难提供准确信息，而房地产经纪人掌握了大量不动产交易案例和价格信息，能够为房地产交易双方提供专业咨询服务。

综上，尽管互联网技术可以为房地产交易者提供自助服务（比如短期房屋租赁服务），但由于房地产经纪人能够比网络交易平台为房地产买方和卖方提供更为安全和可靠的经纪服务，特别是不动产买卖经纪服务，互联网自助交易平台并不能完全取代房地产经纪行业所提供的专业服务。

7.2.2 房地产经纪信息共享系统——MLS

MLS，英文全称为 Multiple Listing Service，廖俊平、林青将其翻译为“共享登录系统”①，国内则多直译为“多重房源上市服务系统”。MLS 不仅包含房源信息，还有客源、房地产经纪机构等信息，实际上是一个房地产信息共享系统。

---

① 廖俊平，林青．MLS模式：中国如何借鉴．中国房地产，2006（12）．

MLS于20世纪30年代诞生于美国。MLS在美国不仅是一种普遍的跨公司经纪人销售合作模式，更是被行业广泛接受的严谨而先进的行业准则和经营管理模式。它可以理解为不同公司的房源信息集合在共享数据库中，卖方经纪人和买方经纪人通力合作，一旦交易成立，双方按预先承诺分佣比例来分配。20世纪80年代，由于计算机技术的发展，MLS成员按规定将自己的独家销售信息委托给网络中心，他们随时都可查看全市乃至全国的房地产交易委托情况。

作为房地产信息的共享平台，MLS的结构和运行模式决定了它拥有以下四个特点①：

第一，自主性。首先，MLS在美国的建立过程完全由房地产经纪人协会推动，政府几乎不参与其中；其次，MLS的参与者可以在法律和行业规范的允许内不受政府限制地参与房地产市场；最后，MLS的公开性和长期性会对经纪人形成有效制约，减少了经纪人的道德败坏行为，同时扩展委托人的监督空间，因此MLS的监督也是自主性的，不依赖政府部门的参与。

第二，高效性。MLS的高效性体现在其对房地产信息的整合上。MLS将一个地区或区域的房地产信息整合，既降低了搜寻成本，又避免了恶性竞争带来的营销制约。据美国房地产经纪人协会统计，全美有90%的经纪人加入MLS，95%的房产交易是通过MLS进行的。此外，房源经纪人的房源只有5%是由经纪人自己寻找买主购买，而95%的房源是由其他经纪人带来的买主购买。住房市场上，MLS的主要功能是将上市经纪人的信息传递给其他会员经纪人。艾伦、戴尔和李②调查了MLS成员信息共享强度对住房市场结果的影响，并将信息共享强度衡量为使用MLS的经纪人在房屋销售期间查看单个房屋列表的日平均次数。根据该研究的均衡模型预测结果表明，增大信息共享强度可以增加房屋销售的可能性，减少上市时间，并提高最终销售价格。研究发现，使用MLS进行房屋挂牌交易，若平均每日观看次数增加1个单位，则成功交易的可能性提高5.7%，销售价格提高0.2%，市场挂牌时间缩短1.6天。

第三，成本节约性。信息的整合使买卖双方的搜寻成本大大降低。信息搜寻成本包括获得目标信息的成本和排除信息噪声的成本。MLS对信息的整合既使目标客户节省了信息获取成本，又减少了虚假信息的干扰。黄桐城等利用对策模型得出中介系统的存在还能增加购房者、售房者的剩余的结论③。

第四，可靠性。MLS的可靠性则体现在经纪人的经纪服务上。在独家代理的经纪模式下，经纪人的权利和义务较为明确，同时其自身利益与委托人利益高度重合，激励着其为委托人提供高效可靠的经纪服务。

为评估MLS对业主房屋售价及其他有关房屋销售方面的影响，伯恩海姆、梅尔④通

---

① 李侃．中美房地产经纪运作模式的比较研究．上海：华东师范大学，2009．

② ALLEN M，DARE W，LI L．MLS information sharing intensity and housing market outcomes．The journal of real estate finance and economics，2018（57）．

③ 黄桐城，等．中介参与下信息搜寻成本三方对策模型研究．情报杂志，2005（7）．

④ BERNHEIM D，MEER J．Do real estate brokers add value when listing services are unbundled?．Economic inquiry，2013，51（2）．

过区分业主所委托的房地产经纪人是否使用MLS的两种情境，估算了业主（卖方）在房屋买卖中决定只使用传统经纪人服务而不使用MLS对房地产市场的标价、最终销售价格和销售速度的影响。研究表明，尽管传统房地产经纪服务（没有捆绑MLS）对卖方的房屋销售条款和时间均产生影响，但卖方从这些服务中的受益并不明显。由于房主与经纪人之间的关系是一种经典的委托代理问题，因此经纪人可能无法以促进卖方利益的方式来推进经纪服务（考虑自身效用最大化而降低经纪成本支出）。但是，只要将MLS与房地产经纪人提供的其他经纪服务捆绑在一起，即使业主（卖方）支付的代理成本超过经纪人的知识和专长所带来的收益，业主也可以委托房地产经纪人销售房屋。原因在于，当业主委托传统房地产经纪人销售房屋时，其最终销售价格，相比委托并捆绑了MLS的房地产经纪人的房屋销售价格低了5.9%～7.7%（以典型房屋为研究对象）。换言之，MLS提高了业主房屋售价，说明房屋售价差额直接是由MLS带来的，而不是来自房地产经纪人的专业知识。

7.2.3 中国建立房地产经纪信息共享制度的基本条件

大数据在开启时代转型的同时，对传统行政管理模式和商业模式提出了全新的挑战。长期以来，我国房地产经纪行业管理部门关注并致力于引入MLS，但由于法律制度、消费习惯、行业发展水平、不动产信息公开和查询制度的限制，经纪行业信息共享系统的建设效果不佳。尽管最近几年多个地区广泛推广了“互联网＋不动产登记”，方便了不动产权利人查询不动产信息的便利性，但房地产信息查询依然存在着封闭性和垄断性，信息的阻塞无疑加大了房地产市场的交易风险，导致一房二卖、隐瞒房产自然状况等情况，房地产交易纠纷现象时有出现。而建立公开、安全、房源信息唯一编码、房地产经纪人高参与度的房地产经纪信息共享系统，是降低房地产经纪纠纷、提高房地产交易效率的有效措施。就目前而言，中国建立房地产经纪信息共享制度的基本条件有以下两个：

第一，立法明确房地产买卖交易应以代理关系为唯一经纪服务方式。

根据《房地产经纪管理办法》，房地产经纪是“房地产经纪机构和房地产经纪人员为促成房地产交易，向委托人提供房地产中介、代理等服务并收取佣金的行为”。但事实上，房地产中介行为和代理行为中的房地产经纪人与委托人的定位存在明显的差异。

中介人不同于代理人，他们独立于委托方和第三方之外，不代表任何一方的利益，以保证自身利益的最大化为目标。中介关系是委托人多方委托的根源，直接引发了激烈的市场竞争和信息保护，降低了市场的运行效率；同时，中介经纪人充分掌握买卖双方的出价意愿和心理需求，总是试图提高买者出价以获得更多的佣金，使得中介行为并不“中介”，违规行为时常发生，市场公平难以保证①。房地产中介经纪行为通常在一个房地产经纪机构内部为房地产交易委托人提供服务，房地产经纪信息不能在不同的房地产经纪机构之间传播、实现交易配对，降低了房地产经纪信息利用效率。

---

① 江小帆，宋春红. 房地产经纪业信息共享制度的形成路径研究. 工程管理学报，2011，25（4）.

而在代理关系中，经纪人和委托人的权利责任明确，经纪人严格执行经纪服务合同中的委托人的委托事项。在房地产经纪代理关系中，经纪人与委托人之间的关系是单向的，房地产经纪人要么为买方提供服务，要么为卖方提供服务，但不能同时为两方提供服务，否则房地产经纪人在房地产交易价格谈判中就会处于尴尬地位。如果全行业都以房地产经纪代理作为房地产经纪服务的主要方式，房地产经纪机构之间就能为实现交易进行信息互换，即甲房地产经纪机构的卖方委托可能与乙房地产经纪机构的买方委托进行信息匹配，从而实现甲乙两个房地产经纪机构之间进行房地产交易。目前，由于房地产经纪机构的房源信息和客源信息具有内部性和垄断性，且是实现本机构经纪服务达成的基础条件，所以，房地产经纪机构之间没有共享房源信息和客源信息的激励条件。只有在全行业实行独家代理服务机制，突破现有的房地产经纪信息的企业垄断机制，同时建立房地产经纪机构之间和买卖双方房地产经纪人之间的佣金分享机制，才能真正建立房地产经纪信息共享系统，提高信息的使用效率。

从消费者层面，要逐渐改变消费服务观念，充分认识到代理服务更能保护其自身权益。从房地产经纪机构层面，应积极推广房地产经纪独家代理模式，减少中介服务。从立法层面，应修订《房地产经纪管理办法》，限制房地产经纪服务中介方式，确立经纪代理服务方式为房地产买卖交易的主要方式，甚至是唯一服务方式。当全社会、全行业以房地产经纪代理服务为主要的经纪服务方式时，企业间的房地产经纪信息共享制度才有可能建立起来。

第二，房地产经纪行业组织牵头建立并持续推进房地产经纪信息共享机制。

房地产经纪信息共享系统，是全行业房地产经纪机构信息共享的一个系统。从建设主体来看，只有房地产经纪行业自律组织才有承担建设房地产经纪信息共享系统的能力。房源信息和客源信息搜集需要花费成本，佣金收入是弥补成本唯一方式。拥有海量信息的大型房地产经纪机构并没有动力与其他中小企业共享信息。中小企业限于资金能力、经营范围、技术水平等因素，很难建立房地产经纪信息系统，而企业之间又存在信息交换的动机。因此，房地产经纪行业组织可以牵头建立以中小企业为主体的房地产经纪信息共享系统，吸引房地产经纪人在获取房源信息和客源信息后第一时间上传系统，实现信息匹配，提高房地产交易效率。

中国实现全国性房地产经纪信息共享任重道远，当行业发展到一定阶段，信息的封闭性和大企业对信息的垄断阻碍了房地产经纪行业整体发展水平时，变革房地产经纪信息共享制度才会成为全行业的共识。

本章小结

1. 房地产经纪行业是一个经营信息并提供房地产交易服务的产业。房地产交易人为了降低交易风险，需要搜集房地产市场信息。由于收集并经营房地产市场信息具有经济价值，房地产经纪行业因此而产生。

2. 房地产市场是不完全竞争市场，供求双方都存在不完全信息，可能影响社会公平、公正原则以及市场配置资源的效率。不完全竞争、不对称信息、信息搜寻成本、价格离散现象都对专业的信息服务提出了要求。房地产经纪机构和经纪人通过搜寻和传播经纪信息，提供房地产经纪服务，有效提升房地产市场交易效率。房地产经纪在促成房地产市场交易、降低房地产市场的交易风险和交易成本方面发挥着重要的市场润滑作用。

3. 房地产经纪信息共享制度主要有公盘制、私盘制和互联网平台三种，每种制度各有优缺点。美国和加拿大建立的 MLS 是一种高效的房地产经纪信息传播和利用制度。

关键术语

信息　房地产经纪信息　知识差　连续信息　计算信息　公共信息和私人信息　同质信息和异质信息　完全信息和不完全信息　对称信息和不对称信息　房地产经纪服务的润滑作用　公盘制　私盘制　互联网平台　MLS

复习思考题

1. 房地产经纪信息的构成要素有哪些？
2. 如何理解信息的五个方面的内涵？
3. 根据信息的函数模型，分析房地产经纪人与房地产交易人之间的关系。
4. 房地产经纪信息有哪些特征？
5. 为什么房地产交易双方要收集房地产市场信息？
6. 房地产经纪行业产生的基础是什么？
7. 房地产信息的润滑作用体现在哪些方面？
8. 房地产市场信息的三个经济作用是什么？
9. 房地产信息共享模式有哪些？各有什么优缺点？
10. 互联网自助交易平台能取代房地产经纪人吗？为什么？
11. 什么是 MLS？该系统有哪些特点？
12. 分析中国建立房地产经纪信息共享制度的两个基本条件。

参考文献

[1] 蔡岩兵．新编信息经济学．北京：中国经济出版社，2014.

[2] 范如国．复杂网络结构范型下的社会治理协同创新．中国社会科学，2014 (4).

[3] 贾媛媛．大数据时代房地产市场信息化治理的法治路径．经济与社会发展，2017，15 (4).

[4] 江小帆，宋春红．房地产经纪业信息共享制度的形成路径研究．工程管理学报，2011，25 (4).

[5] 斯奈德．微观经济理论：基本原理与扩展．北京：北京大学出版社，2015.

[6] 李侃．中美房地产经纪运作模式的比较研究．上海：华东师范大学，2009.

[7] 廖俊平，林青. MLS模式：中国如何借鉴. 中国房地产，2006 (12).

[8] 刘洪玉，黄英，刘琳. 二手房市场中购房者对房地产经纪服务的选择行为研究. 中国房地产，2005 (5).

[9] 刘月. 房地产经纪市场信息不对称与政府监管. 中国房地产，2007 (3).

[10] 裴雷. 信息经济学. 南京：南京大学出版社，2015.

[11] 宋春红，江小帆，杨明辉. 房地产经纪业信息共享制度建立影响因素研究. 工程管理学报，2012，26 (3).

[12] 王冠仁. 信息的商品化和社会化. 商业研究，1985 (12).

[13] 乌家培，谢康，肖建华. 信息经济学. 2版. 北京：高等教育出版社，2007.

[14] 郑思齐. 信息搜寻、经纪服务与市场效率：来自住房市场的微观证据和宏观意义. 经济体制改革，2007 (5).

[15] 维纳. 人有人的用处：控制论与社会. 北京：商务印书馆，1978.

[16] 施圣炜，黄桐城. 中介参与下信息搜寻成本三方对策模型研究. 情报杂志，2005 (7).

[17] SHANNON C E. A mathematical theory of communication. Bell labs technical journal，1948，27 (4).

[18] SONG C H，SU J Q. The impact of listing contract on second-hand house brokerage market performance//Proceeding of CRIOCM 2006 international research symposium on advancement of construction management and real estate，2006.

[19] ALLEN M，DARE W & LI L. MLS Information sharing intensity and housing market outcomes. The journal of real estate finance and economics，2018 (57).

[20] BERNHEIM D，MEER J. Do real estate brokers add value when listing services are unbundled?. Economic inquiry，2013，51 (2).

第 8 章

房地产经纪委托代理关系

本章导读

委托代理关系的概念起源于专业化的产生和发展。18 世纪以来，随着资本主义国家科技水平日益进步和市场经济不断发展，市场交易范围扩大，资本积累增加，企业的规模随之增大，一方面，资本所有者独立控制企业的经营活动越来越受到其本身精力、时间、相关知识、管理能力等的制约；另一方面，生产力的发展使得分工进一步细化，专业化造就了一大批具有专业知识和管理能力的经理人，他们有精力、有知识处理某一领域的问题。当经理人代表资本所有者的利益行使某些决策权时，委托代理关系也随之产生。

随着社会经济形式日趋复杂，委托代理关系被广泛应用于更多领域，越来越多专业部门进入我们的视野，房地产经纪行业正是其中的典型。房地产经纪委托代理关系是委托代理关系在房地产交易市场的具体表现，房地产潜在的买方和卖方通过房地产经纪人代理完成交易，市场资源配置得到优化。然而，在实际应用中房地产经济委托代理关系亦存在诸多问题，主要表现为经纪人为了追求自身利益而使交易者承担一定损失或风险。如何理解房地产经纪委托代理关系？如何达成房地产经纪委托代理均衡合同？如何设计一套激励机制以同时保障委托人和经纪人效益最优？本章围绕这些问题来阐释。

知识结构图

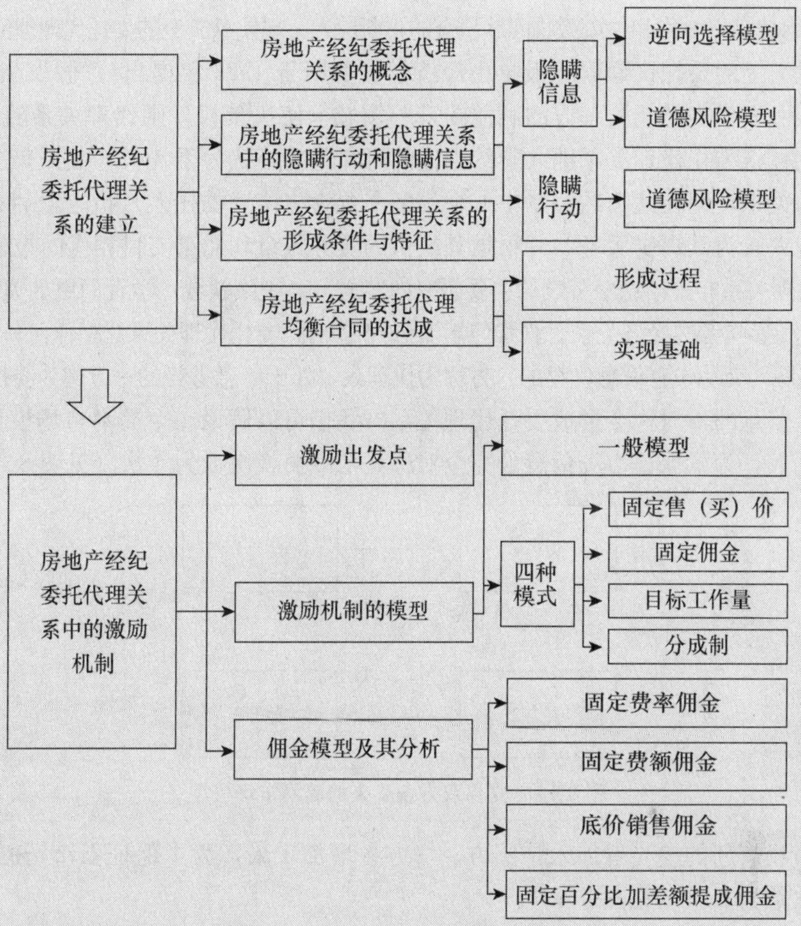

重点问题

- 房地产经纪委托代理关系的建立及其相关概念
- 基于隐瞒行动和隐瞒信息的委托代理关系模型
- 房地产经纪委托代理激励机制研究的起因和主要内容
- 房地产经纪委托代理关系一般激励模型和佣金模型的特点

8.1　房地产经纪委托代理关系的建立

8.1.1　房地产经纪委托代理关系的概念

委托代理理论（principal-agent theory）最早由美国经济学家伯利和米恩斯于 1932 年

提出[①]。他们洞悉企业所有者兼具经营者的做法存在着极大的弊端，倡导所有权和经营权分离，企业所有者保留剩余索取权，而将经营权利让渡。20世纪60年代末70年代初，随着一些经济学家对企业内部信息不对称和约束激励问题研究的不断深入，现代意义上的委托代理理论得以建立。

现代意义上的委托代理概念最早由经济学家罗斯于1973年提出："假设当事人双方，其中代理人一方代表委托人一方的利益在某一领域行使决策权，则代理关系随之产生。"[②]詹森和麦克林将委托代理关系纳入契约理论的研究范畴，认为委托代理关系是一种鲜明或隐含的契约关系，即在此契约关系中一个或多个行为主体（委托人）指定雇佣另一些行为主体（代理人）为其提供服务，并根据其提供的服务数量和质量支付相应的报酬[③]。

委托代理关系亦是信息经济学的主要研究内容之一。在该领域，学者们更加关注非对称信息条件下市场参与者的经济关系。张维迎于1992年提出，委托代理关系泛指任何一种涉及非对称信息的交易，交易中有信息优势的一方称为代理人，处于信息劣势的一方称为委托人[④]。

为什么信息的不对称会形成委托代理关系？我们可以假设一个简易市场模型，其中交易双方各2人，为了保证市场信息的完全对称，信息交换次数为4次（见图8-1）。

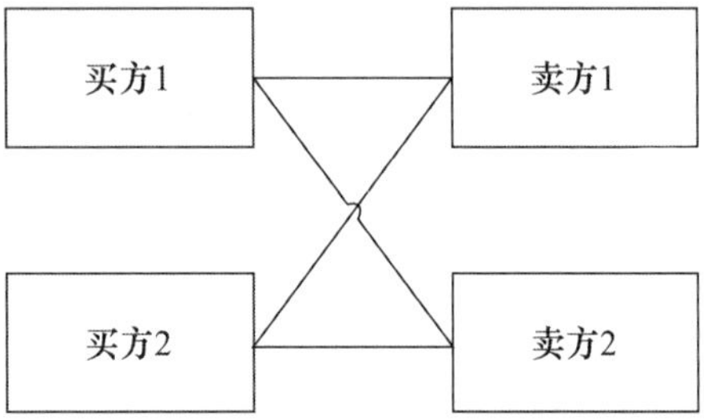

图8-1　交易双方各2人的简易市场模型

如果市场有新的参与者加入，买方、卖方各增加1人，为了保证新市场的信息对称，信息交换次数为9次（见图8-2）。

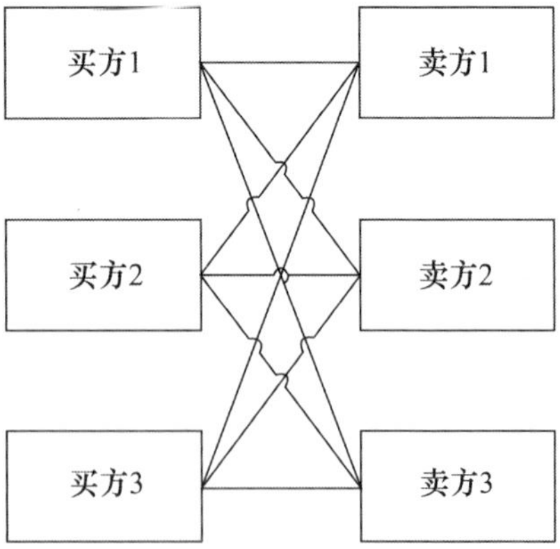

图8-2　交易双方各3人的简易市场模型

---

① 伯利，米恩斯．现代公司与私有财产．北京：商务印书馆，2005.

② ROSS S A. The economic theory of agency: the principal's problem. American economic review, 1973, 63 (2).

③ JENSEN M C, MECKLING W H. Theory of the firm: managerial behavior, agency costs and ownership structure. Journal of financial economics. 1976, 3 (4).

④ 张维迎．博弈论与信息经济学．上海：上海人民出版社，2008.

可以观察到，随着市场的不断扩张，信息交换次数随之增多，每一个交易者需要接触另一方所有参与者以获取完全充分的信息。此时让我们再次回到交易双方各 3 人的简易市场模型，在原模型的基础上引入委托代理人的概念，新的模型如图 8－3 所示。

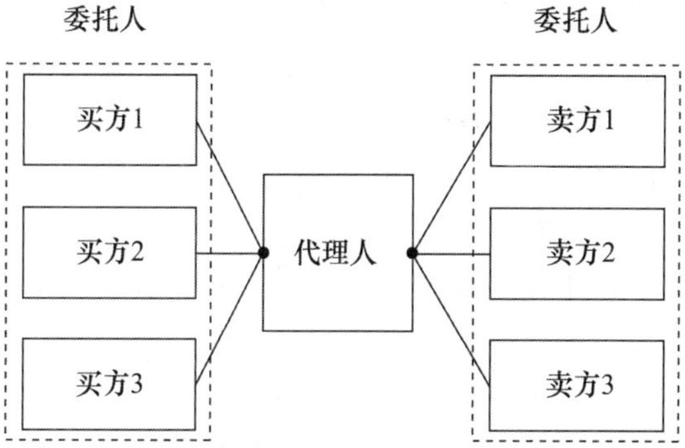

图 8－3　委托代理关系下交易双方各 3 人的简易市场模型

在此模型下，信息交换总次数为 6 次，且不同于前两类模型，作为委托人的交易双方只需要与代理人完成 1 次信息交换即可。在交易双方各 n 人的市场模型中，在没有委托代理关系的情况下信息交换次数为 n^2 次，而在有委托代理关系时信息只需要交换 $2n$ 次，显然，每次信息交换都对应一定的信息搜寻成本如金钱、时间等，代理人的存在大大减少了决策者的信息搜寻次数，发挥信息集成、节约搜寻成本的功能，显著提高交易成功率。

在市场参与人数较少的情况下，交易双方可以轻易做到信息完全对称；然而，当参与人数达到相当数量时，交易者将难以承受搜寻全部信息所付出的成本，由此产生市场的不确定性以及信息的不对称问题。此时，委托代理人概念的引入成为必然，掌握信息多或具有相对信息优势的市场参与者被称为代理人；掌握信息少或具有相对信息劣势的市场参与者被称为委托人。一般而言，只要在建立或签订某项合同前后，市场参与者双方所掌握的信息不对称，这种经济关系就可以被认为是委托代理关系。

房地产市场由于是不完全信息市场，房地产经纪行业通过专业化信息搜寻活动，进而成为专门的房地产市场信息拥有者，具有信息优势。基于此，房地产经纪人可以与信息的购买者建立房地产经纪委托代理关系（见图 8－4），从而产生房地产经纪行业。房地产经纪人拥有的专业优势和房地产市场信息优势使其成为代理人；相对地，房地产交易者成为房地产经纪服务的委托人，目标是获取房地产市场信息，实现房地产交易目标。

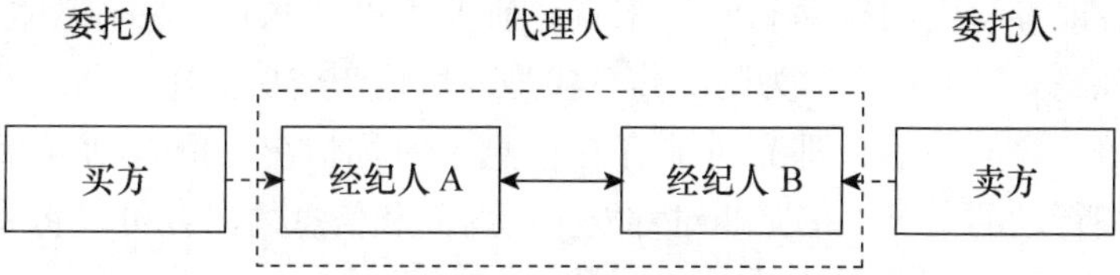

图 8－4　房地产经纪委托代理关系模型

房地产经纪委托代理关系可以从两个层面来理解：（1）房地产经纪人在房地产经纪委托代理关系中处于信息优势地位。房地产经纪人在房地产交易委托人的授权范围内行使代理权，致力于达成委托人委托的房地产交易。由于房地产市场交易参与者分散，交易行为流程繁杂，且单独的交易者如果想要达成交易需要投入巨大的时间成本，导致房地产交易委托人与房地产经纪人存在信息不对称。显然，房地产交易委托人与房地产经纪人之间存在信息量和知识量的差异，房地产经纪人在其中处于信息优势地位。（2）房地产交易委托人的收益依赖于房地产经纪人的敬业行为，从另一个角度来看，房地产经纪人行为及其结果具有不确定性。房地产经纪人行为是一种市场行为，遵循房地产市场的供求关系与市场规律，同时还会受政策、法律法规变动等市场不确定因素的影响。不仅如此，房地产经纪人也具有使自身利益最大化的动机，其私人信息（隐藏的知识或者行为）也会对房地产交易委托人的收益造成影响，最终房地产经纪人的行为结果并不一定满足房地产交易委托人的预期设想。房地产经纪人以房地产交易委托人的名义实施行动，但房地产交易委托人却承担经纪人行为的一定风险。从某种意义上来说，房地产交易委托人与房地产经纪人是一对矛盾体，只有相互信任，才能降低风险和不确定，实现共同的利益目标。

8.1.2 房地产经纪委托代理关系中的隐瞒行动和隐瞒信息

8.1.2.1 委托代理关系中的隐瞒行动和隐瞒信息

当市场中的一方有另一方不知道的信息如与自身相关的“内部信息”时，即存在不对称信息现象，市场就有可能是不完全有效的。由于存在不对称信息，签订合作或产品生产合同时就不能只是简单地规定单位商品或服务的价格①。例如，一方面，不动产权利人委托房地产经纪人出售房产时，知道房屋的使用状况和不动产被抵押或查封等信息，但不动产权利人很有可能不会诚实地向房地产经纪人告知有关房屋的全部信息，以避免因房屋质量问题不能将其以更高的价格出售出去，希望在同等的佣金比例下获得更满意的经纪代理服务和个人收益。另一方面，房地产交易委托人并不能随时随地地监督房地产经纪人是否努力工作，委托人也不知道经纪人是否真正拥有全面的专业知识和市场信息。房地产交易委托人和房地产经纪人双方都存在隐瞒信息的可能。

不对称的信息包括两种情况，一是非对称行为发生的时间，二是非对称信息的内容②。从非对称行为发生的时间来看，分为事前非对称和事后非对称，研究事前非对称的委托代理关系模型为逆向选择模型，研究事后非对称信息的模型称为道德风险模型。从非对称信息的内容即参与人的行动和知识来看，研究不可观测行动的模型称为隐瞒行动模型，研究不可观测知识的模型称为隐瞒信息模型。房地产交易委托人和房地产经纪人在签订房地产经纪服务合同前后，都有可能存在信息不对称情况，既包括互相隐瞒信息的情况，也存在隐瞒行动的情况。按照非对称发生的时间和信息的内容可以将委托代理关系模型划分如表 8－1 所示的类别。

---

① 尼科尔森．微观经济理论：基本原理与扩展．北京：北京大学出版社，2015.

② 张维迎．博弈论与信息经济学．上海：上海人民出版社，2008.

表 8-1 委托代理关系模型隐瞒行动和隐瞒信息的类别

		非对称信息的内容	
非对称发生的时间		隐瞒行动	隐瞒信息
	事前		①逆向选择模型 ②信息传递模型 ③信息甄别模型
	事后	④隐瞒行动的道德风险模型	⑤隐瞒信息的道德风险模型

8.1.2.2 隐瞒信息的逆向选择模型①

逆向选择，或不利选择，是在委托人与代理人在建立委托代理关系之前，由于市场信息不对称而导致的一种市场失灵现象。代理人事先就已掌握某些委托人不了解并可能对其不利的信息，即私人信息，代理人利用信息优势鉴别建立使自己效用最大化的合同；而委托人则由于信息劣势而处于不利于自己做出选择的位置上。以保险市场中的逆向选择为例，在保险市场上，保险公司不清楚每个人的风险概率，不能根据风险来区分投保人，因此只能以风险的平均概率为基础设置保险费率。而投保人知道自己的风险概率，在这一保险费率的价格水平上，高风险投保人将多买保险，而低风险投保人则会少买保险，甚至不买保险而退出市场，最终高风险投保人把低风险投保人赶出保险市场，从而导致风险承担均衡配置的无效率。

在逆向选择模型中，“自然状态”下②代理人在工作经验、真才实学、专业知识等方面存在差别，这些信息是代理人的私人信息，委托人处于不利的决策地位（因为信息非对称）；代理人利用委托人难以观察到的私人信息和私人行动，选择是否与委托人签订合同（见图 8-5）。

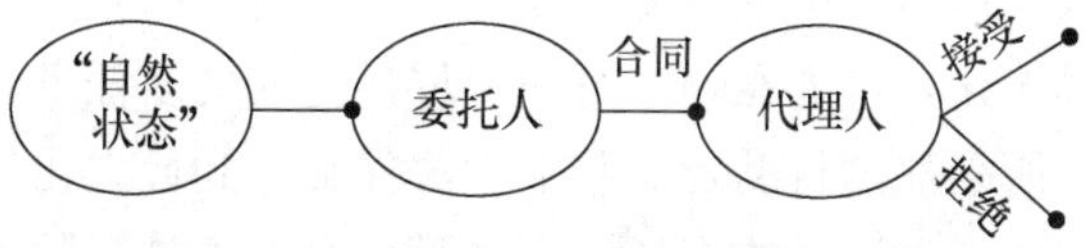

图 8-5 逆向选择模型

在房地产交易经纪服务市场中，逆向选择模型有两种表现。一是房地产交易委托人对不同佣金水平的经纪人的选择。经纪人凭其所掌握的信息与知识设定服务佣金，委托人并不清楚经纪人的信息搜寻量和专业知识水平，因此其倾向于选择市场平均佣金水平的经纪人，最终高水平经纪人被逐出市场。二是经纪人对房地产交易委托人预期价格的影响。房地产是一种特殊商品，其交易价格在一定程度上受人为主观因素的影响；在信息不对称的市场中，委托人虽然可以对房产价格有所预期，但其最终价格往往与经纪人协商确定；在

---

① RASMUSEN E. Games and information：an introduction to game theory. Oxford：Blackwell Publishing，2007：161.

② 在信息经济学中，“自然”指的是决策者所面对的外部环境，“状态”指的是外部环境未来的一种可能结果。由于外部环境未来的不确定性，每种状态都有一个发生的概率，“自然状态”便指外部环境演变的最终结果。举例而言，代理人根据行动能力划分类型，则一个市场中同时存在高行动力代理人和低行动力代理人，委托人与其中一位代理人签订合同，该代理人既可能是高行动力者（状态 A），也可能是低行动力者（状态 B），代理人的行动能力高低由“自然”选择，最终结果即为“自然状态”。

此情况下，经纪人为了自身利益最大化，可能会利用信息优势做出相对于市场价格偏低或偏高的决策，使委托人利益遭受损失。

为了解决逆向选择问题，经济学家提出五种解决因信息不对称导致的市场失灵问题，抵消质量不确定性的影响，即保证书、品牌、连锁经营、许可证制度、信息披露与中介制度①。这些制度对于房地产经纪行业都非常有效。

8.1.2.3 隐瞒行动和隐瞒信息的道德风险模型②

道德风险也称败德行为，是指经纪人在使自身效用最大化的同时，损害委托人或其他经纪人效用的行为③。当不确定性和信息非对称性同时存在时，道德风险问题随之出现。委托人与经纪人签署委托代理合同后，当委托人面临信息不对称时，经纪人可以采用隐瞒行动和隐瞒信息使自己的收益最大化，产生败德行为。这一过程使经纪人获利，而使委托人利益受到损害。在隐匿行动的道德风险模型下，经纪人与委托人签订委托代理合同后，可以自行选择是否努力工作，这一行动是委托人无法观测到的。经纪人的行动与“自然状态”共同决定最终结果。由于存在信息的非对称性和外部环境的不确定性，委托人只能观测到最终结果，但无法获知经纪人行动和市场环境等信息。（见图 8-6）。

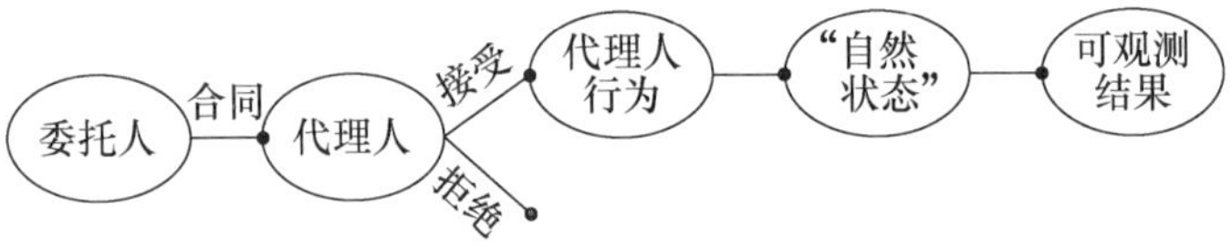

图 8-6 隐瞒行动的道德风险模型

在房地产交易市场中，隐瞒行动的道德风险模型表现为经纪人对工作的消极态度。一方面，在签订经纪服务合同后，房地产经纪人可以选择努力工作或不努力工作，可能不会尽心尽力寻找房源信息，最后令房地产交易委托人在交易中的效用降低；另一方面，经纪人为了追求自身利益最大化，可能在固定时间内尽量完成更多任务，而房地产交易委托人无法直接观察到经纪人所采取的行动，其利益无法保证达到最大化。

房地产市场是典型的信息不对称市场。在隐瞒信息的道德风险模型下，委托人可以观测到经纪人的工作进展以监督其行动，但由于市场环境的不确定性以及信息收集的高额成本，委托人无法了解真实准确的“自然状态”。但是，经纪人可以凭借自己的专业知识和所掌握的信息观测到“自然状态”，从而具有信息优势。因此，为了自身利益最大化，经纪人可能隐瞒关键市场信息，致使委托人利益受损。（见图 8-7）。在这种情况下，委托人要设计一个激励合同以诱使代理人在给定“自然状态”下选择对委托人最有利的行动（如如实报告“自然状态”）。

在房地产交易市场中，隐瞒信息的道德风险模型多表现为经纪人对房地产交易委托人的隐瞒信息行为。经纪人的佣金报酬往往与最终的成交价格有关，房地产交易委托人所付购房金额越高，经纪人得到的报酬就越多，因此其有隐瞒信息的动机——为了自身利益而

---

① 乌家培，谢康，肖建华. 信息经济学. 2版. 北京：高等教育出版社，2007：239-241.

② RASMUSEN E. Games and information：an introduction to game theory. Oxford：Blackwell publishing，2007：162.

③ 同①.

不向房地产交易委托人提供对房地产交易委托人更加有利的房源客源信息。房地产交易委托人处于信息劣势，无法判断经纪人传递信息的准确性。例如，市场中存在一个购房者，其预期房产的平均市场价格为100万元，而经纪人为得到更多报酬会隐瞒市场的真实信息，仅向该购房者提供销售价格为120万元的房源信息，导致资源并未得到优化配置。

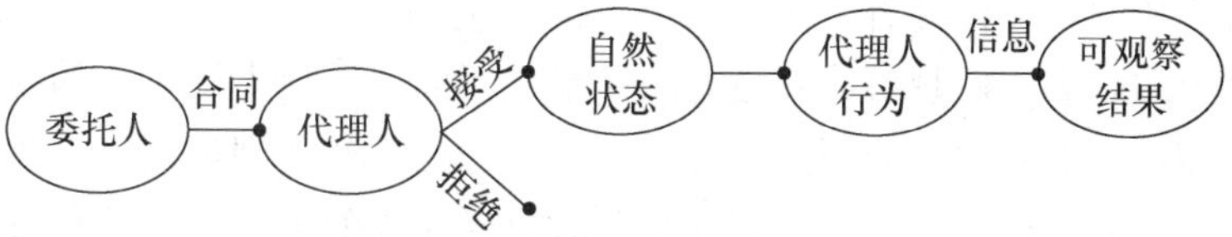

图8-7　隐瞒信息的道德风险模型

委托人也有隐瞒信息的动机。比如，一名房地产交易委托人所售房产存在产权纠纷，但其并不向经纪人提供这一影响房产交易的信息；再比如，房地产交易委托人通常也会向经纪人隐瞒房屋曾经发生凶杀案的情况。为了提高信息对称性，房地产经纪人在签订房地产经纪服务合同之后需要制作房屋状况说明书，严格勘查代理的房产，避免房地产交易委托人隐瞒信息所带来的潜在风险。

在房屋租赁市场上，房地产经纪人编造假房源招揽承租人，会导致两个后果：一是承租人被经纪人欺骗后对房地产经纪服务失去信心，二是优质房源业主宁可空置也不会委托经纪人提供经纪服务。最终的结果是导致房屋租赁市场秩序混乱，政府不得不加强监管①。

安林和阿诺特②认为，经纪服务合同主导房地产经纪市场，而佣金率与委托人、代理商、房屋类型、地区和经济状况这些因素之间表现出显著的一致性。在考虑到道德风险和逆向选择的标准模型后，研究发现他们基本上否定了房地产经纪人房地产经纪佣金合同的普遍性，因为标准的委托代理理论忽略了合同设计中的鲁莽性和合同复杂性的成本。然而，即便是最简单的合同，佣金合同也无法有效地分担风险，或无法为房地产经纪人和代理商提供合适的激励，并且这使得市场上老牌的成熟的房地产代理商相较新兴品牌更有优势，也消除了佣金合同的多样性。

8.1.3　房地产经纪委托代理关系的形成条件与特征

房地产市场有其特殊性：一方面，不同于一般商品市场，房地产市场中的供给者与需求者都具有庞大的规模且位置相对分散，不同个体之间的利益诉求难以匹配；另一方面，房地产交易对于独立个体而言并不频繁发生，而一旦发生又往往伴随着繁杂的交易流程和巨额的资产转移。在此情况下，房地产经纪人作为信息优势一方，与缺乏房地产市场信息的房地产交易者建立委托代理关系，撮合成交房地产交易，就成为必然。房地产交易委托人与房地产经纪人之间的房地产经纪委托代理关系的形成，需要具备以下两项基本

---

① http://www.mohurd.gov.cn/zxydt/202001/t20200121_243682.html.

② ANGLIN P, ARNOTT R. Residential real estate brokerage as a principal-agent problem. The journal of real estate finance and economics, 1991 (4).

条件[①]：

第一，房地产经纪人和房地产交易委托人都是相互独立的个体，都寻求在约束条件下的效用最大化。

房地产经纪人与房地产交易委托人的行为目标都是实现自身效用最大化，因此这一条件也隐含着这样的假设，即两者之间的利益可能发生相互冲突[②]。在委托代理关系中，代理人努力或付出的越多，就越可能有更好的结果。然而，委托人最关心的是结果，代理人对此却不感兴趣，也就是说，委托人关心如何将委托的房产卖到最高价，代理人关心的是如何将房子卖出去完成代理行为；代理人最关心自己付出的努力并因此获得最大报酬，委托人却没有直接的兴趣[③]。

"相互独立的个体"，意味着房地产交易者与房地产经纪人都具有独立的谈判、立约和履约的行为能力。由于房地产经纪委托代理关系是一种契约关系，意味着房地产交易委托人与房地产经纪人双方为了各自利益，会尽可能保证契约各方权利、责任以及风险分配的明确，双方通过讨价还价等博弈行动，形成双方可能签署的房地产经纪服务合同。

"寻求在约束条件下的效用最大化"，意味着房地产交易委托人和房地产经纪人都希望在委托代理关系中实现各自效益最大化，同时房地产交易委托人的收益受房地产经纪人私有信息的影响，换言之，委托人不得不因代理人的决策或行为而承担一定的风险，有可能遭受损失[④]。就房地产经纪人而言，能够向房地产交易委托人提供可供选择（比如多个房源信息）并可能被选择（看中其中一套房源信息）的一项预定行为，且该行为既影响其自身收益（佣金数量），也影响房地产交易委托人的收益（房子卖出高价）。就房地产交易委托人而言，委托人具有给付报酬（佣金）的能力，并拥有规定付酬方式和数量的权力。房地产交易委托人需要与房地产经纪人签订房地产经纪服务合同，约定佣金数量，并通过合同来观察和约束房地产经纪人的行为。而房地产经纪人的报酬是房地产交易委托人观察到的委托代理行为结果的函数，亦即房地产经纪人的佣金收益与房地产销售价格具有函数关系。

第二，房地产经纪人和房地产交易委托人都面临市场的不确定性和风险，二者均处于信息不对称状态。

一般情况下，房地产交易市场是具有不确定性和风险的，不同时期不同地区的房地产价格存在差异，房地产价格离散性很强，且房地产估价也包含一定程度的房地产估价人员的主观判断，而一般的房地产交易委托人对房地产市场缺乏专业知识，二者之间存在显著的信息不对称情况。

就房地产交易委托人而言，他不能直接观察到房地产经纪代理人的具体操作行为，不能保证其完全按照合同要求开展房地产信息搜寻和撮合服务工作，故存在风险。也就是说，房地产经纪人接受房地产交易委托后，是独立开展房地产经纪服务工作，房地产交易委托人没有办法直接监督或者说监控房地产经纪人的工作状况，不能观察到房地产经纪人

---

① 乌家培，谢康，肖建华．信息经济学．2版．北京：高等教育出版社，2007：165-166．

② 陶长琪．信息经济学概论．北京：机械工业出版社，2009．

③ 任勇，李晓光．委托代理理论：模型、对策及评析．经济问题，2007（7）．

④ 赵耀华，蒲永健．博弈论与经济模型．北京：中国人民大学出版社，2010．

的行动。因此，房地产交易委托人就其委托的房地产交易事项，存在着房地产经纪代理人能否按照经纪合同服务标准完成交易、获得收益的风险。房地产交易委托人也不能完全根据对房地产经纪人的代理行为的观察结果来判断房地产经纪人的成绩。例如，房地产交易委托人委托出售房源价格为 100 万元，恰逢房地产市场供不应求，该套房屋以 110 万元出售。房地产交易委托人有可能认为房屋高价售出并不是房地产经纪人努力的结果，而是繁荣市场带来的高价格，故此，他认为房地产经纪人不应该获得与高价格出售相应的高佣金收入。

就房地产经纪人而言，他不能完全控制房地产市场信息收集和选择行为后的最终结果，即不能确定房地产交易委托人认可房地产经纪人的房源信息选择结果，并最终签订房地产交易合同而获得佣金。就总体而言，房地产经纪人选择行为的最终结果是一种随机变量，其分布状况取决于房地产经纪人的行为，如其努力程度。由于房地产交易委托人无法知道经纪人的努力程度，经纪人便可能利用自己拥有的房地产市场信息优势，谋取自身效用最大化，从而可能产生代理纠纷。在房地产交易委托代理关系中，房地产经纪人具有信息优势而房地产交易委托人掌握的信息处于劣势地位，当两者利益没有冲突时，例如交易房价越高房地产经纪人所获佣金越高，即水涨船高，即使信息不对称，代理纠纷也不会存在；而当房地产经纪人与房地产交易委托人的利益相互冲突时，经纪人便有可能从自身利益最大化的角度出发，利用信息优势损害房地产交易委托人的利益。

8.1.4　房地产经纪委托代理均衡合同的达成

8.1.4.1　房地产经纪委托代理均衡合同的形成过程

房地产交易委托人为了实现房地产交易，而与房地产经纪代理人签订收集房源信息（客源信息）的委托代理合同。房地产经纪人与房地产交易委托人签订的委托代理合同，可以看成是居于信息优势的房地产经纪人与处于信息弱势的委托人之间展开博弈的结果，他们通过讨价还价和相互退让，最后达成了双方关于经纪服务事项和佣金的可接受合同，以及在这个合同约束下的双方行动。如果双方通过博弈结果，是任何一方都不能通过改变自身战略而提高其效用，那么这个战略组合就被称为纳什均衡点，这时双方达成的合同称为均衡合同。

假定房地产市场上，委托人 A 打算委托房地产经纪人 R 出售自己的房产，A 与 R 之间就房产销售事项签订房地产经纪服务合同。双方约定，R 为 A 收集一定数量的购房人信息，按照 A 希望的销售价格将房产销售出去，A 支付 R 双方约定的佣金。在这个房地产经纪委托代理关系中，A 希望将房产以最高的价格销售出去，同时支付 R 更高的佣金，这刺激 R 为 A 寻找愿意出高价的购房人。这样，R 在追求自身效益最大化的同时也实现了 A 的效用最大化。

但是，房地产交易委托人 A 与房地产经纪人 R 能达成房地产经纪委托代理均衡合同吗？他们面临什么困难呢？这些困难包括：(1) A 怎样才能找到或者选择到一个最佳房地产经纪人？这个房地产经纪人是否符合委托人的标准（例如拥有教育背景良好、专业知识扎实、执业经验丰富，诚实勤勉尽责等良好素质）。（2）A设计怎样的经纪服务合同（核心是A支付房地产经纪人R佣金的数额、时间和方式），才能激励房地产经纪人R为其房子卖出最高价？（3）当R将房子卖出最高价后，A怎样才能划分出房子卖出最高价是源于房地产经纪人R的努力，而不是外部市场的原因？从而确定合理的支付给R的佣金。（4）A与R签订的房地产经纪服务合同，该合同如果不能刺激R实现自身效用最大化，即R的努力不能成为其负效用而损害R的利益。假如R花费8 000元成本为A找到了1 000条购房者信息，A支付R佣金9 000元，R在寻找购房者信息过程中因过度劳累生病而支付医药费1 500元。这样算下来R虽然为A找到了满意的信息，但其总效用为负值。因此，A与R签订的房地产经纪委托代理合同中，如何确定对双方都有利的条款，是双方讨价还价商议的核心之一。

根据信息经济学的一般原理，委托人与代理人达成委托代理均衡合同的条件概括为参与约束和激励相容。激励相容是指代理人以行动效用最大化原则选择具体的操作行动，同时使委托人效用最大化；参与约束是指具有“自然”干涉的情况下，代理人履行合同责任后所获收益不能低于某个预定收益额①。具体到房地产经纪委托代理关系，激励相容是指房地产经纪人追求个人利益（获得高佣金）之个人的行为（经纪服务活动），正好与房地产交易委托人和房地产经纪人共同实现价值最大化的目标相吻合的制度安排，换言之，房地产经纪人以追求经纪服务行为效用最大化原则选择具体的操作行动，同时也要为委托人找到最佳的房子或为房子卖出最高价；参与约束是指房地产经纪人履行合同责任后所获收益不能低于某个预定收益额，也就是说房地产经纪人获得的佣金总额不能低于其在相等成本支出条件下从其他委托人处获得的收益水平。

房地产经纪委托代理关系中的参与约束和激励相容说明，房地产经纪人以行动效用最大化原则选择具体的经纪服务行动，其获得预期效用最大化（获得最高额佣金）的同时，也保证房地产交易委托人预期收益最大化（房子卖高价或买到好房子）。参与约束和激励相容的结果是房地产交易委托人与房地产经纪人达成均衡合同，双方效用最大化，消除了由私人信息（委托人隐瞒房源状况或信用状况、经纪人隐瞒服务经验不足）所带来的欺诈行为，并使委托人和经纪人双方都说真话、办实事。

8.1.4.2 房地产经纪委托代理合同的实现基础

委托人与代理人之间的信任关系构成市场经济的灵魂，没有对委托代理均衡合同的信任就难以有发达的市场经济②。在房地产市场上，房地产经纪服务的委托代理合同的信任体现在两个方面：一是对委托代理合同的承诺和自觉遵守；二是房地产经纪人的敬业精神——勤勉尽责③。也就是说，房地产交易委托人要按照房地产经纪人的工作量支付足额

---

① 乌家培，谢康，肖建华．信息经济学．2版．北京：高等教育出版社，2007：170.

② 同①172.

③ “勤勉尽责”是中国房地产估价师与房地产经纪人学会2013年发布的《房地产经纪执业规则》对房地产经纪人执业要求之一。该规则第六条规定：“房地产经纪机构和人员应该勤勉尽责，以向委托人提供规范、优质、高效的专业服务为己任，以促成合法、安全、公平的房地产交易为使命。”参见：http://www.agents.org.cn/article/info-1411.html.

佣金，同时房地产经纪人完成的工作量要与房地产交易委托人佣金量相一致。如果彼此不信任，双方都要增加为了避免交易风险的信息搜寻成本。房地产交易委托人花费更多成本观察（调查）房地产经纪人的工作状况，房地产经纪人花费更多的成本勘查委托人房源或调查委托人信用状况。

在一个发育成熟的市场中，房地产交易委托人和房地产经纪人彼此之间的信任度要高于发育相对不成熟的市场。在中国，影响房地产经纪人诚信的各种指标中，房源信息真实性位居第一。为了吸引客户，房地产经纪人和房源信息发布平台不惜发布假房源①，监管部门要对假房源“真管”才能遏制不良交易，不能放任自流②。美国作为一个市场经济高度发达的社会，市场信息是高度透明的，在房地产经纪网络平台上发布房源的用户都是经过身份认证的③，发布假房源的可能性几乎为零。建立一个成熟的房地产经纪服务市场，需要包括房地产市场监管者、房地产经纪行业、消费者在内的所有参与者严格遵守市场经济规则，才能形成一个相互信任的市场环境。

8.2　房地产经纪委托代理关系中的激励机制

8.2.1　激励出发点

房地产交易委托人与房地产经纪人在房地产经纪服务合同中，既是一对追求集体效用最大化的合作共同体，也是一对有利益冲突的矛盾冲突体。房地产交易委托人与房地产经纪人之间的利益协调关系分别体现在：对于委托人来说，只有使房地产经纪人行动效用最大化，才能获得自身效用最大化的收益——房子卖高价，买到好房子；对房地产经纪人来说，其采取效用最大化的房源信息、客源信息搜寻活动和房地产交易撮合行为，必须获得委托人对其经纪服务劳动的有效激励——支付高佣金。换言之，房地产交易委托人为了使房地产经纪人采用效用最大化行动，双方的利益协调问题转化为对房地产经纪人的工作进行有效的激励，即信息激励机制的设计问题。所谓信息激励机制，就是通过对代理人的信息蒙蔽（驴子拉磨时蒙住眼睛）或信息引诱（驴子拉磨时在头部前方用竹竿挂一个胡萝卜），让代理人“自觉地”或“有干劲”地努力工作④。其中，信息引诱是信息经济学中要研究的激励范畴中的问题。

委托人可能以信息引诱（例如支付佣金）的方式，诱导代理人“自觉地”或“有干劲”地工作。由于房地产交易委托人与房地产经纪人之间信息分布的非对称性，在房地产经纪服务委托代理关系中，房地产经纪人作为代理人，可以在与委托人博弈的过程中通过

---

① 多家房源发布平台频频被约谈　假房源并未真消失.［2020－01－27］. https://house.focus.cn/zixun/d29619adf46eae78.html.

② 对房产中介发布虚假房源“没人管”要追问到底.［2020－01－28］. http://www.ce.cn/xwzx/gnsz/gdxw/201903/22/t20190322_31726645.shtml.

③ 需要在美国租房，可否介绍几个好用的网站?.［2020－01－27］. https://www.zhihu.com/question/37694208.

④ 乌家培，谢康，肖建华. 信息经济学. 2版. 北京：高等教育出版社，2007：175.

两条途径获取优势地位：第一，利用房地产交易委托人难以观察到的个人信息，如房地产经纪工作经验、房地产专业知识等获得信息优势，使委托人处于不利的策略选择地位；第二，利用房地产交易委托人难以观察到的私人行动，如是否努力寻找房源和客源、是否恰当刊登广告，而获得信息优势并谋取私利。房地产经纪人此时采取的私人行动，有利于获得自身利益，但可能损害房地产交易委托人的利益。例如，没有将委托人的优质房源信息广泛传播，让自己的亲朋好友以较低的价格在第一时间购买。

因此，房地产交易委托人需要与房地产经纪人协商一个好的利益协调机制，使房地产经纪人“自动自觉地”尽最大努力工作，避免房地产经纪人出现“隐瞒信息”和“隐瞒行动”，让其“说真话”“不偷懒”。房地产经纪委托代理关系中的激励目标如表 8-2 所示。

表 8-2 房地产经纪委托代理关系中的激励目标

博弈行动	机制	委托人的激励目标
房地产经纪人的隐瞒信息	恰当的激励机制	让房地产经纪人提供真实可靠的房源客源信息——“说真话”
房地产经纪人的隐瞒行动		让房地产经纪人勤勉尽责地搜寻房源客源信息——“不偷懒”

8.2.2 激励机制的模型

8.2.2.1 激励机制的一般模型

所谓激励，就是委托人使代理人在选择与不选择委托人标准或目标时，从自身效用最大化出发，自愿地或不得不选择与委托人标准或目标相一致的行动。图 8-8 是房地产经纪激励机制的框架模型。房地产交易委托人与房地产经纪人经过多轮博弈的讨价还价，房地产交易委托人希望以最小的成本实现预期效用最大化，那么委托人设计怎样的激励机制才能使双方达成的房地产交易委托代理合同，既能完成委托人房地产交易目标（房地产经纪服务合同中约定的事项）和全社会房地产资源优化配置目标，又能使二者获得自身效用最大化？

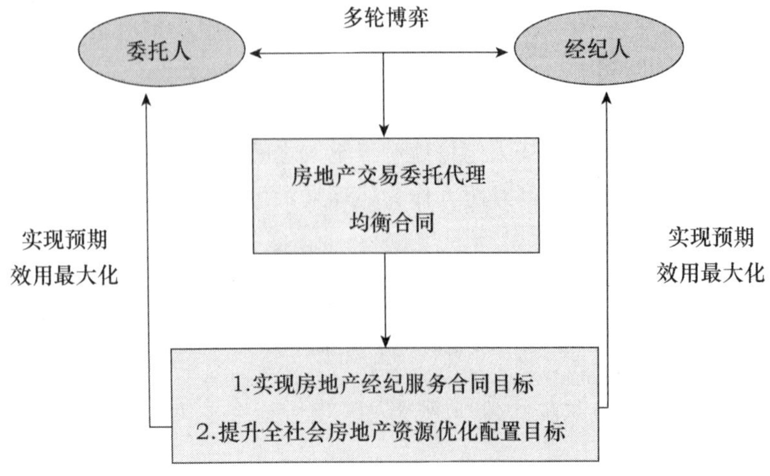

图 8-8 房地产经纪激励机制的框架模型

我们假设房地产交易人委托房地产经纪人销售一套其名下的不动产。委托人希望的房屋售价为 y，房地产经纪人信息收集工作量为 x，则这套不动产的售价是经纪人信息收集量的函数，即 $y=f(x)$。房地产经纪人的佣金收入为 s，则佣金收入为 $s(y)$，也就是说房价越高，经纪人的佣金也越高。委托人希望 $y-s(y)$ 最大化。假设房地产经纪人的信息搜寻工作成本为 $c(x)$，工作量 x 越大，信息收集成本越大。假设 u 为房地产经纪人效用（包括房地产经纪人基本的生存费用和经营成本）。于是，房地产经纪人选择工作量 x 的效用等于：

$$s(y)-c(x)=s(f(x))-c(x) \tag{8-1}$$

假设房地产经纪人有获得效用 u 的多种选择，如转行从事服装销售工作或者选择不工作，那么，房地产交易委托人设计的激励机制必须使房地产经纪人在这项房地产交易委托事项中获得的效用（佣金收入扣除其信息搜寻工作成本）至少等于其他可选择方案中可能获得的效用，即激励机制中的参与约束。其表达式为

$$s(f(x))-c(x)\geqslant u \tag{8-2}$$

在参与约束公式（8-2）下，委托人除了确定经纪人的某一工作量外，还需要激励房地产经纪人在既定参与约束下的最大剩余（也就是最高房价收益减去支付给房地产经纪人佣金后的剩余收益）劳动 x，

$$\max f(x)-s(f(x)) \tag{8-3}$$

要满足公式（8-2）的要求。一般情况下，假设佣金收入扣除信息搜寻工作成本刚好等于经纪人效用，即

$$s(f(x))-c(x)=u \tag{8-4}$$

将公式（8-4）代入公式（8-3），最终发挥房地产经纪人最大剩余劳动 x（使委托人最大化效用）的表达式为：

$$\max f(x)-c(x)-u \tag{8-5}$$

房地产经纪人依据净收益最大化选择最优的努力程度 x^*，就是房地产经纪人成本曲线和收益曲线斜率相等处，此时：

$$MP(x^*)=MC(x^*) \tag{8-6}$$

边际收益等于边际成本，x^* 为经纪人选定的最优工作量，也是委托人希望的代理人付出的努力程度①，房地产交易委托人的效益达到最大值（见图8-9）。

房地产交易委托人激励房地产经纪人的 x^* 工作量，需要满足的约束条件是：

$$s(f(x^*))-c(x^*)\geqslant s(f(x))-c(x) \tag{8-7}$$

公式（8-7）揭示了房地产交易委托人设计的房地产经纪人激励机制满足以下两个条件：第一，委托人必须使房地产经纪人得到总效用 u（基本的生存费用和工作成本），否

① 乌家培，谢康，肖建华．信息经济学．2版．北京：高等教育出版社，2007：180.

则房地产经纪人就会选择其他工作，甚至不工作；第二，委托人必须使房地产经纪人劳动 x^* 的边际产值等于边际成本。在 x^* 右侧，尽管房地产交易委托人的房屋出售价格还有上升空间，但房地产经纪人的工作成本上升更快，一个理性的房地产经纪人不可能为了委托人的收益而加大自身的成本支出。

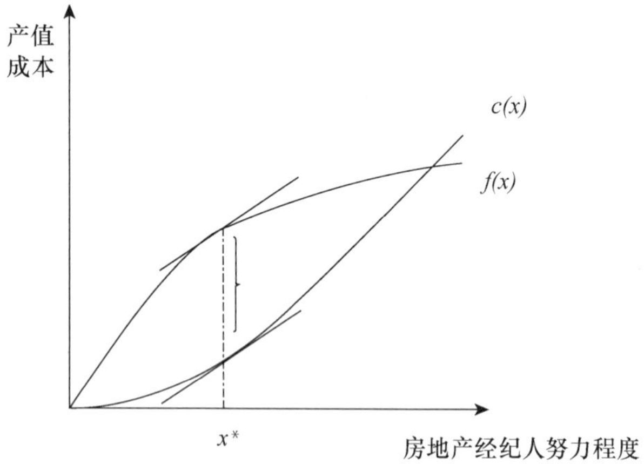

图 8-9　房地产经纪人激励模式一般模型

在房地产交易委托人和房地产经纪人之间信息不对称条件下，上述信息激励机制，能够避免房地产经纪人隐瞒信息和隐瞒行动，达到委托人与经纪人之间激励相容。

8.2.2.2　激励机制的四种模式

实践中，房地产交易委托人将房屋买卖或租赁事项全权委托给房地产经纪人后，委托人除了定期听取经纪人关于委托事项办理进展的报告，并不实际参与经纪人具体操作工作。委托人不能观察到经纪人的努力程度和实际能力。同时，由于我国从业的房地产经纪人90%都没有考取注册房地产经纪人或房地产经纪人协理执业资格证书，委托人不能通过查看其是否拥有执业资格证书来判断其服务能力和专业水平，这便加重了房地产经纪委托代理服务的信息非对称性。因此，房地产交易委托人在不能实际观察到房地产经纪人劳动量和劳动水平的前提下，支付给他的佣金只能是一种推测。我们在这里分析四种典型房地产经纪激励模式，也就是委托人佣金支付方式的可能选择。

1. 固定售（买）价

我们假设委托人与房地产经纪人约定以固定售价 P 销售其名下一套房产。房地产经纪人的劳动量为 x，房价是 $f(x)$，佣金收入 $s(f(x))$，成本是 $c(x)$，则房地产经纪人的佣金收入为

$$s(f(x))=f(x)-P \tag{8-8}$$

参与约束决定了房地产经纪人的佣金收入。由于房地产经纪人总效用必须等于 u：

$$u=s(f(x))-c(x)=f(x)-c(x)-P \tag{8-9}$$

存在 x^* 使 $MP(x^*)=MC(x^*)$，$f(x^*)-c(x^*)$ 最大，P 为某一定值，此时房地产经纪人总效用 u 最大化，即

$$\max u = f(x^*) - c(x^*) - P \tag{8-10}$$

由于房地产经纪人的工作量 x 与找到愿意以 P 价格购买房屋的人是一个随机变量，意味着房地产经纪人不得不承担随机因素引发的所有风险。在这种模式下，房地产经纪人不偷懒，但其承担风险，该模式是一种低效率的激励机制。具体而言，由于委托人总效用为定值 P，其收益并不会受到自然状态的影响；而经纪人总效用为 $f(x)-c(x)-P$，当 x 取某一值 x_a，使得 $f(x_a)-c(x_a)-P \geqslant 0$ 时，经纪人的收益至少不低于成本，此时经纪人倾向于努力工作；可当 x 取另一值 x_b，使得 $f(x_b)-c(x_b)<P$ 时，经纪人总效用为负，即其付出的成本大于佣金报酬，风险由经纪人承担。换言之，只有当经纪人努力到一定程度时，其效用才可能为正；在某些特殊情况下，$f(x^*)-c(x^*)-P<0$，即最优选择 x^* 也无法使得总效用 u 不小于 0，此时委托人效用必然会有损失。因此，房地产经纪人要么为了获得风险较小的收入，而放弃一部分剩余利润（没有努力工作到 x_a），要么与委托人协商，要求其降低房屋售价 P。

2. 固定佣金

我们假设委托人与房地产经纪人约定出售其名下的房产，支付给经纪人的佣金为一个固定佣金 k 和与房源或客源数量相挂钩的佣金提成 $W(x)$，则房地产经纪人的总收入为

$$s(x) = W(x) + k \tag{8-11}$$

房地产经纪人的最优选择为 x^*，在考虑参与约束和房地产经纪人工作成本的基础上，房地产经纪人最大化收入为

$$\max W(x) + k - c(x) \tag{8-12}$$

在信息对称情况下，委托人知晓经纪人的工作时间和信息收集质量，在这种模式下，房地产经纪人努力工作，体现多劳多得。但在信息不对称条件下，委托人对经纪人收集的房源和客源信息质量难以判断，房地产经纪人不能保证委托人的收益，即不能保证每条信息都是质量好的，委托人风险变大。委托人作为卖方，其最终收入为 $f(x)-s(x)=f(x)-W(x)-k$，对 $f(x)$ 和 $W(x)$ 求导，若 $f'(x)<W'(x)$，则随 x 的增加，委托人的收入反而减小，此时委托人的效用无法达到最优。假设委托人是买方，由于经纪人在此激励机制下缺乏区别信息质量的动力，因此其收益亦无法得到保证，也就是无法保证买到符合委托人偏好的好房子。

3. 目标工作量

假设委托人与房地产经纪人协商一个机制，只要房地产经纪人搜寻到一定数量的房源或客源，就可以获得佣金额度 B^*，意味着只要房地产经纪人的工作水平达到 x^*，房地产经纪人就会获得佣金 B^*。扣除工作成本，则经纪人收入（效用）为

$$u = B^* - c(x^*) \tag{8-13}$$

在这种模式下，委托人的收益与房地产经纪人工作时间密切相关。在信息不对称条件下，房地产经纪人的佣金收入取决于信息收集量，房地产经纪人承担了更大风险，该模式并非一种高效的激励机制。亦即，房地产经纪人如果不能完成既定的工作量，便不能获得佣金额度；而且完成既定信息搜寻任务的成本可能要高于最终所得佣金。当然，委托人也

承担一定风险，在房地产经纪人工作水平达到 x^* 时，也就是 $x=x^*$ 时，其便不再有做出更多努力的动机。房地产经纪人的偷懒行动，使委托人效用不一定达到最大化。

4. 分成制

为了分析委托人以分成制作为激励机制的可行性，我们首先假设双方信息对称，房地产经纪人与委托人双方按一定比例从收益（售价或买价）中获得各自的利润。假设房地产经纪人佣金采用 $s(x)=\alpha f(x)+F$，其中 $\alpha<1$，F 为常数，房地产经纪人佣金收入最大化：

$$\max \alpha f(x)+F-c(x) \tag{8-14}$$

求导后，得到房地产经纪人选择工作量 x^*，得到

$$\alpha MP(x^*)=MC(x^*) \tag{8-15}$$

委托人的收益为

$$f(x)-s(x)=(1-\alpha)f(x)-F \tag{8-16}$$

在信息对称条件下，这时经纪人的工作量 x^* 并不能实现委托人和经纪人效用最大化，不符合公式（8-6）的要求。分成制在信息对称条件下不是一个有效的激励机制，经纪人承担了更多的风险。

在信息不对称条件下，房地产经纪人和委托人共同承担了房地产市场环境不可控、房价变动带来的波动风险，且委托人不需要观察经纪人的工作状况和工作绩效。在这种模式下，委托人的收益与房地产经纪人工作业绩密切相关，既对房地产经纪人产生激励，又使经纪人不必承担工作总量波动带来的风险。因此，分成制相对于其他房地产经纪激励模式而言，对于房地产经纪人和房地产交易委托人而言是最佳的激励机制。

知识链接 8-1

佃农理论

有关激励机制的研究最早起源于张五常的一篇博士学位论文。1965 年，在美国加州长堤大学的张五常在图书馆查阅资料时，发现中国台湾农业资料即中国台湾土地改革的一些情况与现有的经济理论存在矛盾之处，这引起了他的浓厚兴趣，随后完成现代契约经济学的开山之作《佃农理论》。张五常认为，地主与佃农之间的契约类型有三种：一是地主获得固定的租金，而剩余给予佃农，这一情况下佃农承担了全部风险，而地主获得无风险的收入；二是地主获得剩余，佃农获得固定的收入，此情况恰恰相反，地主承担全部风险，而佃农获得固定的无风险收入；三是地主与佃农之间按固定的比例获得土地上的产出，地主与佃农之间分摊风险。由于农业生产的风险很大，产出受不可预知的气候变动的影响亦很大，因此不同的契约类型会产生不同的结果。这也给予之后的委托代理理论重要启发。

8.2.3 佣金模型

8.2.3.1 房地产经纪佣金制度的四种方式（以卖方独家代理为视角）

1. 固定费率佣金

房地产交易委托人与房地产经纪人签订的房地产经纪服务合同中的佣金，采用固定费率佣金作为佣金支付方式。固定费率佣金即百分比佣金（fixed percentage commission，FP），指的是卖方根据房屋售价支付给经纪人所定百分比的佣金。佣金表达式为 $F=\alpha P$，$0<\alpha<1$，F 是佣金，P 是房屋交易价格，α 是佣金费率。在这种佣金模式中，卖方可以提出一个最低可接受价格（minimum acceptable price，MAP）。经纪人搜寻到的买方出价低于这个价格时，卖方有权拒绝出售。根据卖方是否提出 MAP，固定费率佣金可以分为有 MAP 的百分比佣金和无 MAP 的百分比佣金。

在房地产经纪实务中，夏伊[①]指出，房屋卖主与其雇佣的房地产经纪人之间产生的利益冲突会使房屋买方受益而非卖方，并且只有当卖方在不得不低于预期价格出售房屋时，卖方使用房地产经纪服务才能改善房屋卖出价格受损的情况。这种利益冲突不仅在房地产经纪业市场中普遍存在，在一些其他可提供类似经纪人服务的市场中也极为常见。例如，在一些涉及法院裁决的经济案件中，律师所收取的费用与最终案件判决结果的金额成一定比例，而非固定费用。研究结果表明，假设只有一名经纪人获得全部佣金，即使在一种可以完全由房地产经纪人决定房屋售出价格的极端情况下，当下的佣金率仍然超过卖方的价值最大化率。而且，在这种情况下，更高的佣金会促使经纪人提高房屋售出价格，并延长了预期的房屋出售时间。

房地产经纪代理人和交易委托人的委托代理关系会在房屋挂牌销售过程中发生变化。克劳雷蒂和达内什瓦里[②]指出，随着合同即将到期，经纪人会为完成销售而付出更多努力，以求吸引更多潜在买家，并存在更高报价的可能。当然，经纪人也可以说服卖方降低预期价格。使用美国内华达州克拉克郡的房屋销售数据进行研究，发现如果物业在合同即将到期时出售，则价格会更低。结果表明，价格降低的比例与距离合同到期日的时长有关，约为每月 0.5%。

2. 固定费额佣金

固定费额佣金指的是在房地产交易委托人与房地产经纪人签订经纪服务合同时，约定房地产交易达成后房地产经纪人获得一份固定数额的佣金。佣金表达式为 $F=R^*$，R^* 是固定费额。具体数额可以在签订房地产经纪服务合同时确定，与房屋售价无关。固定费额佣金也可以分为有 MAP 的固定佣金和无 MAP 的固定佣金。可以设想，委托人为保护自己的利益，防止房地产经纪人的偷懒行为，委托人一般都会签订有 MAP 的固定佣金合同。

---

① SHY O. Real estate brokers and commission：theory and calibrations. The journal of real estate finance and economics，2012 (45)：982-1004.

② CLAURETIE T，DANESHVARY N. Principal-agent conflict and broker effort near listing contract expiration：The case of residential properties. The journal of real estate finance and economics，2008 (37)：147-161.

3. 底价销售佣金

底价销售佣金指的是在签订房地产经纪服务合同时，委托人与房地产经纪人确定一个销售底价，房屋售出后，卖方得到销售底价，房屋售价超出底价的部分作为佣金补偿给经纪人，卖方无须支付其他佣金。佣金表达式为 $F=P-P'$，其中 P 是房屋交易价格，P' 是房屋销售底价。这种佣金模式有两个关键点：一是约定的房屋销售底价是一个房地产经纪人能接受的、能以此价格将房屋销售出去的最高价格，因为房地产经纪人只有找到愿意高于此价格购买房产的购房人才能获得差价作为佣金，实现自身效用最大化；二是该模式有利于激励房地产经纪人不偷懒，勤奋工作。

4. 固定百分比加差额提成佣金

固定百分比加差额提成佣金，指的是在签订房地产经纪服务合同时，委托人与房地产经纪人首先确定一个销售底价，然后约定：(1) 如果销售价格低于销售底价，房地产经纪人的佣金按照确定的固定费率计算佣金。佣金表达式为 $F=\alpha P$，$0<\alpha<1$；(2) 如果销售价格高于销售底价，房地产经纪人佣金包括两个部分：一部分为底价与百分比的乘积；另一部分为售价超出底价部分的房地产经纪人与委托人的分成。佣金表达式为 $F=\alpha P+\beta(P-P')$，其中 β 为双方对差价部分的分成比例。

总结以上四个佣金模式，每一种模式对房地产经纪人和房地产交易委托人的风险和收益的影响均有较大差异。其中最后一个固定百分比加差额提成佣金激励方式，不仅委托人和经纪人共同承担风险，而且因为有销售收入的提成作为佣金，这会更加激励经纪人“自动自觉地”采取行动，不需要委托人观察其私人行动。从这四种模式中可以进一步看出，影响房地产经纪人佣金的因素有两个：有无 MAP 和是否超出 MAP。如果存在 MAP，房地产经纪人则与委托人共享收益并承担风险。而没有 MAP，经纪人风险小，但收益也小，经纪人可能会“懒于”（降低成本支出，保证一个可接受效用）开展信息搜寻工作。对委托人来说，有 MAP 一方面保障了自身的最低效用，但也存在因为设定了较高的 MAP 导致房屋无法售出的风险（经纪人搜寻成本加大，降低效用最大化，而不愿意开展信息搜寻工作），尽管可预期的收益很大。当然没有设定 MAP，委托人的收益肯定无法得到有效保障，经纪人会以最小的成本投入获得一个可接受效用来采取私人行动，不会为了委托人的高房价收益而增加投入，最佳的工作量投入就是公式（8-6）中所确定的 x^*。

8.2.3.2 房地产经纪佣金模型分析（以卖方独家代理为视角）

1. 房地产经纪佣金制度的一般模型

假设委托人委托房地产经纪人出售其名下房产，房屋交易价格 P 是房地产经纪人接触潜在买者的函数，k 是经纪人搜寻买方的数量，则

$$P=p(k) \tag{8-17}$$

定义 F 是经纪人佣金，委托人的净收入 N 的表达式为

$$N=p(k)-F \tag{8-18}$$

定义房地产经纪人每次搜寻行为成本为 c，则变动总成本为 kc；固定成本为 D，则房地产经纪人净收入 E 的表达式为

$$E=F-D-kc \tag{8-19}$$

为了研究房地产经纪人佣金的影响因素，假设房地产经纪人为自己销售房子，则房地产经纪人（委托人）的净收益 N 为

$$N=P-kc-D \tag{8-20}$$

对其求偏导，得出

$$N'=\delta P/\delta k-c \tag{8-21}$$

为使 N 达到最大值，需满足 $N'=0$ 这一条件，则上式经处理可得

$$\delta P/\delta k=c \tag{8-22}$$

因此，房地产经纪人的最大净收益是其提高努力程度带来的边际销售价格提高与边际成本增加相等的点，即图 8-10 中所示的点 A。

2. 百分比佣金制度分析

百分比佣金制度可以按照有 MAP 和无 MAP 两种情况进行分析。

首先，在无 MAP 的百分比佣金情况下，假设 α 是委托人与经纪人签订的房屋销售经纪服务合同中确定的佣金百分比，经纪人收入的最大化：

$$\max E=\alpha p(k)-D-kc \tag{8-23}$$

对经纪人佣金求导数，得出

$$\delta P/\delta k=c/\alpha \tag{8-24}$$

$$(\delta P/\delta k)*\alpha=c \tag{8-25}$$

根据公式（8-25），房地产经纪人净收益最大的那个点就是经纪人提高努力程度带来的边际价格乘以佣金百分比 α，并与房地产经纪人边际成本增加相等的点，即图 8-10 中的点 B。可以看出，百分比佣金的比例 α 与委托人和房地产经纪人的利益相关联（见图 8-10）。

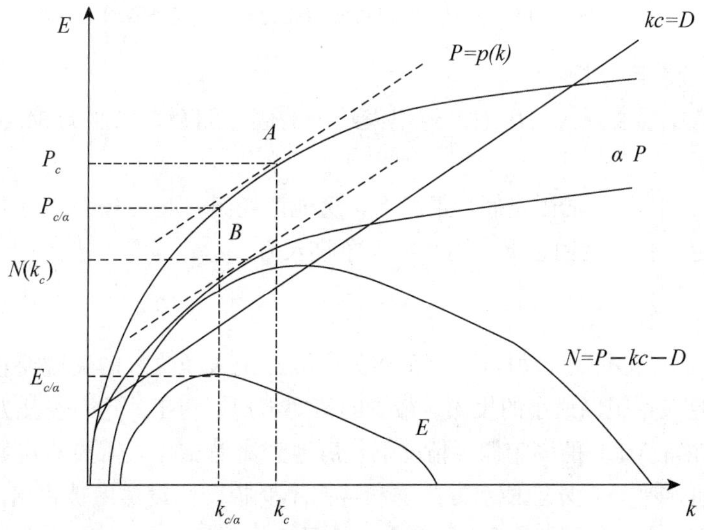

图 8-10　房地产经纪百分比佣金收益平衡（无 MAP）

但在该情况下，房地产经纪人希望以最小的投入，付出最少的努力将房屋售出，不管房屋售价是否有可能卖出最高价，因此无 MAP 的百分比佣金制度对委托方十分不利。

进一步，我们分析当有 MAP 的百分比佣金情况下，就是委托人与房地产经纪人约定了一个销售底价时（一般情况下，理性的委托人不会约定一个较低的 MAP，往往是高于市场平均价格），房地产经纪人需要付出更多的成本才能实现卖方的 MAP。这时，房地产经纪人需要与委托人讨价还价，确定一个可接受的销售底价，即 G。

对委托人而言，MAP 过低，委托人利益损失，可以拒绝出售；对房地产经纪人而言，MAP 过高，房地产经纪人努力程度增加，成本加大，减少了其净收益，拒绝接受委托。因此，委托人与房地产经纪人需要协商一个双方可接受的销售底价。

如果 $G \leqslant P_{c/\alpha}$，房地产经纪人最优努力程度为 $k_{c/\alpha}$，可以达到最大净收益，这时设定的 MAP 对经纪人没有影响；如果 $G > P_{c/\alpha}$，房地产经纪人如果接受 MAP，必须付出更大的搜寻成本才能找到愿意支付高于市场价格的那个购房人，从而使其净收益呈下滑趋势（见图 8-11）。

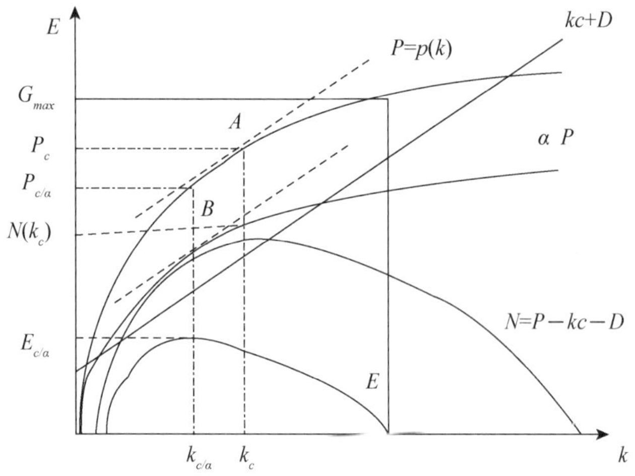

图 8-11　房地产经纪百分比佣金分析（有 MAP）

3. 固定佣金制度分析

针对房地产交易委托人与房地产经纪人约定的固定佣金，按照无 MAP 和有 MAP 两种情况进行分析。

第一种，在无 MAP 的固定佣金情况下，房地产经纪人与委托人签订的房地产经纪服务委托合同约定支付固定佣金 F，则经纪人净收入为

$$E = F - kc - D \tag{8-26}$$

由于 D 是固定成本，变动成本 kc 就成为影响经纪人净收入的关键要素。在这种情况下，房地产经纪人希望以最小的投入、最少的努力将房屋售出。这对委托方十分不利。

第二种，在有 MAP 的固定佣金情况下，房地产交易委托人需要与房地产经纪人确定一个合理的售价水平 G，才能使双方经济利益都不受损。假设房屋被售出的概率是 π，房屋未来价值的现值是 pv，则委托人（卖方）的目标方程是

$$\max N = \pi G - kc - D + (1-\pi)pv \tag{8-27}$$

分别对 G、k 求偏导后，得出

$$\delta\pi/\delta G = -\pi/c \times \delta\pi/\delta k \tag{8-28}$$

由结果可知，边际售价水平 G 和边际努力程度 k 对售出概率的影响正相反，售价水平越高，售出概率就越小；经纪人努力程度越大，售出概率就越大。委托人最大净收入为

$$\max N = \pi(G-F) + (1-\pi)pv \tag{8-29}$$

房地产经纪人将从自身利益最大化角度决定努力程度，并影响到房屋售出概率，即

$$\pi = \pi(G, F) \tag{8-30}$$

房地产交易委托人需要与房地产经纪人协商 MAP 和佣金才能保证实现其收益。房地产经纪人与卖方在 MAP 和佣金之间协商时，房地产经纪人会根据自身利益最大化决定努力程度，当然也会考虑不动产被销售出去的概率情况。

本章小结

1. 房地产经纪委托代理关系的形成有两个基本条件：第一，房地产经纪代理人和房地产交易委托人都是相互独立的个体，都寻求在约束条件下的效用最大化；第二，房地产经纪代理人和房地产交易委托人都面临市场的不确定性和风险，二者之间掌握的信息处于不对称状态。一般而言，只要在建立或签订某项合同前后，市场参与者双方所掌握的信息不对称，这种经济关系就可以被认为是委托代理关系。

2. 当市场中的一方有另一方不知道的信息如与自身相关的“内部信息”时，即存在不对称信息现象。房地产交易委托人和房地产经纪代理人在签订房地产经纪服务合同前后，都有可能发生信息不对称，既包括互相隐瞒信息的情况，也存在隐瞒行动的情况。根据隐瞒内容非对称发生的时间，可将委托代理关系模型划分为隐瞒信息的逆向选择模型、隐瞒行动的道德风险模型和隐瞒信息的道德风险模型三种类型。

3. 房地产交易委托人为了实现房地产交易，而与房地产经纪代理人房地产经纪服务委托代理合同。委托代理合同的达成可以看成是居于信息优势的房地产经纪人与处于信息劣势的委托人之间展开博弈的结果。达成委托代理均衡合同的条件可概括为参与约束和激励相容。

4. 在不同的房地产经纪激励模式中，房地产经纪人分成制的激励机制效用最优；而在具体的佣金制度上，无论采用百分比佣金制还是固定佣金制，销售底价的设置更能保障委托人的利益。

关键术语

委托代理理论　　委托代理关系　　隐瞒行动　　隐瞒信息　　逆向选择　　道德风险

参与约束　激励相容　委托代理均衡合同　激励机制　佣金模型

复习思考题

1. 请分析房地产经纪委托代理关系的内涵。
2. 请分别列举房地产委托代理关系中隐瞒行动和隐瞒信息的实际案例。
3. 分析房地产经纪委托代理关系中的逆向选择模型。
4. 请分别列举隐瞒信息和隐瞒行动的道德风险模型的实际案例。
5. 简述房地产经纪委托代理关系的形成条件与特征。
6. 房地产交易委托人怎样使房地产经纪人“说真话”“不偷懒”?
7. 为什么说信任是实现房地产经纪委托代理合同的基础?
8. 房地产交易委托人怎样使房地产经纪人“自觉有干劲地工作”?
9. 论述房地产市场中的信息不对称现象及问题。
10. 论述房地产委托代理均衡合同达成过程中的激励机制的一般模型。
11. 比较分析房地产经纪激励机制的四种模式。
12. 比较分析房地产经纪佣金制度的四种方式。
13. 什么是固定百分比加差额提成佣金?相对于其他佣金制度而言其有何特点?
14. 分析房地产经纪佣金制度的一般模型,并对百分比佣金制度和固定佣金制度进行比较分析。

参考文献

[1] 张维迎. 博弈论与信息经济学. 上海:上海人民出版社,2008.

[2] 周云,倪莉,盛承懋. 房地产经纪实务. 南京:东南大学出版社,2008.

[3] 伯利,米恩斯. 现代公司与私有财产. 北京:商务印书馆,2005.

[4] 陶长琪. 信息经济学概论. 北京:机械工业出版社,2009.

[5] 赵耀华,蒲永健. 博弈论与经济模型. 北京:中国人民大学出版社,2010.

[6] 蔡岩兵. 新编信息经济学. 北京:中国经济出版社,2018.

[7] 过仕明. 信息经济学. 北京:清华大学出版社,2018.

[8] 沃尔特·尼科尔森. 微观经济理论:基本原理与扩展. 北京:北京大学出版社,2015.

[9] 陈燕,屈莉莉. 信息经济学. 大连:东北财经大学出版社,2017.

[10] 乌家培,谢康,肖建华. 信息经济学. 2版. 北京:高等教育出版社,2007.

[11] 汪贤裕,颜锦江. 委托代理关系中的激励和监督. 中国管理科学,2000 (3).

[12] 任勇,李晓光. 委托代理理论:模型、对策及评析. 经济问题,2007 (7).

[13] 张孝梅. 委托人与代理人的目标冲突及融合. 北京:首都经济贸易大学,2011.

[14] ARROW K. Economic welfare and the allocation of resources for invention. NBER chapters,1962 (12).

[15] AKERLOF G A. The market for "lemons": quality uncertainty and the market mechanism. The quarterly journal of economics, 1970 (88).

[16] ROSS S A. The economic theory of agency: the principal's problem. American economic review, 1973, 63 (2).

[17] JENSEN M C , MECKLING W H . Theory of the firm: managerial behavior, agency costs and ownership structure. Journal of financial economics, 1976, 3 (4).

[18] OLIVER H. Corporate governance: some theory and implications. The economic journal, 1995.

[19] RASMUSEN E. Games and information: an introduction to game theory. Oxford: Blackwell Publishing, 2007.

[20] ANGLIN P , ARNOTT R. Residential real estate brokerage as a principal-agent problem. The journal of real estate finance and economics, 1991 (4).

[21] SHY O. Real estate brokers and commission: theory and calibrations. The journal of real estate finance and economics, 2012 (45).

[22] CLAURETIE T, DANESHVARY N. Principal-agent conflict and broker effort near listing contract expiration: the case of residential properties. The journal of real estate finance and economics, 2008 (37).

第9章

美国房地产经纪行业

本章导读

在美国房地产市场交易中，新房交易的占比大约在15%，85%左右的房地产交易是二手房交易，而在二手房交易中90%左右的交易是在房地产经纪人员的协助下完成的。房地产经纪人员通过其规范和专业化的服务在提高房地产市场交易效率、促进房地产交易安全、促进房地产经纪行业以及房地产市场健康发展方面发挥着积极的作用。在美国房地产经纪行业的发展过程中，多重房源上市服务系统（Multiple Listing Service，MLS）的建立和普及、特许加盟连锁经营模式的推广、房地产经纪法律体系的不断完善以及卓有成效的行政管理与行业自律并行的行业管理模式的实施，特别是房地产经纪行业协会及其不断完善的自律管理制度发挥了非常重要的作用。

知识结构图

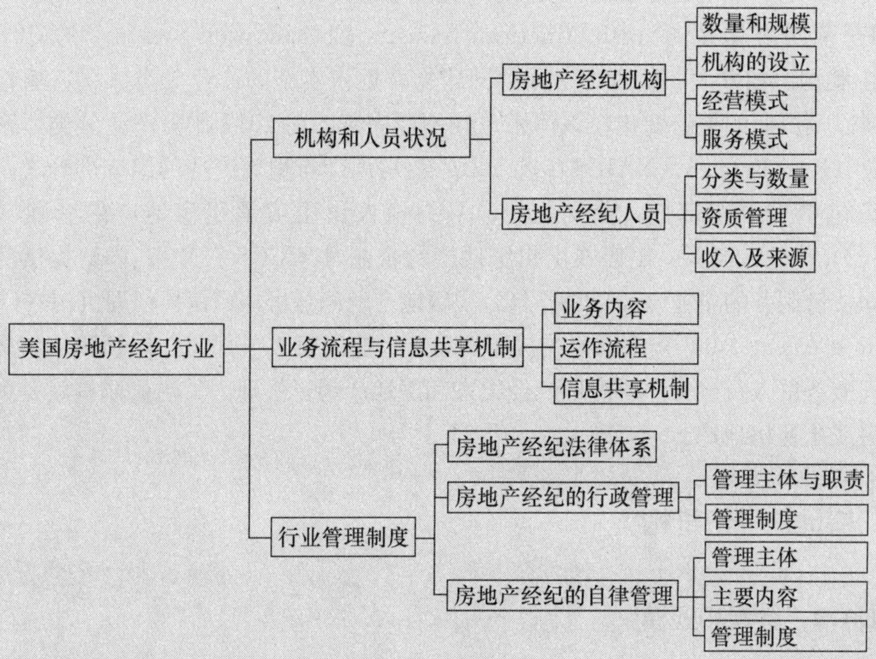

重点问题

- 美国房地产经纪机构的设立
- 美国房地产经纪人的资质管理
- 美国房地产经纪机构的经营模式和服务模式
- 美国房地产经纪业务流程与信息共享
- 美国房地产经纪法律体系的核心内容
- 美国房地产经纪行政管理的基本制度
- 美国房地产经纪行业的自律管理

9.1　美国房地产经纪机构和人员状况

在美国，职业房地产经纪人员的出现可追溯至 19 世纪 80 年代，而整个房地产经纪业的发展则起步于 20 世纪五六十年代所设立的众多小型房地产经纪公司，随着房地产市场的不断繁荣，房地产经纪公司不断通过开设分店拓展业务。不同门店之间、不同公司之间共享房源信息、共同合作以提升交易效率的需求由此产生，多重房源上市服务系统（Multiple Listing Service，MLS）的雏形初现。随着房地产经纪行业法律体系的逐步建立和完善，行业行政管理与行业自律管理的有机结合，MLS 的建立与逐步推广，行业规则、服务流程特别是佣金分配规则的不断细化，加上房地产经纪机构经营模式和服务模式的不断创新，美国房地产经纪行业人员数量快速增长，经营模式更具特色、行业管理更加规范，对促进美国房地产市场的健康发展发挥着积极作用。

北美产业分类体系（North American Industry Classification System，NAICS）是在1997年由美国、加拿大、墨西哥三国共同建立并逐步实施的产业分类体系，随着社会经济的发展以及产业的更新变化，该体系也在不断完善。在2017北美产业分类体系中，房地产产业（Real Estate）（NAICS Code 531）是房地产与租赁产业的组成部分之一，房地产行业又包括三个子部门，分别为：(1) 为他人出租或承租房地产的企业（NAICS 5311）；(2) 为他人购买、出售或出租房地产的企业（NAICS 5312）；(3) 提供房地产相关服务如估价服务的企业（NAICS 5313）。房地产经纪与房地产销售代理机构（Offices of Real Estate Agents and Brokers）构成了房地产产业的第二子部门。该领域从事房地产经纪与代理服务的人员分为注册房地产经纪人和房地产销售代理，其主要职责就是为他人购买、出售或出租房地产。

9.1.1 房地产经纪机构

9.1.1.1 数量和规模

2018年美国劳工统计局的统计数据显示：2018年全美房地产经纪与销售代理机构共12万余家，其中99.99%为私营企业。从私营房地产经纪与代理机构在各州的分布来看，加利福尼亚州企业最多，有17 804家，占比为14.83%；其次是佛罗里达州有15 531家，占比为12.94%；排在第三的是得克萨斯州有7 982家，占比6.65%。在美国，房地产经纪行业实行独立经纪人的运作模式，因此整个房地产经纪行业是以小型独立公司为主导，企业规模多为小型独立公司；房地产机构的平均雇员人数为2.67人①。

9.1.1.2 机构的设立

在美国实行房地产经纪从业人员的许可证制度。房地产经纪人只要持有房地产经纪人（broker）许可，就可以发起设立房地产经纪机构。设立房地产经纪机构，首先是向政府企业登记部门提出申请，登记部门通过政府间计算机管理系统确认其许可的真实性后，便可获准登记，不需要注册资本，企业存续期间发生的一切责任都由发起设立房地产经纪机构的房地产经纪人承担。也由此，在美国，“broker”这个单词不仅指房地产经纪人，也指其设立的房地产经纪机构在美国MLS平台非常成熟，房地产经纪人只要加入行业协会便可使用该系统。

9.1.1.3 经营模式

在美国，接近90%的存量房交易是由房地产经纪人员参与协助完成的。新建住宅通常是由开发商自己组建销售团队进行销售。购买新建住宅的消费者可以直接去售楼处购买新

① https://data.bls.gov/cew/doc/titles/industry/industry_titles.htm.

房，也可以通过房地产经纪人员进行购买。凡是通过房地产经纪人员与售楼处销售人员接洽并登记需求信息的购房者，如果在规定期限内（一般为90天）完成了购房，虽然该经纪人只是完成引荐工作，房地产开发商仍需要付给该经纪人佣金。美国的房地产经纪机构以独立公司为主体，其中有30%～40%的公司会选择采用特许加盟的形式，加入某一连锁机构。大规模的房地产经纪机构一般都选择特许加盟的方式扩大其企业规模，特许加盟连锁是美国房地产经纪行业的一大特点。

9.1.1.4　服务模式

根据美国各州许可法的要求，从事房地产买卖活动的经纪人员必须考取政府颁发的从业许可，并挂靠一家房地产经纪机构，方可从事房地产买卖代理等业务。其他无许可的任何个人和企业均不得从事房地产买卖代理业务。

在服务模式上，大部分公司采用独立经纪人合同制。房地产独立经纪人是指专门从事房地产买卖经纪或代理业务，考取许可证的自雇经纪人（self-employment）。房地产经纪机构与其经纪人员之间是一种合作关系，基于所签订的独立合同（independent contractor argreement）开展工作。

从表面上看，房地产经纪人的工作状态确实是“独立的”，采取的是不受时间、地点约束的工作方式，代理销售房屋只要在规定时间内向MLS上传所有信息即可。但是，为了管理控制，每一个房地产经纪人的从业许可都必须挂靠在某一房地产经纪机构名下，所签的所有合同，包括买卖合同、房源代理合同等，必须以该机构的名义签订，而且所签的每一份合同和过户文件等都必须经其所在机构的所有者或其授权人确认并在该机构备案。

房地产销售代理受雇于某一房地产经纪机构，他们之间需要签订劳动合同。代理的房地产交易达成后，该房地产经纪机构需要向该房地产销售代理支付一定比例的佣金。

在美国，房地产经纪人员为卖方提供经纪服务的模式有多种，在这里主要介绍三种常见的模式：

（1）独家销售（exclusive right to sell），即如果房地产开发商或业主与房地产经纪人签订了独家销售合同，则该房地产经纪人就拥有了该待售项目或待售房屋的独家销售权。签订了独家销售合同后，不论该项目或该房屋是通过该房地产经纪人提供的服务销售出去的，还是房主自行将该项目或房屋卖掉的，只要是在合同有效期内，销售委托人都必须向房地产经纪人支付约定的佣金。

（2）独家代理（exclusive agency），即由一家房地产经纪机构独家代理销售该房屋，在这种协议下，尽管房地产经纪人有独家销售该房屋的权利，与独家销售的不同，如果卖主在合同有效期内自行找到买主，则无须付给房地产经纪人佣金。

（3）开放式销售（open listing），即卖主选择多家房地产经纪机构，给这些房地产经纪机构平等竞争的机会，谁卖掉房屋则由谁获得佣金。在这种合同有效期内，业主仍可保留自己销售该房屋的权利，若自销成功，则无须支付佣金给房地产经纪机构。以上三种服务模式由卖主自行选择。一般来说，房地产经纪机构都希望以独家销售的方式来为卖方服务。

美国房地产经纪佣金一般为房屋成交价的6%。在房地产经纪实务中，为了规避风险，房地产经纪人完成房地产经纪业务后，佣金由房地产经纪机构收取，再按房地产经纪机构与房地产经纪人之间约定的比例进行分配，实际促成交易的房地产经纪人是不经手佣金的。通常来讲，房地产经纪人通常可以得到佣金的50%～90%，具体比例由房地产经纪机构的所有者或其授权者决定。为了保障交易资金的安全，执业规则要求房地产经纪机构必须开立特别信用账户，专门用以存放业主和客户的资金。

在美国，随着房地产经纪业的发展，越来越多的购房人和售房人觉得传统的经纪服务佣金过高，因此一些新的非传统的房地产经纪服务模式逐步出现，如全方位服务的折扣经纪人（full-service discount brokers）、收费服务经纪人（fee-for service brokers）、虚拟办公室网站经纪人（VOW Brokers），以及专门向自行销售房屋的卖方提供广告和其他服务的网站（websites that provide advertising and other assistance to sellers who choose not to use a broker）等。

9.1.2 房地产经纪人员

9.1.2.1 分类与数量

美国房地产经纪人员实行二级制，一级是销售代理，二级是房地产经纪人。两者的相同之处在于都需要考取相应的从业许可，都可以为客户提供房地产经纪服务；不同之处在于销售代理不能独立开业、独立从事经纪活动，只能被独立的房地产经纪人或房地产经纪机构雇佣，给房地产经纪人当助手，而房地产经纪人必须从销售代理开始，具备一定年限的销售代理经验后，才能参加房地产经纪人的从业许可考试。此外，在美国房地产经纪机构工作人员中，除了房地产经纪人和销售代理外，还有一些人是没有执照的，主要承担文秘等工作，例如处理文件寄送、客户洽谈的安排，但这些人的工作职责不涉及与交易有关的内容，包括带看、价格谈判、洽谈客户等等。

2018年美国劳工统计局的统计数据显示：2018年，全美房地产经纪人与销售人员的就业岗位有46.55万个，其中房地产经纪人职位9.62万个，房地产销售代理的职位36.93万个。

根据2018年全美房地产经纪人协会的年度报告①，在2018年，全国房地产经纪人协会的新成员不断增加，从2017年3月的122万人增加到2018年4月的130万人。从成员构成来看，65%的成员持有销售代理许可，21%的成员持有房地产经纪人许可，其他许可占比为24%；从成员的隶属情况来看，有49%房地产销售代理受雇于独立公司，45%的房地产销售代理受雇于销售代理机构，其他情况占6%左右；从成员从事的业务来看，70%的房地产经纪人员专门从事住宅交易的房地产经纪业务；从成员的性别比例来看，在房地产经纪人中女性比例为53%，在销售代理中女性比例为62%；典型成员具有10年的从业经历，拥有25年从业经验的成员占16%，20%的成员从业经验少于1年。80%的房地产经纪人认为在未来的2年中依然会留在该行业。

---

① 2018全美房地产经纪人协会会员概况，NAR Member Profile 2018.

9.1.2.2　资质管理

美国实行房地产经纪人员资质管理制度，要求房地产经纪从业人员必须接受一定的房地产职业教育并获得执业许可证。虽然在美国各州许可法的要求不尽相同，但基本要求是一致的。

一般来说，取得销售代理许可的一般条件是：年满 18 周岁的自然人，具有高中文凭，修完一定数量规定的房地产相关课程并通过考试。

取得房地产经纪人许可的一般条件是：年满 18 周岁的自然人或法人，具有大学学历以及 1～3 年房地产销售代理的实际工作经验，修完一定数量的规定课程并通过考试。

在美国，通过美国房地产经纪人考试是一件有难度的事情。一个人参加和通过销售代理考试通常需要三四个月的时间，参加和通过房地产经纪人考试则需要花上一年的时间。考试通过取得相应许可后，还不能马上执业，首先必须选择一个房地产经纪机构，提出挂靠申请；申请获批后，还须经所挂靠的房地产经纪机构到许可颁发部门注册后才能开始执业；且以后还得定期（一般为 2～4 年）到许可颁发部门参加继续教育，进行续期注册。有的州还会要求重新参加考试。在美国房地产经纪人员的许可持有情况都是向大众公开的，政府会定期公布。

为保证房地产经纪人员的专业水准和服务质量，房地产经纪人每年还要参加进修和考试，接受再教育。一般来讲，许可证每 4 年必须申请重新换发。另外，有些州可能对参加房地产经纪人员许可考试的考生还有一些额外的要求，例如必须通过背景调查等①。凡有犯罪记录或其他不良记录的人是没有资格参加房地产经纪人或销售代理考试的。在美国，每位房地产经纪人都有自己固定的营业场所和服务区域，除非两州之间有协议，否则一州的房地产经纪人是不能到另一州从事房地产经纪业务的。

9.1.2.3　收入及来源

从全美房地产经纪人协会提供的数据来看，2017 年协会中房地产经纪人的中位数总收入（从房地产活动中获得的收入）为 39 800 美元，较 2016 年的 42 500 美元有所下降。房地产销售代理的中位收入为 29 440 美元，较 2016 年的 33 750 美元亦有所下降。从收入来源来看，76%执照房地产经纪人收入中的 50%～100% 来自其所提供的房地产经纪服务。房地产经纪人和销售代理的收入情况如表 9-1 所示：

表 9-1　房地产经纪和销售代理人的收入（未计税金及支出）比例分布　（%）

收入（美元）	经纪/经纪协理	销售代理
低于 10 000	13	33
10 000～24 999	9	15
25 000～34 999	7	9
35 000～49 999	8	10

① https://www.bls.gov/ooh/sales/real-estate-brokers-and-sales-agents.htm#tab-4.

续表

收入（美元）	经纪/经纪协理	销售代理
50 000～74 999	13	11
75 000～99 999	11	7
100 000～149 999	15	7
150 000～199 999	6	3
200 000～249 999	5	2
250 000 以上	11	3
中位数收入（美元）	75 000	27 220

数据来源：2018 全美房地产经纪人协会会员概况，NAR Member Profile 2018.

在美国，房地产经纪人员对房地产市场的发展预期良好。预计房地产经纪从业人员将保持稳定增长。2018 年全美房地产经纪人协会调查数据也显示：80%的房地产经纪成员明确表示他们在未来两年会继续留在这个行业，这一比例相对稳定，表明房地产经纪从业人员对市场发展持乐观态度。

9.2 美国房地产经纪机构业务流程与信息共享机制

9.2.1 房地产经纪机构业务内容

房地产经纪机构主要是为了取得佣金收入为他人租赁、购买和出售物业。其具体服务内容主要包括：

（1）从潜在的售房者处获得房源，在房源销售过程中协助售房者确定要价，进行广告宣传，将房源在 MLS 中挂牌和展示，为潜在购房者进行所售房屋的介绍和展示；

（2）协助潜在购房者选择、看房、查验和撰写购房要约；

（3）为客户提供市场环境、价格、抵押贷款、法律要求等相关问题的咨询和建议。

（4）协助买卖双方拟定房地产交易协议或合同；

（5）承接客户出租或承租物业的委托，为其提供相应的出租或承租经纪业务。

9.2.2 房地产经纪机构运作流程

美国的房地产经纪行业有着独特的管理制度和运作模式，交易过程非常规范，因此在消费者心目中的信任程度也比较高，一般情况下，房地产的出售与购买，特别是住宅的交易，都会委托房地产经纪机构，由房地产经纪人员协助完成。

9.2.2.1 卖方服务流程

第一步，如果卖方选择雇用房地产经纪人员，而不是自己出售房屋，则需要在广泛选择的基础上，最终在房地产经纪人员列表中选择一个房地产经纪人员。

第二步，卖方与房地产经纪人员签订房地产代理销售（挂牌）协议，该协议通常应明确销售的时间限制、挂牌价格、其他销售条件以及在规定的时间内卖出房屋后卖主应向挂牌经纪人支付的佣金比例或具体数额等。

第三步，房地产经纪人员将房源信息在其公司内部和外部发布，并将房源信息以及如何补偿合作经纪人（买方经纪人）的信息一同上传至 MLS，分发给所有的合作经纪人，由合作经纪人告知其代理的潜在购房者。

第四步，找到合适的买方后，协助卖方完成交易。

9.2.2.2 买方服务流程

在房地产经纪服务中，与买方合作的经纪人通常被称为“合作经纪人”或“买方经纪人”。合作经纪人通常根据买方的需求从符合买方偏好的可用房源库中寻找合适房源，并带潜在买方看房，向他们提供有关该地区可比房屋的销售信息，为潜在买家提供融资咨询和房屋出价的建议，最后协助完成交易。

以购买新建住房为例，房地产经纪人员协助买方购房一般包括以下几个流程[①]：

第一步是了解买方的购房需求，然后为委托人介绍和展示他现已掌握的房源情况和相关资料，包括每幢房屋的区位示意图、所在居住区的总体布局图、每幢房屋的平面图以及周围环境和配套情况等。委托人对这些资料进行比较后初步选择他有意向的房子，并在房地产经纪人员的陪同下做实地勘察，选择他觉得满意的房子。

第二步是洽谈价格。如果委托人认为房屋的价格偏高，可以告知房地产经纪人员其所能承受的最高价格，房地产经纪人转告开发商并代为商洽，一般在 3 天后，商洽结果就会出来，告知开发商是否同意降价。

第三步是委托人支付购房定金并提出内部装修要求。在美国，新建住宅的装修一般是在买房者交了购房订金后，买方在合同规定范围内提出其装修要求，由开发商根据买方的要求进行个性化装修。

第四步是正式签约。美国的购房合同内容条款较为完善，目的是保证不会发生买卖纠纷。房地产经纪人还会代委托人到公证公司办理合同公证，主要是确认所买房屋和土地的合法性，以保证产权的明晰，之后还要到当地房地产注册部门办理注册登记以及过户手续。

9.2.3 信息共享机制

美国的房地产经纪行业实行信息共享机制，使用 MLS 系统，这是从 19 世纪房地产经纪人员的每周面对面交换信息的工作传统发展转变而来的，是由许多房地产经纪机构共同建立的房源信息共享系统，该系统汇集并传播特定地理区域内可出售房屋的信息，通常由该区域全美房地产经纪人协会的分支机构进行运营与维护。

参加系统的每一位成员均采用独家销售的方式和客户签订委托合同，然后由全美房地

---

① 陈江燕. 感受北美房地产经纪. 经纪人，2005（5）.

产经纪人协会将此信息进行汇编，定期向参加此计划的全体成员共同推广，然后按一定的比例分享房地产经纪业务佣金。通过在 MLS 上发布房屋信息，一方面，房地产经纪人可以将其营销给大量潜在买家；另一方面，合作经纪人同样可以通过搜索 MLS，为购房者提供该地区所有符合购房者住房需求的房屋信息。

MLS 是房屋信息的主要来源，因为它们包含有关给定区域除业主自行出售房屋外的几乎所有待售房屋的实时信息。房地产中介协会要求其会员在接受房屋销售委托后的短时间（24～72 小时）内将房源信息在 MLS 上发布。MLS 中的房源信息主要包括：房屋的详细情况、要价、分配给合作经纪人的佣金比例以及上市经纪机构和经纪人的相关信息等。

MLS 的会员不仅可以根据详细条件搜索和筛选房屋，包括房屋特征信息、邻里信息、房屋报价，历史销售记录和上市时间，还可以根据 MLS 中的房地产交易数据库为客户提供有关可比房屋的销售信息，使其可以更准确地对房屋进行估价或确定要价。

MLS 访问权限的设定提高了从业者的准入门槛。比如，美国进入前 100 名的 MLS，会要求凡有权限进入系统内的经纪人，都必须是当地房地产经纪人协会的注册会员。包括全美房地产经纪人协会在内的行业协会，向旗下会员提供的 MLS，会按照一定比例收取费用。同时，由于 MLS 中都是独家代理的房源，一套房子的交易周期可能长达数月，由此，造成当地房地产经纪交易量相对低效。

9.3 美国房地产经纪行业管理制度

美国房地产经纪行业管理采取的是政府行政管理与行业自律管理相结合的管理模式。在这种模式下，政府与行业协会分工明确，各司其职。其中，特别有特色的是其行业协会的自律管理方式，行业协会虽然没有法律或政府授权的管理职能，但却通过其服务职能，如 MLS 上市服务，促进房地产经纪人与政府、立法机关的沟通与协调等，寓管理于服务之中，极大地促进了房地产经纪行业的整体运作效率。此外，美国房地产经纪行业管理非常重视对房地产经纪人的信用和违规处罚的管理，为维护房地产经纪行业的整体形象和声誉发挥了重要作用。美国房地产经纪人员具有较高的社会地位，而其经济收入之高，在发达国家或地区中也是非常突出的，这都与其相对健全、完善的房地产经纪行业管理是分不开的。

目前，美国各州政府多数都设有专门机构对房地产经纪行业进行管理，主要职责是制定有关管理规则，管理房地产经纪机构的设立，房地产经纪人与销售代理从业许可的发放，审定执业资格考试及教育训练的内容，审批从事执业课程教育的学校的资格，处理房地产交易客户的投诉等。各州政府还设有调查机构和专门的监管机构负责调查和处理违规执业案例。

9.3.1 房地产经纪法律体系

在美国，房地产经纪方面的法律法规涉及行业准入、颁发许可、行业监管、衍生服务、金融按揭或体系保障等各个方面，但各州的法律法规有所不同。

美国宪法是美国联邦和州政府制定房地产经纪法律的基础①，房地产交易过程中会涉及多部法律，如环境保护法、破产法、消费者保护法、遗产法、婚姻法等等。本着各州的地方事务由州政府解决的原则，美国宪法将立法的权力下放给了各州政府。房地产经纪法律法规中很大一部分都是州层面的。由于考虑到联邦政府管理各地商业活动的权力，通常各州在制定相关法律时会借鉴和沿用联邦法律的相关条款。

美国房地产经纪人的基本管理法规由联邦政府统一制定，各州可根据联邦法规视本州具体情况制定本州的管理法规。基本法规主要有《联邦法》《许可法》《合同原则》《普通代理法》《专业伦理法》等。其中，《许可法》最为严密，它规定了发给房地产经纪人执业许可所需的标准与资格，以此保证从业人员的专业水平，保证消费者的权益，并避免房地产经纪人员受到不公平对待与进行不公平竞争。各州房地产委员会大多会依据其许可法，制定较为详细的施行细则，如房地产委员会的职权以及从业者的经营理念与原则等。总体来说，美国房地产经纪制度立足于健全的法律法规之上，并同时以职业伦理规范强化从业者自律，从而促进了房地产经纪行业的健康发展。

9.3.2 房地产经纪行业的行政管理

9.3.2.1 房地产经纪管理主体与职责

美国各州政府多数都设有专门的机构对房地产经纪行业进行管理，它们的名称和组织方式有所不同。如加利福尼亚州为房地产部（Department of Real Estate），肯塔基州、得克萨斯州则为州房地产委员会（State Real Estate Commission），有些州还有其他不同的名称。以肯塔基州的房地产委员会为例，该委员会由5名委员组成，由州长任命，均为资深的专业人士。委员会下设教育及许可部、法律事务部和行政管理部。

州房地产委员会是房地产经纪业的直接管理机构，负责房地产经纪人与销售代理许可的颁发与管理，房地产交易客户的投诉，以及对执业房地产经纪机构、房地产经纪人及房地产销售代理有关经纪活动的行政管理，等等。在房地产经纪人和销售代理执业资格考试中，该委员会负责审批培训的学校和相关课程，并审查执业资格考试的内容，等等。

房地产委员会的具体管理职责包括：发布关于房地产经纪人和销售代理管理的规则和规章；负责房地产经纪人和销售代理的许可颁发与管理；审查牌照申请人资格，审查培训课程内容以及考试内容；审批有关学校从事课程教育的资格；研究与房地产经纪人活动有关的法律法规；行使有关房地产法律赋予的职能，管理房地产经纪活动。

9.3.2.2 房地产经纪管理制度

1. 许可证制度

对欲入行的从业人员进行严格的资格审选是美国房地产经纪人员制度管理的重要手

① KARP J，KLAYMAN E. Real estate law. 7th edition. Dearborn real estate education，2006.

段，房地产经纪人员从业采用许可证制度，通过规定核发房地产经纪人员许可所需的标准和资格，来维持房地产经纪行业一定的专业水准，从而保障买卖双方的权益。美国于1917年由加利福尼亚州首先制定了《不动产交易许可法》，之后各州纷纷效仿，也制定了各州的许可法规，明确规定了入行从业标准。房地产经纪人员的资格可由各州授予，同时各州房地产委员会或房地产部除了有权发给经纪人员许可外，还负责执行房地产法规并向领有许可的人员或社会大众提供有关房地产方面的资料和信息，其执法的方式有三种：一是拒发许可，二是扣留许可，三是吊销许可。同时，委员会或部也可以视房地产经纪纠纷案情的严重程度向法院提起诉讼。

以加利福尼亚州为例，房地产经纪机构只能在营业执照上登记的办公地址从事经纪业务，如果经纪机构要开设分店，必须办理分店许可。业务运营中使用的公司名称事先要经州房地产部批准，并且必须与执照上注册的名称一致。房地产经纪机构雇用销售代理或者房地产经纪人，必须在5天之内向加州房地产局报备，解聘也必须在5天之内向加州房地产局报备。房地产经纪机构须管理在本机构下从业的所有房地产经纪人员的许可，到期有义务提醒房地产经纪人员更新许可，并且经纪机构不得聘用无许可或许可过期的从业人员。如果房地产机构的所有者在许可存续期间注册或重新考试未获通过，该机构或者倒闭，或者重新更换所有者。

2. **继续教育制度**

取得许可后，房地产经纪人每年还要接受继续教育并参加测试，执业许可每4年重新申请换发。这种制度在一定程度上保证了房地产经纪人员的专业水平和服务质量。

3. **信息披露与共享制度**

美国房地产经纪行业的独家代理制度较为成熟，无论最终具体由哪一位经纪人实现房屋销售，委托签约经纪人都可获得相应的佣金，因此房地产经纪人可以将房源信息完全公开，这一机制从客观上促使房源信息在全国范围内得以共享。美国房源信息共享主要是通过MLS来实现的。关于信息披露，美国法律规定，交易房屋所在社区3年内有性犯罪的、近期内社区有人死亡特别是遭枪击身亡的、邻里有干扰情况的（如噪声及不良习俗）等诸如此类的信息，在出售房屋时业主必须向买方披露，否则房屋出售后由此而引发的后果，由房屋出售者承担。

4. **佣金管理制度**

房地产经纪机构不得强行订立最低佣金率，不得使用已印好佣金率、挂牌期限和保证期限等条款的表格和文书，否则即被视为违反了《反托拉斯法》。《反托拉斯法》规定房地产经纪活动中不能有固定价格、联合抵制、瓜分市场和捆绑销售的行为。因此，佣金率一般由房地产经纪人与委托人双方共同商定，并列入相关经纪服务合同条款内。另外，根据《反托拉斯法》，房地产经纪机构负责人之间不得互相交流其与经纪人的分成比例及佣金率等情况，以防形成垄断。

5. **执业保护制度**

在房地产经纪的运作实践中，美国还形成了一套对行业从业者及机构的保护机制，主要有：

一是个人信用保障制度。房地产经纪人可以通过政府有关机构提供的《个人信用状况报告书》(Credit Report) 获知购房者的个人信用状况，从而避免由此带来的风险。

二是产权保险制度。通过产权保险公司查询房屋产权记录并提供《产权保险凭证》(Title Insurance Policy)，以保障产权的合法性、真实性。因产权出现问题而导致的损失由产权保险公司（title insurance company）承担。

三是房屋质量保证。房地产经纪人不会对房屋的质量进行保证，而是要求买房者自己进行调查。一般来讲，房地产经纪人会建议购房者委托专业的房屋鉴定机构来对房屋质量进行鉴定并出具报告，由专业房屋鉴定机构对房屋质量问题负责。

四是过失保险制度。房地产经纪机构一般通过过失保险来转移来自业务上的风险，该险种以一宗交易为一个保单。每个房地产经纪人进入房地产经纪机构时都要先交一笔保险费，然后以机构的名义向保险公司投保，这样当责任发生的时候便可以将风险转嫁给保险公司，减少房地产经纪机构的经营风险。另外，行业协会还推出一系列合同示范文本，供房地产经纪人在经纪业务中全过程借鉴、选用，由此将房地产经纪人可能承担的责任降至最低，确保房地产经纪人在法律上只处于中间人的地位。

6. 投诉及纠纷处理制度

美国消费者投诉房地产经纪人的渠道主要有两个：一是全美房地产经纪人协会，二是州房地产部或房地产委员会下属的房地产仲裁委员会。两个组织都可以调处纠纷，并做出处罚决定。但两者不同的是，房地产仲裁委员会经政府授权，依法律行事，可以做出吊销牌照的处罚决定。全美房地产经纪人协会，除了依法律进行行业自律外，还从规范行业的需要出发对会员提出高于法律的要求，全美房地产经纪人协会可对会员进行罚款或劝其退会。全美房地产经纪人协会虽无权吊销房地产经纪人许可，但由于协会在行业中的影响力，受其处罚的人很难再在该行业内立足，因此消费者一般会选择到全美房地产经纪人协会进行投诉。另外，房地产经纪机构与房地产经纪人之间的佣金分配争议也可由全美房地产经纪人协会进行仲裁。

7. 风险赔偿机制

为了弥补因房地产经纪人员的不良行为而给他人造成的损失，许多州都设立了“房地产复原基金”。当消费者因某一持有许可的房地产经纪人员的行为而遭受经济损失时，可以通过收取房地产复原基金得到补偿。该基金由许可持有人每年缴纳的相应费用组成。该基金用于赔偿经纪人员因错误而造成的损失，当需要房地产经纪人员进行赔偿时，被告经纪人的许可会被暂时搁置，直到他（她）偿还所赔款项及附带罚金、利息等。如果基金不足以赔偿所有的受害人，每个受害人则按一定比例获得补偿。

8. 违规处罚管理制度

美国对失职或在执业中出现问题的房地产经纪人员主要采取以下处罚措施：罚款、暂停牌照、吊销牌照。其中有 15～25 种现象与行为要暂停或吊销牌照，主要是：(1) 不实陈述；(2) 虚假承诺；(3) 多方代理；(4) 将购房保证金放到自己个人账户；(5) 隐瞒实际利润；(6) 以欺诈手段取得牌照；(7) 虚假广告；(8) 经纪人未尽监督职责等。

在美国，房地产经纪人员只要犯了错误，无论大小都要被记录在案，次数多了许可则会被吊销。美国还确立了回顾检讨制度，每隔一段时间由所有同行对一些业务行为进行回顾和评判，如果大家都认为有异议的，可以对其进行处罚。

9. **第三方存款账户制度**

美国房地产经纪业务中为了保障交易资金的安全，交易过程中设立并采用第三方存款账户①。以加州为例，第三方存款账户是指短期的信托账户，主要应用于房屋租售、贷款、证券等交易。第三方存款账户制度机制是：买卖双方签订合同后，任何一方不得单独变更合同，只有合同中的各项条款完全履行完毕、不存在任何纠纷，第三方存款账户才会将钱款划拨至受益人。

作为第三方存款账户的机构，其职责是监督买卖双方的合同履行过程，并在买卖双方、房产经纪人、产权公司、保险公司、房地产评估公司等交易群体中扮演了协调者的角色。如果买卖双方签订的合同中包含了模糊以及相互冲突的条款，导致交易发生了纠纷，那么第三方存款账户机构不可以自行调停解决，而必须通过诉讼或仲裁来解决争端。第三方存款协议必须包括以下要素：房屋标的、按揭贷款、产权过户、产权调查报告、验房报告、房屋交割日期、资金划拨日期、房屋火险等条款。

银行、存款与贷款协会、产权保险公司、信托公司、律师事务所、房地产经纪公司可作为第三方存款机构，还有一种就是第三方存款账户的独立机构，这类机构必须获得公司注册部门颁发的第三方存款资质执照，方可从业。

10. **严格的监管制度**

美国各个州的房地产委员会一般都有一个调查机构，可以在任何时候到房地产经纪机构检查其业务记录，发现问题即向房地产委员会报告，由该委员会讨论决定是否向法院控告。同时，美国各地都有专门的检查部门负责处理此类案件。这些部门接到买主或卖主的控告后，会立即着手去调查，问题严重的房地产经纪机构或经纪人员将会被暂停营业或吊销执照。销售代理或经纪人只要发生一次违反职业道德、受到暂停或吊销执照的情况，就会被刊登在经纪人行业相关刊物上，从此以后，他很难再从事这一职业，也不会有人委托他从事经纪业务。

9.3.3 房地产经纪行业的自律管理

在美国，房地产经纪行业组织在行业管理中发挥着重要的作用，其宗旨主要是：促进房地产经纪人员与立法机关、行政机关的沟通、协调，加强房地产经纪人协会与房地产业其他行业协会的交流，促进房地产经纪人员之间的沟通、协调，加强房地产经纪人员执业行为的约束，提高房地产经纪业从业人员的专业水平，保持从业人员的伦理道德水准，维持房地产经纪行业的良好声誉等等。

9.3.3.1 自律管理的主体

在美国，房地产经纪行业自律管理的主体是房地产经纪人员组成的协会。美国的房地产经纪人协会组织一般分为全美房地产经纪人协会、州房地产经纪人协会和区域房地产经纪人协会三个层次。各层次房地产经纪人协会的性质均属于行业自律组织，其权力来源于

---

① California Department of Real Estate. https://dbo.ca.gov/about-the-escrow-law/.

协会在行业内的影响力，而非法律或政府授予。全美房地产经纪人协会成立于1908年，是美国最大的行业协会，下面有54家州房地产经纪人协会，1 200家地区（市）房地产经纪人协会，有250万名会员，其会员被称为“realtor”。全美房地产经纪人协会的会员组成非常广泛，包含了住宅、商业的经纪人员和销售代理、物业管理人员、评估师、咨询师以及其他各种致力于从事房地产经纪行业的人才。另一个协会是全美房地产中介人协会（National Association of Real Estate Brokers，NAREB），其成立于1947年，主要由非裔房地产经纪人组成，其会员被称为“realist”。该协会的宗旨与房地产经纪人协会类似。

全美房地产经纪人协会根据房地产经纪服务市场发展的需要，为了更好地保护客户和消费者的利益，树立房地产经纪人员良好的职业形象和专业服务水平，以及在房地产经纪人员之间打造公平公正的竞争环境，对其自律准则《道德准则和执业标准》（Code of Ethics and Standards of Practice）进行了多次增补和修正，据不完全统计，自1988年2月以来，增补和修订内容近130处。最新修改的自律准则于2019年1月1日生效，增补的条款为第一条第七款，主要针对挂牌经纪人应如何处理来自合作经纪人的购房要约以及如何为卖方履行经纪人职责做了相应的修订。与时俱进的《道德准则和执业标准》为房地产经纪行业的健康发展提供了重要保证。

9.3.3.2　自律管理的主要内容

房地产经纪行业自律管理的内容主要包括：不断完善和全力推行道德准则和执业标准，提高房地产经纪行业从业人员专业水平，保持从业人员的伦理道德水准，以维护房地产经纪业的良好声誉，并协助房地产经纪主管当局取缔有危及社会大众之虞，或可能伤害房地产专业公信力及声誉的行为。全美房地产经纪人协会还具备一个非常重要的作用，即作为行业组织的代表与政府沟通，为其下属的房地产经纪机构和房地产经纪人员争取有利于他们的各种政府政策，诸如督促国会通过延长税收减免期的法案，向国会提议制订退伍军人的住房担保计划，大力支持美国联邦住房管理局提出的改革法案，促成美国联邦住房管理局调整了住房保险的保费，等等。

9.3.3.3　自律管理制度

1.《道德准则与执业标准》

全美房地产经纪人协会修订的《道德准则与执业标准》已于2019年1月1日生效，该准则从对客户及顾客的义务（9条）、对社会大众的义务（5条）、对经纪人同业者的义务（3条）三个方面提出17条准则，每个准则都制定了若干条相应的执业标准，主要内容如下[①]：

（1）房地产经纪人员对于客户和顾客的主要责任：房地产经纪人员的首要任务是保障客户的最高利益，要诚实对待交易对方；在代理卖方的情况下，不得虚报房产的实际市价；可以在同一笔交易中，同时代表买卖双方，但是必须得到买卖双方书面同意才算合

① Code of ethics and standards of practice of the National Association of Realtors. https://www.nar.realtor/about-nar/governing-documents/the-code-of-ethics.

法；当收到买家提出的购买契约时，应在最短时间内送交给卖方决定是否接受买方的要约；参与买卖的房地产经纪人员在买卖未正式结束之前，应该严格保密买卖契约内容；在销售房地产时，不得有夸大不实的虚假宣传；必须协同卖方主动告知买主房屋的缺点，以供买方作为出价的依据。

（2）房地产经纪人员对于社会大众的责任：房地产经纪人员不得依据客户的种族背景、性别、婚姻状况等因素，提供不平等待遇或服务质量；在对客户评估房价时，必须说明该价格是否反映了该房屋的价值以及该价格是否是给付经纪人佣金之前或之后的价格。房地产经纪人员参与房屋买卖，必须告知对方自己所具备的经纪人身份。房地产经纪人除非具有律师资格，否则不得对客户提供任何法律咨询或解答。

（3）房地产经纪人员彼此间的责任：房地产经纪人员不得对其他同行做任何不实评价或恶意中伤；对于其他房地产经纪人的独家代理房地产，在该独家代理期限未到期之前，不得恶意诱导屋主更换经纪人，但若是在卖主主动洽谈的情况下，房地产经纪人仍然可以提供服务；房地产经纪人对于其他同业者必须诚实、公平，但不得透露客户的出价或售价信息；房地产经纪人与其他同行若发生纠纷时，应按法律规定进行调解或仲裁；等等。

2. 信息管理发布和使用制度

全美房地产经纪人协会负责房地产经纪行业的信息管理，明确规定凡是加入协会的经纪人员，信息不得私有，必须报给协会；如果将信息垄断，一旦查出，协会就会将该经纪人员除名，此举有效地杜绝了经纪人员的信息垄断。房地产经纪人员也总是先从协会的信息汇编或该网站上获得售房信息。协会规定，凡采用协会信息，不论以何种方式成交，均要向协会交纳信息费，从佣金中扣除。这样，经纪人员就可以不断地输送或从协会那里获取信息，不间断地开展中介业务。

3. MLS 使用制度

MLS 是美国房地产经纪业务中应用最多的房源系统，他们通常由各州的房地产协会或当地几家大型的房地产经纪公司所控制。每一个 MLS 都规定了访问权限，也制定了房源发布与共享、佣金分配等一系列规定。大多数 MLS 都拥有两个独立的数据组别，其一是可向旗下会员经纪人员开放的房源系统，其二是向公众开放的部分，其中会有一些内容不予公开或延期公开。举例来说，有些 MLS 不向外部网站公开房源的地址和图片这些详细信息，以保护旗下会员经纪人员的利益。

本章小结

美国房地产经纪行业经历了百余年的发展已经进入相对平稳的发展阶段，机构总量保持相对稳定，房地产经纪机构 99.99%是私营企业，规模上以小型独立公司为主，平均雇员人数为 2.67。

在美国实行房地产经纪执业人员的许可证制度；经纪机构设立相对简单，只要是持有房地产经纪人许可的人，就可以向政府主管部门申请发起设立房地产经纪机构。房地产经纪机构的经营模式以连锁经营为主，服务模式大都采用独立经纪人合同制，卖方经纪服务主要有独家销售、独家代理和开放式销售三种模式。美国房地产经纪人分为经纪人和销售代理两大类，房地产经纪人员实行较为严格的资质管理制度，要求必须接受一定的房地产职业教育并获得执业许可证，选择好挂靠经纪机构并注册后方可执业；房地产经纪人员的收入主要源于经纪服务。

房地产经纪业务主要是为他人租赁、购买和出售物业取得佣金，运作流程视卖方服务和买方服务而定，房地产经纪行业实行以MLS为依托的信息共享机制。

在美国，房地产经纪方面的法律法规涉及行业准入、颁发许可、行业监管、衍生服务、金融按揭或体系保障等各个方面，但各州的法律法规有所不同。

房地产经纪行业采用行业行政管理与行业自律相结合的模式，各州政府多数都有专门的机构对房地产经纪行业进行管理，主要职责是制定有关管理规则，管理房地产经纪机构的设立，房地产经纪人与销售代理执业许可的发放，审定执业资格考试及教育训练的内容，审批从事执业课程教育的学校的资格，处理房地产交易客户的投诉等。行业自律管理的主体是由房地产经纪人员组成的协会，其中最大的是全美房地产经纪人协会（NAR）。

关键术语

美国房地产经纪行业　美国房地产经纪法律体系　北美产业分类体系　不动产交易执照法　全美房地产经纪人协会（NAR）　全美房地产中介人协会（NAREB）　多重房源上市服务系统（MLS）　美国房地产经纪行业的行政管理　美国房地产经纪行业的自律管理

复习思考题

1. 分析美国房地产经纪行业的发展概况及其在国民经济中的作用。
2. 分析美国房地产经纪业务的内容和流程。
3. 探讨在美国如何成为一名房地产经纪人员。
4. 分析美国房地产经纪行业行政管理特点与成效。
5. 分析美国房地产经纪行业自律管理的特点与成效。

参考文献

[1] https://data.bls.gov/cew/doc/titles/industry/industry_titles.htm.

[2] 2018美国房地产经纪人协会会员概况，NAR Member Profile 2018.

[3] 美国劳工统计局统计数据. https://www.bls.gov/ooh/sales/real-estate-brokers-and-sales-agents.htm#tab-4.

[4] 陈江燕. 感受北美房地产经纪. 经纪人，2005（5）.

[5] 巴曙松，贾娜娜，杨现领. 存量房时代经纪人的职业化（全球模式与中国道路）. 厦门：厦门大学出版社，2018.

[6] KARP J，KLAYMAN E. Real estate law. 7th Edition. Dearborn real estate

education, 2006.

[7] California department of real Estate. https://dbo. ca. gov/about-the-escrow-law/.

[8] Code of ethics and standards of practice of the National Association of Realtors. https://www. nar. realtor/about-nar/governing-documents/the-code-of-ethics.

[9] HORNSTEIN J M. A Nation of realtors: a cultural history of the twentieth century American middle class. Durham: Duke University Press, 2005.

[10] ARNDT A, HARRISON D M, LANE M A, SEILER M J, SEILER V L. Can agents influence property perceptions through their appearance and use of pathos?. Housing studies, 2013, 28 (8).

[11] ELDER H W, ZUMPANO L V, BARYLA E A. Buyer brokers: do they make a difference? Their influence on selling price and search duration. Real estate economics, 2000, 28 (2).

[12] ELDER H, ZUMPANO L V, BARYLA E A. Buyer search intensity and the role of the residential real estate broker. Journal of real estate finance and economics, 1999 (18).

[13] KURLAT P, STROEBEL J. Testing for information assymetries in real estate markets. The review of financial studies, 1999, 28 (8).

[14] DIXON T. The impact of information and communications technology on commercial real estate in the new economy. Journal of property investment and finance, 2005, 23 (6).

[15] FORD J S, RUTHERFORD R C, YAVAS A. The effects of the internet on marketing residential real estate. Journal of housing economics, 2005, 14 (2).

第10章

中国香港地产代理行业及其监管制度

本章导读

中国香港地产代理行业自20世纪50年代开始起步，其伴随着香港经济的发展而成长为一个服务于其他产业和居民的产业。1997年，中国香港成立地产代理监管局并颁布《地产代理条例》，使中国香港地产代理行业走向法治轨道，为保护地产代理和房地产交易当事人合法权益提供了法律保障。

知识结构图

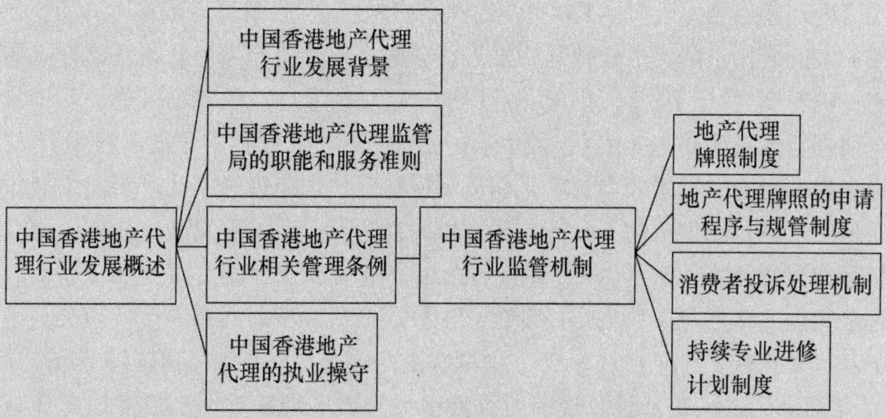

重点问题

- 中国香港地产代理监管局的性质、主要职责和监管服务准则
- 中国香港地产代理行业的法律体系
- 中国香港地产代理的职业操守
- 中国香港地产代理的牌照制度及其相关制度
- 中国香港地产代理消费者投诉处理制度
- 中国香港地产代理持续专业进修计划

10.1 中国香港地产代理行业发展概述

10.1.1 中国香港地产代理行业发展背景

中国香港地产代理行业形成始于第二次世界大战以后。1945 年抗日战争胜利后，大部分曾逃离香港的难民返回香港，亦有大量内地居民迁往香港，香港人口数量由 1945 年的 50 万增长到 1950 年的 200 万，并带动了房地产市场的繁荣发展。1953 年，朝鲜战争结束后，中国香港成为制造业中心，各行各业在中国香港设立机构，东南亚各地华侨也在港投资建设。产业发展带动了房屋需求，地产业因此受惠。20 世纪 70 年代，中国香港经济发展迅速，至 1979 年受到内地改革开放政策的吸引，中国香港制造业向珠江三角洲转移，20 世纪 90 年代，中国香港成为亚洲四小龙之一，作为国际金融中心之一，其基础性产业——房地产市场，在这一时期更加繁荣。伴随着房地产市场的兴旺发达，中国香港地产代理行业逐步形成并发展壮大起来。

从 1950 年到 1960 年，中国香港多数地产代理均为一人公司，没有职员或办公室，主要在茶楼交换地产信息。当时多是买卖建筑地皮和楼宇，以及住宅或商业单元。1966 年，中国香港最大的居住小区美孚新邨开始发售，一些小型的地产代理公司开始设立店铺销售小区住宅。随着 20 世纪 70 年代中国香港房地产市场的发展，住宅小区建设和销售越来越多，地产代理行业发展迅速，有些代理商设立了商铺，更有公司开设了连锁分店。到 80 年代，地产代理行业引进了佣金制度，职员可以从其代理销售的不动产买卖中获得部分佣金。此时地产代理行业销售的不动产包括零售商铺、商业、工业及住宅物业，而且开始使用计算机运作代理业务。20 世纪 90 年代，中国香港地产代理业发展更加蓬勃，最大型的地产代理公司差不多在每个住宅小区都设立了分店。最大型的两家地产代理公司各有超过 200 间分店，其中一家公司于 1995 年在中国香港联合交易所有限公司挂牌上市。

1997 年亚洲金融风暴来袭，给中国香港房地产市场带来重创，很多地产代理公司因没有业务而纷纷合并，汰弱留强[①]。地产代理行业在市场残酷竞争中为了争抢业务，也出

---

① http://www.eaa.org.hk/Portals/0/Sections/CC/A_Study_Guide_to_Estate_Agency_Law_and_Practice/Chi/part_1.pdf.

现了欺诈客户、不当承诺、缺乏专业能力和职业操守等问题，急需出台行业管制法律，整治行业。为了引导地产代理行业的发展，扭转当时出现的困局，1997 年，中国香港特别行政区决定成立地产代理监管局以加强对地产代理行业的监管。伴随着中国香港房地产业的发展，中国香港地产代理行业约有 3.6 万个牌照持有者、3 194 家持牌公司、6 362 家申请营业详情说明的门店①。

10.1.2　中国香港地产代理监管局的职能和服务准则

10.1.2.1　中国香港地产代理监管局的职能

1997 年 5 月，中国香港颁布了《地产代理条例》。1997 年 11 月根据《地产代理条例》成立了地产代理监管局这个法定机构②（但不是政府职能部门，其雇员不是政府雇员或政府代理人，不享有政府的任何地位、豁免权或特权）。监管局自 1997 年成立以来，在地产代理行业建立了规制，逐步形成了现在的工作内容与组织架构，使行业走向规范，并稳步发展，如表 10-1 所示：

表 10-1　中国香港地产代理监管局在行业管理中的重要事件

日期	重要事件
1997 年 5 月	《地产代理条例》颁布
1997 年 11 月	地产代理监管局成立
1999 年 1 月	《地产代理（发牌）规例》生效
1999 年 1 月	第一批地产代理牌照获准批出
1999 年 3 月	举办首次地产代理及营业员资格考试
1999 年 11 月	《地产代理常规（一般责任及香港住宅物业）规例》生效
2001 年 12 月	发牌制度的 3 年过渡期结束
2002 年 1 月	《2001 年地产代理（发牌）规例（修订）》生效
2002 年 1 月	颁布《地产代理操守守则》
2005 年 5 月	推出持续专业进修计划
2005 年 7 月	地产代理资格考试的难度加大，考生须在个案分析部分合格，方能获取合格的考试成绩
2006 年 3 月	推出地产代理行业嘉许证书及嘉许奖章计划
2006 年 7 月	营业员资格考试的难度加大，考生须在个案分析部分合格，方能获取合格的考试成绩
2008 年 6 月	推出地产代理商铺专业进修嘉许奖章计划
2011 年 3 月	与廉政公署合作推出《地产代理诚信管理计划》
2011 年 7 月	为持牌人推出电子服务

① https://www.eaa.org.hk/zh-cn/Information-Centre/Key-Figures/Licensee-Population.

② 法定机构是依据特定立法设立，依照国家有关法律、法规、规章的规定进行监管，具有独立法人地位的机构。20 世纪 80 年代，中国香港政府为了增加政府运作的灵活性，同时处理一些不便于在政府体制内执行的任务和较商业化的服务，开始推行法定机构提供公共服务的模式。这有些类似内地的事业单位，但重要性和执行力远远大于事业单位。它是一种半政府半企业的机构，是“企业化的政府”。

续表

日期	重要事件
2012年3月	与廉政公署合作出版《优质执业手册》
2013年1月	地产代理在处理二手住宅物业交易时须采用实用面积
2014年1月	纪律处分新计划生效
2014年3月	推出订明地产代理协议的电子表格

中国香港地产代理监管局成立后，致力于提升地产代理行业的专业水平和能力，建立中国香港地产代理行业的职业道德和行为准则，保障消费者利益，持续性地强化对地产代理从业者的业务培训计划，提升了地产代理行业在社会中的地位和荣誉。

根据《地产代理条例》第五条的规定，中国香港地产代理监管局的职能主要有三个方面：一是规管与管制地产代理及营业员的营业；二是促进地产代理以营业员执业过程中行事持证及称职，同时要维护并提高他们的地位；三是委托具有一定资质的教育机构和训练团体为地产代理提供提高专业执业能力和保持职业操守的训练课程。地产代理监管局共有工作人员80多位①。

根据《地产代理条例》第七、第八、第九条的规定，地产代理监管局组织结构分为两层，第一层是董事局，是监管局的最高决策组织，负责制定监管局的主要政策，包括工作计划和预算案。董事局也负责引导和监察监管局行政部门的工作和表现。监管局董事局成员由中国香港特别行政区行政长官委任。一般来说，董事局包括正副主席及18位来自社会各界的委员，包括地产代理行业和运输及房屋局，他们共组成5个委员会和1个调查小组。第二层是行政执行部门，具体执行地产代理监管局授予的职权事项。具体来说，行政总裁下辖的主要职能部门涵盖如下几个方面：一是考试部，专门负责拟订牌照考试的试题；二是牌照部，负责向地产代理和公司发牌；三是专业发展部，负责为地产代理制定持续专业进修计划，以培训地产代理为主要责任；四是投诉部和执行部，负责受理消费者投诉，并展开调查；五是检控部门，即纪律研训部，负责执行《地产代理条例》中关于地产代理从业人员对职业操守条款的遵守程度；六是行政部门，包括人力资源及行政部和财务及服务保证部；七是企业情信部门，包括咨询科技及数据分析部和机构传讯部/监管局秘书处，负责分析行业信息，对外宣传地产代理监管局工作状况，安排媒体采访，进行公民教育；等等（见图10-1）。

10.1.2.2 中国香港地产代理监管局的服务准则

地产代理监管局作为一个法定机构，依法执行与地产代理相关的公共管理事项，既要向立法会、特区政府承诺监管达到了一定的标准，还要向公众保证对地产代理行业的管理实现了法律授予的监管责任。因此，监管局的最高董事局、常设委员会、调查小组和行政执行部门在权力范围内，通过建立制衡措施和服务承诺标准，以确保监管局尽责和有效地运作。

---

① EAA监管经验分享：以提升地产代理社会地位为使命：访中国香港地产代理监管局行政总裁吕杏茜. http://www.hkproperty.com/HongKong/News/7701712_2.htm.

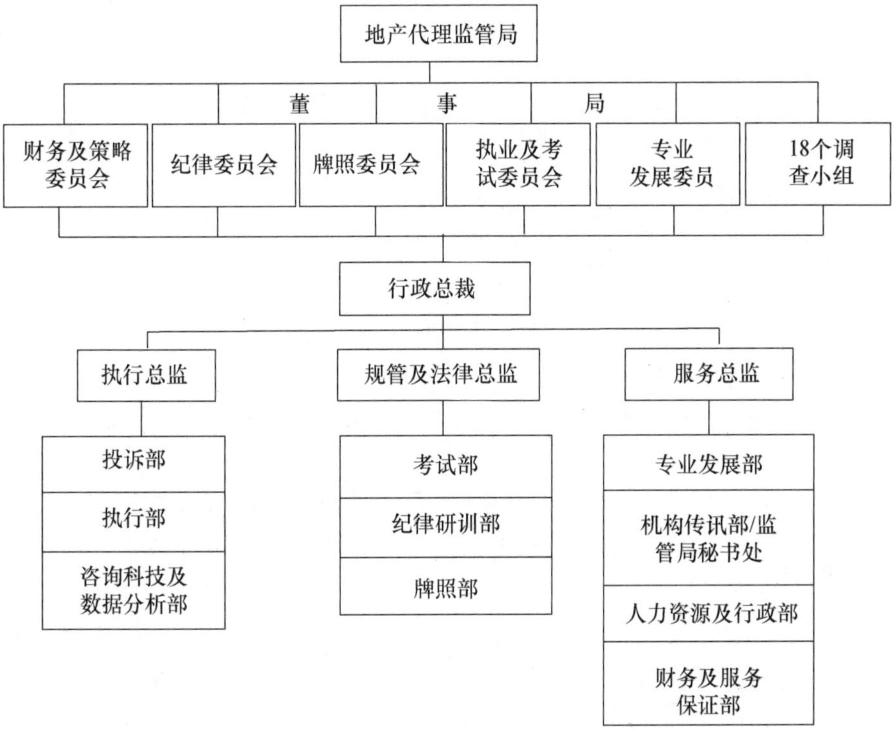

图 10-1　中国香港地产代理监管局的组织架构

资料来源：https://www.eaa.org.hk/zh-cn/About-EAA/Organisational-chart.

在公开性方面，监管局每年向其上级主管单位中国香港运输及房屋局提交一份该财政年度的年报，并提交到立法会。监管局通过不同渠道，向公众发放有关监管局的资讯，加强公众对监管局工作的认识。监管局亦会就其规管工作及公众关心的议题，定期举行新闻发布会和发出新闻稿。

在制衡措施方面，根据《地产代理条例》的规定，任何人士可通过书面形式通知中国香港运输及房屋局局长，对监管局的决定提出上诉，包括监管局拒绝批给牌照或批出续牌申请的决定，或监管局施行的纪律处分等。运输及房屋局局长须委任一小组人士组成委员团（包括委员团主席），专责聆讯上诉。委员团的主席须就每宗上诉个案，从委员团成员中委任成员组成审裁小组进行裁决。

在服务承诺方面，监管局针对各种涉及公众事项的服务，一一制定了服务反馈时间，以做到每一个公众要求都能得到及时的答复，树立监管局的良好形象（见表 10-2）。

表 10-2　中国香港地产代理监管局公众服务反馈时间承诺

服务	类别	指标
查询	回复查询——电话留言	1 个工作日内
	回复查询——书面查询	7 个工作日内
资格考试	发出成绩通知单	考试后的 14 个工作日内

续表

服务	类别	指标
牌照	处理批给牌照或营业详情说明书的申请（第一次申请或牌照/说明书有效期届满后才提出的申请）	10个工作日内
	处理牌照或营业详情说明书的续期申请	20个工作日内
	退款予不获发牌照或取消牌照申请的申请人	10个工作日内
投诉及执法	确认收到投诉人的书面投诉	5个工作日内
	收到足够证明文件后向投诉人做出书面回复	15个工作日内
	行动部完成调查违规个案	
	快速个案（不牵涉证人并只涉及8项指明违规事项的个案）	3个月内
	普通个案（非快速个案并只涉及不多于2项指称的个案）	6个月内
	复杂个案（除快速个案及普通个案以外的个案）	9个月内
	通知投诉人个案结果	10个工作日内
	通知被投诉人（持牌人）个案结果	10个工作日内
纪律研训	举行首次纪律研训	完成调查后的90个工作日内
持续专业进修计划	完成处理持续专业进修活动认可的申请	20个工作日内
	向参加监管局举办持续专业进修活动的持牌人发出出席证书	30个工作日内

在隐私方面，监管局重视保护地产代理、营业员及相关人的个人隐私资料的保护，不论发放牌照记录，还是收集投诉、调查及纪律研训记录，都十分重视并承诺严格遵守《个人资料（私隐）条例》，并要求监管局收集的个人资料（包括地址、电话号码、传真号码及电邮地址等）只能用于与《地产代理条例》相关的监管事项。

在查阅/更正资料方面，如果需要向监管局查阅或更正相关资料，必须填写统一的表格，通过监管局向个人资料隐私专员提出申请。如果需要进一步地查阅/更正相关资料，则需要向监管局提交相关表格并得到批准才行。

10.1.3 中国香港地产代理行业相关管理条例

为了严格监管地产代理行业，香港立法部门发布了一系列法律法规。详细的法律法规，是保障中国香港地产代理行业健康、有序发展的基础。这些条例涉及地产代理行业的方方面面，既包括地产代理行业准入和退出规则，也包括地产代理业务操作规程以及在此过程中产生的纠纷调解规则。具体管理条例名称和主要内容如表10-3所示。除了立法会颁布的地产代理方面的管理规定外，中国香港地产代理监管局也会就地产代理业务和实际业务操作过程中出现的新问题新情况颁布一些细则，作为监管依据。因此，中国香港地产代理监管制度所依据的法律法规不仅仅是《地产代理条例》这一部法律，而且是一套不断更新的法律制度体系。

表 10－3　中国香港地产代理相关管理条例

条例名称	发布时间	主要内容
《地产代理条例》	1997 年 5 月	对监管局的设立制订条文以及界定其职能，并就地产代理及某些营业员的领牌、地产代理工作及某些代理协议的规管，以及附带或相关事宜制订条文进行了规定
《地产代理（豁免领牌）令》	1998 年 11 月	对不符合发牌条件，但可获豁免的人士的资质制订条文
《地产代理（发牌）规例》	1999 年 1 月	对发牌做了详细规定
《地产代理常规（一般责任及香港住宅物业）规例》	1999 年 11 月	对地产代理从业人员的执行业务操作规程进行规定
《地产代理（裁定佣金争议）规例》	1999 年 11 月	对当地产代理从业人员与客户之间就佣金问题产生矛盾时，监管局裁定的程序和依据等事项进行规定
《地产代理（登记裁定及上诉）规例》	2000 年 3 月	对监管局做出的裁定不满时，对再次上诉等事项进行规定
《地产代理操守守则》	2002 年 1 月	对地产代理和营业员的执业过程中应当遵守法律法规、应具备的专业知识和能力、在执业过程中尽职尽责为客户提供服务，以及尽量避免陷入任何可能的冲突等进行了规定
《优质执业手册》	2012 年 3 月	与廉政公署合作出版
《持续专业进修计划指引》	2015 年 11 月	鼓励持牌人持续学习专业知识，提高专业技能和服务品质，目前为自愿学习
地产代理通告	各个年份	涉及在执业中的各种事项，地产代理监管局发布的监管规定，包括表格、合同、管理规定等。例如，2009 年，地产代理监管局专门发布了关于地产代理和营业员发布网上广告的管理规则

以中国香港地产代理监管局 2009 年发布的应对互联网发布房源信息的通告为例，说明中国香港地产行业监管法律规定的及时性和准确性。通告共有 8 条，要求必须持有牌照的地产代理和营业员才能在网上发布广告，否则视为违法。要求发布任何网上广告，必须要与卖方（业主）订立地产代理协议，填写好物业资料审查表格，取得卖方书面同意，对分租的情况必须清楚说明，不再销售（出租）后或地产代理协议到期后全部清除广告，所有广告都要清楚地述明牌照号码或营业详情说明书号码，不得滥用房屋照片（否则可能触犯版权法），发布和更新广告的日期，同时明确要求地产代理要与广告公司签署相关合同，确保广告公司不外泄客户秘密并按照地产代理指示按期移去广告。鉴于地产代理公司网上推送房源广告的情形越来越多，为了让消费者在网上看到的房源广告是真实的，地产代理监管局加强执法，安排专人负责搜查香港有关物业买卖的网页，抽查房源广告资料的准确性和真实性，地产代理监管局平均每年要抽查几百个楼盘。对于门店广告，地产代理监管局则是每年抽查 1/4 的店铺，查看文件是否齐全，广告是否准确。

10.1.4　中国香港地产代理的执业操守

地产代理监管局在 2002 年 1 月 1 日颁布了《地产代理操守守则》（简称《操守守则》），为地产代理从业者在执业过程中提供指南。如果地产代理持牌人没有遵守《操守守则》，可能要被视为不具备持牌人条件，影响他们持有或继续持有牌照的资格，并可能因此受到纪律处分。《操守守则》对地产代理从业者做了七个方面的执业操守规定①：

（1）地产代理从业者要符合法律的规定，在执业时必须避免从事可能触犯法律的活动。

（2）地产代理从业者充分了解有关的法例及规定。这包括两个方面，一是要熟悉并遵守《地产代理条例》及其相关附属法例、《操守守则》，以及地产代理监管局发布的所有其他指引。二是应掌握有关的一切法律、政府规例，及地产市场的重要事实和发展，以便能尽责地向客户提供意见。地产代理从业者应尽量凭本身在地产方面的知识、训练、资历和经验向客户提供服务和意见。

（3）地产代理从业者应具备一定的专业知识及能力。地产代理和营业员在经营过程中，必须秉持诚实、忠诚和严正的态度向客户提供服务。他们应保障客户在地产交易中不因欺诈、失实陈述或不合专业操守的行为而受损。

（4）作为代理或受委托代理的地产代理和营业员在执业时应秉持一定的操守及道德标准及对客户的责任，保障和促进客户的利益，按照地产代理协议执行客户的指示，并对交易各方公平公正。

（5）地产代理和营业员在履行职务时必须尽量小心和应尽一切应尽的努力。勤勉为客户提供服务。

（6）地产代理和营业员在执业过程中应尽量避免陷入任何利益冲突之中。一是要避免与本身有实际利益的物业提供服务，二是在有可能/潜在利益冲突的情况下（例如同时代表卖家和买家），地产代理和营业员必须向客户表明他们同时代表双方，以及向各方详尽披露因该物业而获得的金钱或其他利益。

（7）地产代理的同业竞争操守。第一，地产代理和营业员不得求取不公平的利益令其他代理受损，也不得直接或间接损害其他代理的名声或公开贬低其他代理的作业方式。第二，地产代理和营业员应避免做出可能令地产代理行业信誉及/或名声受损的行为。第三，地产代理和营业员应紧守公平竞争的原则，并须避免从事违反公平竞争原则的作业方式。

10.2 中国香港地产代理行业监管机制

10.2.1 地产代理牌照制度

10.2.1.1 无牌照执业是一种刑事犯罪

根据香港《地产代理条例》的相关规定，除去订明的豁免情况外，任何人在中国香港从事地产代理工作的业务必须领取有效的地产代理或营业员牌照。对于无有效牌照而从事地产代理工作的，一经定罪，最高刑罚为监禁 2 年及罚款港币 50 万元。因此，每个打算从事地产代理行业的人，都必须经过考试领到有效牌照后才能执业，这主要是基于房地产交易是大宗金额买卖，一旦出现交易风险，对交易当事人都将带来巨大的损失。对没有地

---

① https://www.eaa.org.hk/zh-cn/Compliance/Code-of-ethics.

产代理或营业员牌照而从事地产代理业务的行为被定为刑事犯罪，并会受到严惩，这就有效保证了房地产交易的相对安全性。中国香港地产代理行业的执业牌照分为公司牌照和个人牌照，个人牌照又分为地产代理个人牌照和营业员牌照（见表 10－4）。截至 2016 年 7 月 31 日，地产代理监管局一共发放了 3 194 个地产代理公司牌照、19 872 个营业员牌照、17 054 个地产代理个人牌照、营业详情说明书[①] 6 418 个。

表 10－4　地产代理相关牌照及有效期

<table>
<tr><th rowspan="2">牌照种类</th><th rowspan="2">申请条件</th><th colspan="2">费用（美元）</th><th rowspan="2">有效期（月）</th><th rowspan="2">续期</th><th rowspan="2">处罚</th></tr>
<tr><th>12 个月</th><th>24 个月</th></tr>
<tr><td>地产代理（个人）</td><td>年满 18 岁；中学文化水平；经考试</td><td>2 010</td><td>3 930</td><td>12/24</td><td rowspan="5">提前1～3月申请续期；可以网上申请牌照续期，缴费后 20 个工作日即可完成审查</td><td rowspan="5">牌照有效期届满后，会被暂时吊销或撤销；无牌照经营属于刑事罪行，违例者最高可被判监禁 2 年及罚款 50 万元港币</td></tr>
<tr><td>营业员</td><td>年满 18 岁；中学文化水平；经考试</td><td>1 280</td><td>2 510</td><td>12/24</td></tr>
<tr><td>地产代理（公司）</td><td>具有公司经营执照、至少一人持有地产代理牌照等 5 个条件</td><td>2 800</td><td>5 460</td><td>12/24</td></tr>
<tr><td>独立/合伙商号每个营业点的《营业详情说明书》</td><td>审查是否符合营业条件</td><td>2 120</td><td>4 140</td><td>12/24</td></tr>
<tr><td>公司商号《营业详情说明书》</td><td>审查是否符合营业条件</td><td>2 800/2 120*</td><td>5 460/4 140</td><td>12/24</td></tr>
</table>

* 分为两种，一种是公司商号以每个附加的营业名称在一个营业地点营业，另一种是在每个附加的营业地点营业。前者缴纳的费用比后者贵。后者相当于公司开的同一公司名称的门店。

10.2.1.2　取得地产代理牌照和营业详情说明书的资格

从地产代理考试资格上来看，只要年满 18 岁，完成中学五年级或同等程度的教育，在其后申请牌照的日期前的 12 个月内，在地产代理监管局组织的资格考试中考试成绩合格者或被地产代理监管局认为是持牌的适当人选，都可以获得地产代理或营业员牌照。与内地一样，地产代理可以独立从事地产代理业务，而营业员只能以持牌地产代理的营业员身份从事地产代理工作，在一定程度上作为地产代理的助理。同时，要求每个地产代理的营业点（门店）都必须有一个持有地产代理个人牌照的经理实际执业。在中国香港，不论是销售新建商品房（一手楼盘）还是存量房（二手楼盘），销售员都需要持有地产代理牌照才能上岗工作。营业员或地产代理个人牌照的有效期为 12 个月或 24 个月。牌照到期后不交牌费，在 24 个月续牌或者不能够续牌，都需要重新参加职业资格考试，考试成绩合格后才能再次申请牌照。

根据《地产代理条例》第三十八条的规定，每一个经营门店都需要委任一名经理，且要求该门店的经营活动确实在委任的经理的有效和独立的控制下，门店经理必须持有地产代理个人牌照。根据《地产代理条例》第四十条的规定，委任的经理或者终止委任该经理，都需要填写相关表格，并在委任或终止委任该经理的 31 日内通知地产代理监管局，否则将受到纪律处分。如果该门店经理不持有地产代理个人牌照，但又履行经理职责或以

① 类似内地的房地产经纪机构备案制度。

经理身份行事，将被认定为犯罪行为，最高刑罚为监禁 6 个月并罚款 15 万元。

申领地产代理公司牌照需要符合 5 个条件，首先注册为一家公司，其中至少一位董事持有有效的地产代理牌照，必须有一名持牌地产代理实际控制该公司的地产代理业务（避免了内地存在的持证的房地产经纪人不执业，执业的房地产经纪人不持证的问题），每位董事均被地产代理监管局审查符合相关条件①后才能被作为适当人选，公司本身也要符合地产代理监管局规定的相关条件②，也就是获得地产代理公司牌照，地产代理监管局需要对公司发起人和合伙人的资格条件，以及公司资产状况进行实质审查。只有符合监管局规定的条件才能获得牌照。

关于营业详情说明书的发放条件。根据中国香港《地产代理（发牌）规例》第十条的规定，地产代理在其营业地点以特点营业名称经营地产代理业务前，必须就该地点及名称向地产代理监管局申请批给《营业详情说明书》后才能营业。地产代理申请《营业详情说明书》需要向地产代理监管局缴纳一定的费用，每个说明书的有效期有两种——12 个月和 24 个月。说明书上通常登记四个方面的资料，即地产代理资料、营业名称、营业地址和该说明书的有效地址。每一个《营业详情说明书》都有号码。《营业详情说明书》必须在营业地点明显公示出来。

与一般商品交易相比，地产代理在促成交易实现的过程中起到非常关键的作用。地产代理在为房地产交易双方提供居间服务的过程中需要秉持严格的执业操守，才能维护交易安全，实现公平交易。根据《地产代理条例》，在地产代理业务中从事地产代理工作的个人称为营业员。营业员只有获得营业员牌照后才能为当事人提供地产代理服务。同时，《地产代理条例》限制某些人士不能获得营业员牌照：

（1）任何遗嘱执行人、遗产管理人、受托人、清盘人、接管人、破产人的受托人或承让人为执行其作为受托人或承让人的职能或因与执行其作为受托人或承让人的职能有关而做出任何事情的人士。

（2）任何律师、公证人、建筑师或执业会计师在执业过程中做出的或其雇用的任何人为推展该过程（地产交易）而做出任何事情的人士。

（3）任何人就物业（土地权益）的按揭或其他押记做出（不论是就其设定、移转、转让或其他情况而做出）任何事情的人士。

（4）任何人就（房地产交易）广告发布或资料传播做出的任何事情，而该人士并不从事地产代理所定义的工作。这条主要限制从事媒体广告业的人士兼职从事地产代理行业。

---

① 相关条件包括：除非符合有关规定及地产代理监管局认为他是持有牌照的适当人选，否则任何个人均无资格获批、持有或继续持有牌照。地产代理监管局在决定一个人是否是适当人选时，会考虑所有有关因素，包括但不限于：（1）该人是否是未获解除破产的破产人；（2）该人是否曾在地产代理监管局开始考虑的日期起计的前 5 年内与其债权人订立债务重整或偿还协议；（3）该人是否是根据《地产代理条例》丧失了持有地产代理牌照资格的公司的董事或高级人员，或该人在该公司丧失资格当日是否是该公司的董事或高级人员；（4）该人是否是《精神健康条例》第二条所指的精神紊乱的人或病人；（5）该人可曾因欺诈、舞弊或其他不诚实的行为而被定罪（《地产代理条例》中所订的罪行除外）；（6）该人可曾根据《地产代理条例》被定罪并已就此项定罪被判处监禁（不论有否缓刑）；（7）该人可曾因其他罪行被定罪。

② 公司相关条件包括：（1）该公司是否正在清盘中，或是否已有接管人获委任处理此事；（2）该公司是否已在地产代理监管局开始考虑有关事项当日以前的 5 年内，与其债权人订立债务重整或偿还协议；及（3）该公司可曾根据《地产代理条例》被定罪。

（5）由任何一项物业的卖方或买方，或（如有多于 1 名卖方或买方）其中一名卖方或买方，其是该物业的卖方或其中一名卖方并处置该物业，或者其是物业的买方或其中一名买方并取得该物业，都不能获得营业员牌照。这条规定限制了营业员为自己的不动产进行地产代理，也就是地产代理不能充任买方或卖方。

（6）进行不动产交易的雇主的员工。

（7）公司在处置物业的过程中，如果该公司是该物业的卖方，或其中一名卖方是同属一家公司的成员，或者是任何已发行股票的实益拥有人，或者与该公司有利益相关的人士。如参与订立并承担相关权益的物业发展协议订立者。这条实质上限制了企业员工作为营业员为本公司物业交易进行地产代理服务。

（8）受雇于雇主，就物业交易提供第（7）项相关地产代理服务的人士。

（9）为自己的或者其雇主的现任雇员、前雇员或者有可能成为雇员的人做出任何与地产代理相关的事情，同时该事情源于雇佣关系（不论过去的、现在的或者将来的雇佣）而做出的。亦即，作为一名地产代理营业员，不能为其本人的员工或者其雇主的员工代理不动产交易服务。

对地产代理从业者做出这样严格的规定，限制与交易物业的利益相关者充当营业员代理该项交易，有利于避免产生相关的法律纠纷和利益纠纷。

10. 2. 1. 3　地产代理牌照登记册与查阅制度

为了能够动态监管到每一个地产代理牌照，利于公众查询为其服务的地产代理是否具备牌照，地产代理监管局根据《地产代理条例》第十三条建立了牌照登记册制度①。依据《地产代理条例》建立的备存登记册载有以下资料：持牌人的姓名或名称、牌照号码、牌照有效期、暂时吊销的时间（如牌照遭暂时吊销）、撤销的日期（如牌照遭撤销）、持牌人的登记地址（如牌照仍生效），及《地产代理条例》订明的其他资料。登记册详细记录了地产代理牌照持有人的执业信息。

根据《地产代理条例》第十四条的规定：每名持牌人须在中国香港有一个可供送交所有通信及所有通知的地址作为登记地址。而每名新申请或续领牌照的申请人须在有关申请表格内提供此地址。凡任何地址终止作为持牌人登记地址的，则持牌人须在终止之日起 14 天内，将另一个可供送交所有通信及所有通知的地址以书面形式通知地产代理监管局。《地产代理条例》所规定发出的通知，如以邮递方式寄到此登记地址，即属妥为发出。由此，规定了一个地产代理持牌人必须有一个确定的营业地址或者通信地址，保证了地产代理监管局可以依据此地址找到该地产代理牌照持有人。

公众可在监管局办事处内免费查阅登记册。根据《地产代理条例》第十三条的规定，任何人可在缴交订明费用 150 美元（以每牌照计算）后，向地产代理监管局申请取得经签署并经核准的登记册内任何部分的副本或摘录。为了方便公众查询一些简要资料，地产代理监管局在官方网站上设立查询网页，公众可以在“牌照目录”页面通过录入牌照号码或《营业详情说明书》号码、持牌人名称、营业名称等，查询该持牌人于最近 2 年内是否受

① 相当于内地的房地产经纪人信用档案制度。

到过纪律惩处，以及持牌人的牌照有效期等信息。

10.2.2 地产代理牌照的申请程序与规管制度

10.2.2.1 地产代理牌照申请程序

参加了地产代理执业资格考试并成绩合格的申请人，可以在取得成绩后 12 个月内，向地产代理监管局申请营业员或地产代理个人牌照。对于第一次申请营业员或地产代理个人牌照的情形，地产代理监管局规定了以下几个程序：

第一步：申请人提交申请。

申请营业员或地产代理个人牌照需要提交的文件包括有亲笔签名的申请表、《执业资格考试成绩合格通知单》、中国香港身份证或旅游证件、完成中学五年级教育或同等程度教育的证明文件、亲笔签名的学历问卷（适用于有非中国香港学历的人士）。填写的表格中要声明是否有轻微罪行，包括定额罚款、与道路交通有关的罪行（例如在人行道上驾驶、酒驾等）、其他罪行（例如在公共场所倾卸垃圾、没有用带子牵引狗等）。

申请地产代理公司牌照或《营业详情说明书》需要提交的文件包括申请表、有效的商业登记证、显示公司名称及本人名称的文件、显示最新的公司董事局成员名单的相关文件、显示公司最新注册地址的文件（最新的周年申报表或注册办事处坐落地点通知书）。申请表内容除了包括一般企业名称、委任经理信息外，还包括申请人详细公司地址、董事名单、无犯罪记录、无被清盘声明，以及董事个人资料、无犯罪记录、无债务声明等。

第二步，地产代理监管局将费用入账。申请人需要按照申请不同的牌照费用标准将申请费汇入地产代理监管局账号中。

第三步，地产代理监管局审核申请人递交的申请及文件。

如有需要，地产代理监管局会联络申请人或相关的第三方（例如教育部门、警察部门）以核实或澄清申请人所递交的资料或文件；如所有资料及文件妥当，地产代理监管局会批核申请并发出牌照及印制《地产代理证》。为了使消费者能够辨识持牌营业员的身份，有助于执业，持牌人在户外工作时均须佩戴《地产代理证》。《地产代理证》上记有持牌人姓名、牌照种类、号码和届满日期，以及持牌人照片。《地产代理证》是由地产代理监管局免费发放的。因损坏或遗失需要更换照片或申请重发地产代理证的，需要缴纳 100 元港币。

第四步，地产代理监管局会更新登记册及网页的“牌照目录”以供公众查阅。这是根据《地产代理条例》第十三条和第十四条的规定而将全部地产代理牌照信息登记在册。

第五步，地产代理监管局会以平邮方式把牌照及地产代理证寄给申请人。如申请人已选择亲自领取，地产代理监管局会把领取通知书邮寄或电邮给申请人。

第六步，地产代理监管局于宪报登有关批核牌照事项。这显示出地产代理监管局对地产代理牌照核准事项的重视程度，每一份牌照都登广告，扩大从业人员的社会地位和公开性。

10.2.2.2 地产代理牌照的过程监管制度

根据《地产代理条例》第四十条的规定，地产代理持牌人在经营过程中发生了变动，需要在发生事项起的 31 日内填写相关表格并通知地产代理监管局。这些变动包括持牌人终止从事地产代理工作，持牌地产代理雇用任何人为营业员或终止雇用任何营业员，持牌地产代理为《地产代理条例》的目的委任任何人为经理或终止任何经理的委任，有任何人获委任为持牌地产代理公司的董事或有任何人终止担任该公司的董事，持牌地产代理成为某合伙的成员或终止作为某合伙地产代理机构的成员。任何不遵守该条例的人士都将遭受纪律制裁。从这里可以看出，《地产代理条例》对地产代理持牌人的变动情况监管非常严格。

如果地产代理持牌人违反了《地产代理条例》的相关规定，如违反公众利益，存在舞弊、欺诈或者不诚实的罪行，没有缴纳牌照费用，或牌照到期没有续期，将被处以程度不同的处罚。这些处罚包括训诫或谴责有关的持牌人，将指明的条件附加于有关的牌照上，暂时吊销牌照不超过 2 年或撤销牌照，判处不超过 30 万元的指明款额的罚款。《地产代理条例》第五十五条详细规定了触犯条例的相关罪行。这些罪行经过法院审判后即可定罪，或被监禁 1 个月到 2 年，或者被罚款 15 万～50 万元港币不等。

地产代理监管局通常不会轻易吊销个人牌照，吊销牌照是地产代理监管局对地产代理从业者最严重的处罚。实际被吊销牌照的情况非常少，有些年份甚至为零。多数情况下犯有严重罪行时，该从业者就不能够从事地产代理行业相关工作。吊销公司牌照的原因可能是该公司已经停业，但是这种情况也比较少。公司老板犯有严重罪行，将会吊销其地产代理个人牌照，而不是公司牌照。被地产代理监管局吊销牌照后，可以申请上诉到中国香港特别行政区运输及房屋局，并有一批专家成立独立小组进行处理。

10.2.3　消费者投诉处理机制

10.2.3.1　消费者投诉途径及处理程序

消费者可以就地产代理持牌人或营业员因违反《地产代理条例》任何一条，其附属法条或职业操守，地产代理监管局发出的执业通告内的任何规定或条文，或没有遵守附加于其牌照上的条件而向监管局进行投诉。2013—2016 年来，消费者投诉案件数量如表 10－5 所示。

表 10－5　地产代理监管局近年来消费者投诉案件数量

年份		2013	2014	2015	2016（1～6）
接到的投诉（个）		494（44）	399（56）	315（43）	248（46）
已处理的投诉（个）	投诉成立	287（17）	192（12）	155（10）	50（6）
	投诉不成立	145（13）	160（23）	157（35）	43（4）
	资料不足	66（5）	42（4）	19（0）	16（0）
	其他	136（12）	84（9）	94（11）	36（5）
	总数	634（47）	478（48）	425（56）	145（15）

注：1. “其他”包括各种情况的投诉，例如投诉人撤回诉讼。
2. 表中所列的括号内的数字是一手楼盘的投诉数量。
3. 已处理的投诉总数包括往年处理的投诉案件数量。

对于佣金产生的争议，如果代理和投诉方双方同意按照《地产代理条例》第四十九条转介地产代理监管局做出有约束力的裁定，否则地产代理监管局没有司法管辖权处理双方的佣金争议。通常情况下，只有投诉人要求根据《地产代理条例》第二十九条直接将投诉个案提交地产代理监管局纪律委员会处理，否则地产代理监管局行政总裁可以决定自行处理或转交纪律委员会处理。消费者可以通过书面、电话、电邮或亲自前来等方式向地产代理监管局投诉。

消费者如果向地产代理监管局正式投诉地产代理持牌人，须提供有关资料，包括持牌人失当的事件的详情、发生的日期、所有有关文件和证明文件的副本（例如临时买卖合约、临时租约、地产代理协议书、名片等），以及任何有助于调查的资料。地产代理监管局按照“开设档案—提供对事件的陈述—展开调查—调查结果”四个环节对投诉进行处理。具体程序如下：

（1）开设档案①：地产代理监管局对投诉资料进行评估，若属于地产代理监管局管辖范围，则开设档案。

（2）投诉人提供对事件的陈述：由投诉人亲自或书面陈述投诉。

（3）纪律委员会或调查小组展开调查：对被投诉人进行调查，有需要时，寻求执法机构与其他政府部门的协助。

（4）公布调查结果：形成调查报告，若有需要，将对投诉案件进行纪律研训。调查结果将以书面形式通知投诉双方。

如果消费者将佣金争议提交给地产代理监管局裁定，需要交付有关费用，包括双方各提交 500 元港币（日后可从裁定费中扣除），相当于受争议的佣金及其他费用总额的 10%（但不低于 2 000 元港币的审裁费）。

有些投诉是由于地产代理贪图方便没有与业主签订代理协议书，或者代理人没有向委托人详细解释临时买卖合约或临时租约，造成后来发生了误会或纠纷。如果缺少纠纷解决途径，将使代理人与客户之间的矛盾越来越深，从而严重影响经纪行业的发展。地产代理监管局接到投诉后，首先请投诉人和被投诉人阅读与地产代理相关的资料、文件、法规，请他们判断是不是地产代理持牌人在执业过程中有错，如果真是持牌人出现错误，地产代理监管局将对其做出纪律处分，同时也会通过媒体渠道向市民解释清楚。中国香港地产代理监管局建立的严谨、慎重的投诉处理制度是促进地产代理行业健康发展的保证，保障了地产代理和消费者双方的权益。从这几年的投诉数据来看，地产代理监管局所接到的投诉案件数量与 3.7 万个地产代理从业人员数量相比，微乎其微。建立一套行之有效、公开公正公平的投诉机制，既不会对政府产生很大的行政负担，又能够有效地缓解客户和代理人之间的矛盾，值得内地房地产经纪行业借鉴。

10.2.3.2 地产代理监管局在消费者投诉处理中的地位

地产代理监管局作为地产代理执业的监管机构，在处理消费者投诉纠纷时必须时刻保持中立立场，在《地产代理条例》规定的职权范围内行事。地产代理监管局作为一个法定机构，不能做出刑事方面的裁定，即没有职权处理《地产代理条例》规定外的刑事指控，投诉人若怀疑持牌人可能触犯法律，应立即向警方、廉政公署或其他执法机构举报。司法

---

① 类似内地的立案审查。

机构将做出这些刑事方面的裁定。

地产代理监管局不会就投诉人与代理人之间的民事诉讼向任何一方提供法律意见。若投诉涉及或调查过程中发现有人可能触犯《地产代理条例》或其他法律订明的刑事罪行，地产代理监管局则会将相关个案转交警方、廉政公署或其他适合的政府部门（例如房屋署、一手住宅物业销售监管局、地政总署、屋宇署、印花税署等）。

若投诉事项与其他执法机构调查中的事项有实质或密切的关系，或有关事项正在或将会在法庭接受审讯或涉入诉讼当中，为避免影响同时进行的调查或司法程序，地产代理监管局或暂停调查工作，直至有关调查完成或司法程序完结为止。

地产代理监管局不会赔偿投诉人追讨因代理行为不当或失职而承受的损失，投诉人需要自行通过司法程序追讨损失。

地产代理监管局或其纪律委员会就投诉事项召开纪律研训会审议时，投诉人、被投诉人，以及双方证人均可做证，被投诉人还可委托律师代表。同时地产代理监管局或其纪律委员会有权传召任何人士出席研训会做供。从这一点可以看出地产代理监管局对投诉处理的严肃性和权力性。对于复杂的案例，调查时间可能会延长，个案主任（相当于案件负责人）会在调查期间每三个月以书面形式通知投诉人个案的调查进度。

一旦地产代理监管局或其纪律委员会裁定投诉成立，地产代理监管局或其纪律委员会可根据《地产代理条例》第三十条行使纪律制裁权，包括对持牌人做出训诫、谴责、判处罚款、暂时吊销牌照、撤销牌照、于牌照上附加条件或更改已附加的条件。但是有关持牌人可针对权力的行使而提出上诉。

10. 2. 4　地产代理行业持续专业进修计划制度

10. 2. 4. 1　持续专业进修计划目标与课程设置

为提升从业人员的专业水平及令他们掌握行内最新的知识，地产代理监管局 2005 年开始以自愿参与形式推出“持续专业进修计划”。2015 年 11 月，地产代理监管局发布了《持续专业进修计划指引》作为开展地产代理专业学习的指南。该指引从三个方面指出地产代理秉持终身学习理念的意义。从行业整体视角来看，持续学习可以提高专业水平，地产代理从业人员掌握业务所需的最新专业知识，从而使其对中国香港经济发展做出更大贡献。从对消费者利益保障来看，地产代理通过积极参与学习计划，提醒从业人员培养良好的执业操守，提升公众对行业的信息，进而加强了对消费者权益的保障。从地产代理个人层面来看，从业人员通过学习获得每年持续专业进修学分，鼓励地产代理不断学习、充实自己，促进了事业发展。

一般地，持续专业进修计划课程分为两个层面（见表 10 - 6），一是核心课程，包括与地产代理法律、执业、法规要求、管理事宜相关的内容；二是非核心课程，有助于提升从业人员的执业水平和素养①。

---

① http://www.eaa.org.hk/zh-cn/CPD-Scheme/CPD-Scheme-Guidelines.

表 10－6　中国香港地产代理持续专业进修计划目标与课程设置

核心课程		非核心课程	
编号	课程名称或内容	编号	课程名称或内容
C1	《地产代理条例》及地产代理监管局指引	N1	市场推广技能及技巧
C1	其他与地产代理工作相关的法律及实务知识（物业交易、租赁、土地查册、歧视法例、劳工法例、《建筑物条例》、《一手住宅物业销售条例》及《个人资料（私隐）条例》等）	N2	一般商业管理
C3	专业操守	N3	财务及会计知识
C4	地产代理业务管理、督导、管治及尽责审查	N4	其他司法管辖区地产代理业实务
C5	测量，物业／设施管理及城市规划	N5	信息科技
		N6	社会经济课题
		N7	语言技能
		N8	其他有助于提升地产代理营业员水平的知识（环境保护、可持续发展、室内设计、职业安全、行为心理、统计及数据分析等）

所有可以作为地产代理持续专业进修计划学分的课程，都必须经过地产代理监管局的审核批准。例如，香港大学等 40 所指定大学提供的课程，香港职业训练局、香港生产力促进局等单位提供的课程。超过 5 年地产代理业或其他专业举办持续专业进修活动经验的机构举办的活动，廉政公署举办的专业操守讲座，香港雇员再培训局①举办的新技能提升计划的地产代理业课程②等。

地产代理监管局在持续专业进修计划中设计了多种学习模式，包括参加讲座/研讨会，网上个案研习③，自我安排的网上课程学习，参与系列课程培训活动，参加学位或文凭进修学习，作为主办者或讲座者教授或举办持续进修课程活动，在地产代理监管局组织的会议或活动中担任义务工作，出版与地产代理业务相关的著作等。一般来讲，一个学时算一个学分。每个持牌人进修时段规定为：于每年 10 月 1 日开始，至第二年 9 月 30 日结束，为期 12 个月。每一个进修时段的学分要求为 12 个学分，其中有不少于 6 个学分必须为核心课程学分。在一个进修时段多学的学分，可以转入下一个进修时段的学分计划中。地产代理参加的进修学习记录将被地产代理监管局保存 5 年以作备查。

① 该局为香港雇员再培训的法定机构，根据香港《雇员再培训》条例，于 1992 年成立。

② 这是由香港雇员再培训局提供的地产代理课程，主要是为培养可以一专多能的本地劳动人口。课程多为半日或晚间课程，对月收入在 9 000 元以下的学员免费，可根据不同的收入级别申请学费减免。

③ 网上个案研习是地产代理监管局为持牌人提供的免费网上持续专业进修活动。它是一个模拟的物业交易，尽量反映持牌人在日常执业时遇到的问题，而其内容不会局限于地产代理职业资格考试的基本范围。学习者在阅读案例的背景及相关资料后，需要回答 10～20 个问题。若能取得合格的分数，参加学习者会获取 1 个核心课程学分。为此，网上个案研习的合格要求会因案例的深浅程度而改变。地产代理监管局每两个月举办一次，并在举办月份的第 2 个星期二发布考试结果。对于已经考试后的案例，地产代理监管局会把案例及答题指引放到网页的公开资料库里，供大家学习。

10.2.4.2 持续专业进修计划的奖励措施

为了鼓励从业人员终身学习，协助地产代理公司管理层推动持续专业进修计划，地产代理监管局建立了多项嘉许措施①。

第一类是个人类奖励措施：嘉许证书、嘉许奖章和优越嘉许奖章。

为了表扬地产代理从业人员在持续专业进修时段内完成全部学分，地产代理监管局将颁发《持续专业进修计划嘉许证书》和嘉许奖章，以表扬该从业者努力自我成长及支持持续专业进修计划的学习精神。地产代理监管局将在营业员续牌时，在获嘉许的营业员的地产代理证上印嘉许奖章，而该营业员亦可将该嘉许奖章印于其个人名片上。

为表扬持牌人不断通过参与进修活动提升自己的专业知识，例如，自 2013 年 10 月 1 日至 2014 年 9 月 30 日的进修时段开始计算，若持牌人连续在 3 及 5 个进修时段达到学分要求，将会获颁优越嘉许奖章；连续 3 个进修时段达到学分要求则获颁银章，而连续 5 个进修时段达到学分要求则获颁金章。此等优越嘉许奖章有别于在每个进修时段达到学分要求而颁发的嘉许奖章。

第二类是门店类奖励措施：商铺嘉许奖章。

为进一步鼓励地产代理人和营业员参与持续专业进修计划，地产代理监管局向地产代理商铺（于每年的 10 月 1 日当日有 80%或以上的受雇持牌人，必须包括店铺经理，并且在其上一个持续专业进修时段达到持续专业进修计划的学分要求的门店）颁发地产代理商铺专业进修嘉许奖章（商铺嘉许奖章）。

商铺嘉许奖章有效期为一年，为申报日翌年的 1 月 1 日至 12 月 31 日。获颁商铺嘉许奖章的《营业详情说明书》持有人，可于有效年份内，在其营业地点张贴商铺嘉许奖章标志，并在其发出的宣传单、小册子、其他文件及其员工的名片上印商铺嘉许奖章。

为了支持地产代理从业者及活动主办机构积极参与持续专业学习进修计划，地产代理监管局会为他们提供不同的鼓励措施，促进其自主参与学习，包括进修津贴、评核费用资助、场地租金资助等。

《 本章小结 》

1. 中国香港地产代理行业发展的历史轨迹与中国香港经济社会发展脉络相一致。经济发展和人口增长带来的房地产需求，是中国香港地产代理行业发展的根本原因。

2.《地产代理条例》是香港地产代理行业的核心法律规定，并由此衍生出其他与地产代理执业和监管相关的一系列管理规定。这些管理规定具有两个特征：一是与时俱进，调整或出台行业管理规定以适应不断发展进步的房地产经纪行业；二是详细且具有可执行性。

3. 香港建立的地产代理制度，包括两个层面，一是地产代理执业制度，二是地产代理行业监管制度。前者规范了地产代理执业行为，后者为香港地产代理监管局对地产代理执业行为的监管提供了准则。

① http://www.eaa.org.hk/zh-cn/CPD-Scheme/CPD-Scheme-Guidelines.

4. 中国香港地产代理行业的地产代理牌照制度确立了地产代理执业的合法性，约束了地产代理人在执业中的行为操守，保护了消费者在房地产交易中的权益。而中国香港建立的地产代理行业专业持续进修计划，促使地产代理人不断提高执业水平以适应房地产经纪业务对专业能力和水平的需求。

关键术语

地产代理　地产代理监管局　地产代理牌照制度　地产代理执业操守　《营业详细说明书》　地产代理持续专业进修计划

复习思考题

1. 简述香港地产代理行业发展脉络。
2. 香港地产代理监管局主要职能和监管服务准则有哪些?
3. 香港地产代理相关管理条例有哪些?
4. 香港地产代理执业操守有哪些?
5. 香港地产代理牌照种类有哪些? 无牌照执业将受到什么法律制裁?
6. 《地产代理条例》对香港地产代理牌照的回避原则有哪些具体规定?
7. 香港地产代理牌照的登记册与查阅制度有什么规定?
8. 简述地产代理牌照的申请程序。
9. 简述香港地产代理监管局处理消费者投诉的程序。
10. 分析香港地产代理行业持续专业进修计划的目标和奖励措施。

参考文献

[1] 中国香港地产代理监管局官方网站. http://www.eaa.org.hk.
[2] 中国香港地产网. http://www.hkproperty.com.

第11章

中国台湾地区房地产经纪行业

本章导读

中国台湾地区的不动产交易从20世纪50年代发展到现在，交易型态从初期的混乱，历经了淘汰、整合，到房屋中介公司逐渐形成，而不动产交易机制也从过去的个人中介演变为以企业规模型态为主体的现状，尤其1999年起实施“不动产经纪业管理条例”，使台湾地区的房地产业正式成为法治化的产业。房屋中介业（简称房仲业），正式之法定名称为“不动产经纪业”，立法管理者包含代销业及中介业，并规定“人必归业、业必归会”的立法原则。本章一开始将介绍中国台湾地区房地产经纪行业发展概况，再从法规方面说明房地产经纪行业的规范化管理。

知识结构图

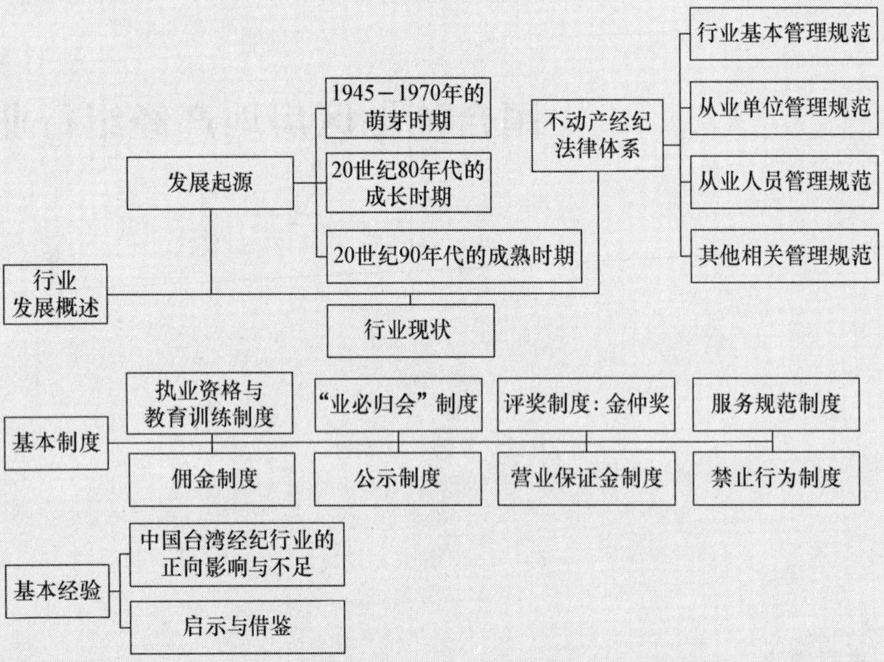

重点问题

- 中国台湾地区房地产经纪行业起源与现状
- 中国台湾地区房地产经纪行业之特色
- 中国台湾地区“不动产经纪业管理条例”的主要内容与分析

11.1　中国台湾地区房地产经纪行业发展概述

中国台湾地区房地产行业中就业人数最多的便是处在房地产业中游的不动产经纪业，1999 年台湾地区正式立法加以规范，正式进入法制化的行业体系。

11.1.1　房地产经纪行业发展起源

台湾地区房地产经纪行业发展可分为三个主要时期。

11.1.1.1　1945—1970 年的萌芽时期

1945 年，台湾开始推行“土地改革政策”以及发展工商业，市场渐有购屋置产需求，不动产经纪业开始萌芽。20 世纪 60 年代，台湾尚无专门经营不动产交易介绍的产业，通常是由帮人洗衣的阿姨、米商，或地方知识分子等扮演不动产交易介绍人的角色。张金鹗、刘芳瑜等学者认为，70 年代，逐渐出现专营不动产交易介绍的营利事业，有非公开营业的不动产交易介绍者，兼营不动产交易介绍的商店、土地代书或职业介绍所，以及专营不动产交易介绍业的公司行号。然而在此一时期，不动产交易市场纷争繁多，故台湾当局于 1974 年明文禁止以介绍房地产买卖为业务的公司办理登记①。然而此举反而导致不动产交易介绍业转入地下经营。

11.1.1.2　20 世纪 80 年代的成长时期

1984 年，台湾当局正式核准房地产交易介绍公司办理登记②。1985 年，太平洋房屋与日本三井不动产公司合作，成立台湾第一家合法房屋中介公司，并自日本引入“中介”一词③。1987 年 11 月，台湾当局于商业团体分类标准中增列“不动产中介经纪商业”，核准中介经纪业成立“公会”，“台中市不动产中介经纪商业同业公会”随即于 1988 年 4 月底成立。台湾的不动产经纪业自此逐渐挥别以往小型经营模式，朝大品牌的中介公司发展，并发展出直营及加盟两种经营模式。

直营不动产中介公司，系指由总公司直接投资经营的分店，经营的损益由总公司负责，代表者有信义房屋、太平洋房屋、中信房屋、永庆房屋等；加盟不动产中介公司，系指由私人向总公司表示加盟的意愿，支付一定之加盟金，签订加盟契约，由总公司授权商标使用及经营技术等，自行找点设店，并自主承担经营损益。

11.1.1.3　20 世纪 90 年代的成熟时期

从 20 世纪 90 年代开始，台湾当局逐步建立不动产中介市场规范，由台湾当局提供部分服务机制，以减少中介纠纷，首先于 1991 年 7 月在台北市、台北县（现新北市）、高雄市、高雄县、台南市、台中市、台中县共计 7 个市县设立“民宅信息站”，提供住宅存量、房价、法拍价格、银行按揭成数、全省房地产课税件数等等信息，台北市更自行建设房屋免费租售中介网站，供市民在网上刊登及获取相关交易信息。

台湾当局带头为市场提供相关服务机制，促使不动产经纪业竞争更加激烈，1998—1999 年，不动产经纪业发展出“联卖制度”（即前述多重房源上市服务系统，MLS），不动产经纪业者利用网络营销通路建立信息系统平台，组成联合销售信息网，将待租售房产信息登录上网，让各家不动产经纪业者透过该信息平台了解市场上所有的待租售房产信息，增加成交机会④。为避免不动产经纪业有限制竞争或妨碍公平竞争的行为影响交易秩序，进而保障消费者权益，台湾当局制定“公平交易委员会对于不动产经纪业实施联卖制度之规范说明”，以规范市场行为。

1999 年 2 月，为完整建立不动产交易秩序，保障交易双方消费者权益，促进不动产交易市场健全发展，制定“不动产经纪业管理条例”，“条例”定名中介为“经纪人”，规范经纪业的资格、须缴纳的营业保证金，“同业公会台湾联合会”设立“营业保证基金”，办理不

---

① 谢吉钦. 不动产服务制度之研究. 台湾政治大学暨私立地政研究所合办地政研究所硕士论文，1977.

② 来璋. 台湾当前房地产中介问题之探讨. 理论与政策，1991，4（2）：96.

③ 简佩如. 不动产中介法律问题之研究. 台湾政治大学法律学研究所硕士论文，2004.

④ 摘自“公平交易委员会对于不动产经纪业实施联卖制度之规范说明”第二条，关于“联卖制度”之名词定义。

动产经纪人相关考试，同时禁止收取差价，追究损害赔偿责任，以及规定奖惩细节。

11.1.2 台湾地区房地产经纪行业现状

1. 买卖移转栋数之变化

在不动产经纪业市场规模方面，近年来，台湾地区住房市场总量总体下降，不动产经纪业市场规模也在不断缩小（见图 11-1）。房屋买卖移转栋数到 2006 年达到高峰，为 45 万栋，随着“豪宅税”以及“房地合一税”的实施，2017 年移转栋数仅为 26.6 万栋（见表 11-1）。

表 11-1 中国台湾地区房屋买卖移转栋数及市场规模

时间（年）	栋数	面积（平方米）	单价（元/平方米）	市场规模（亿新台币）
1999	385 074	56 226 884	—	—
2000	321 165	49 348 349	—	—
2001	259 494	41 113 974	—	—
2002	320 285	50 343 124	—	—
2003	349 706	53 898 390	—	—
2004	418 187	50 350 125	—	—
2005	434 888	49 805 656	—	—
2006	450 167	52 403 259	—	—
2007	414 641	47 043 756	—	—
2008	379 326	41 798 194	—	—
2009	388 298	40 482 955	—	—
2010	406 689	45 248 134	—	—
2011	361 704	40 927 781	—	—
2012	328 874	38 150 375	—	—
2013	371 892	42 554 197	64 649	27 511
2014	320 598	37 385 942	68 179	25 489
2015	292 550	35 482 762	67 783	24 051
2016	245 396	27 709 046	68 221	18 903
2017	266 086	29 102 064	66 922	19 476

资料来源：http://statis.moi.gov.tw/micst/stmain.jsp? sys=100.

2. 买卖房屋市场总规模之变化

台湾地区自 2013 年开始实施房屋买卖实价登记制度，根据实价登记资料计算房屋市场规模，2013 年尚有 2.75 万亿新台币的规模，到了 2017 年仅剩 1.95 万亿新台币，住房市场景气循环对不动产经纪业市场规模的影响较大。图 11-2 显示了台湾地区房屋市场总规模变化情况。

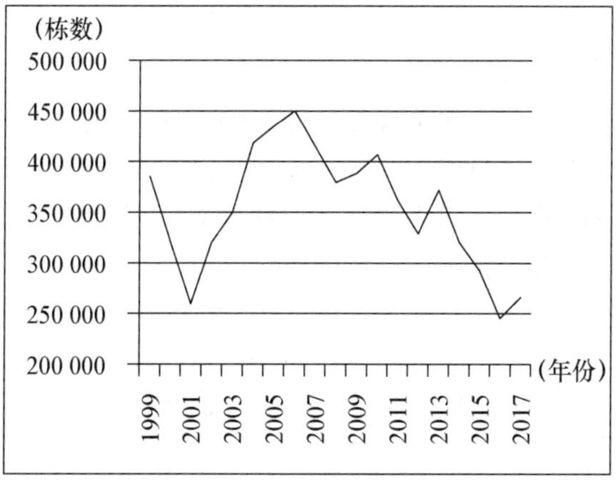

图 11－1　1999—2017 年中国台湾地区房屋买卖移转栋数变化情况

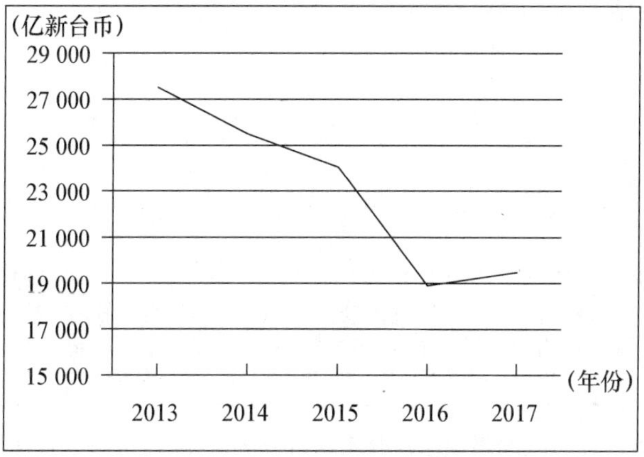

图 11－2　2013—2017 年中国台湾地区房屋买卖市场总规模变化情况

资料来源：http://statis.moi.gov.tw/micst/stmain.jsp? sys=100.

3. 房地产经纪业品牌

台湾地区第一家合法的不动产经纪业企业（房屋中介公司）为太平洋房屋，目前则是由信义集团、永庆房产集团两家企业独占市场。信义集团旗下有信义房屋、住商不动产、大家房屋三大品牌，其中信义房屋采用直营模式经营，住商不动产与大家房屋采用加盟模式经营；永庆房产集团旗下有永庆不动产、巢氏及台庆不动产三大品牌，三者均采用加盟模式经营。太平洋房屋则于 2018 年转型以代销市场为主。企业及从业人员数量的历史变化，也反映出各个时期以及各个城市住房交易的特征与服务需求变化。

11.1.2.1　企业总量

1. 直营与加盟情况

截至 2018 年 9 月，台湾地区执业的不动产经纪企业共计 6 412 家，其中，采直营模式的有 4 374 家，采加盟模式的有 2 038 家，说明直营的经营方式比加盟模式更受欢迎。营业项目中，高比例地从事中介业务的企业达到 4 241 家，只从事代销业务的企业为 594 家，比例相对较低，这说明了二手市场交易比起新房交易更为活跃。

2. **县市概况**

执业的不动产经纪企业主要集中在六个直辖市中，首先以台中市总量最多，反映出台中市位于台湾中部的区位优势，成为北部及南部投资客对外投资的主要城市。其次是台湾人口最为密集的台北市及新北市，大量的不动产经纪企业为大量居住人口提供住房交易服务。桃园市排名第四，是近年来中南部人口大量移入的移民城市。台南市和高雄市是六都之中人口持续外流的城市，不动产经纪企业也相对较少（见图 11－3）。

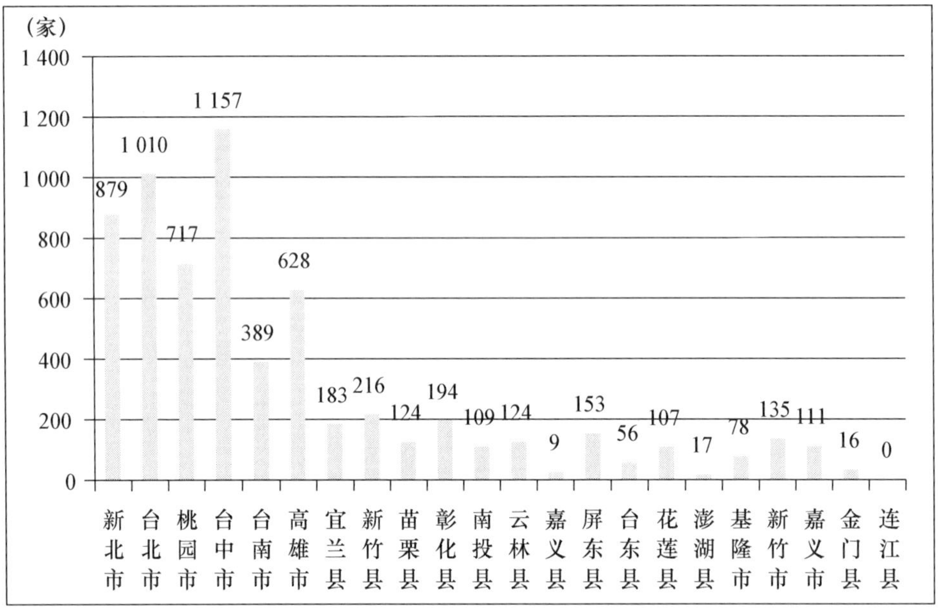

图 11－3 中国台湾地区各市县 2018 年 9 月经纪企业设立备查数量

资料来源：https://pri.land.moi.gov.tw/realestate_query/.

3. **历年变动**

不动产经纪企业数从 2011 年开始大幅增加，这段时期台湾地区的房价不断上升，交易量持续扩大，对不动产经纪服务的需求增大，并在 2014 年达到最高点，为 6 865 家（见图 11－4）。随着交易量的下滑，企业数量也不断下滑。

2014 年之后，不动产经纪企业数量逐渐下降，2018 年回到 2013 年时的水平，然而 2018 年时的买卖移转栋数却已回到 2001 年时的水平。在市场繁荣时，经纪业发展壮大，在房地产交易量下滑时，经纪业企业数量却未相应下滑，说明台湾地区不动产经纪业投入市场的弹性较大，但退出市场的弹性较小。

11.1.2.2 从业人员类型

台湾地区不动产经纪业所聘人员包括不动产经纪人及不动产经纪营业员两类，经纪人系经过台湾当局考试合格方能取得执业资格，且依法负签章之义务，且坊间每家房仲业者必须具备专任经纪人一名，营业处所经纪营业员数每逾 20 名时，应增设经纪人一人①。

① “不动产经纪业管理条例”第十一条。

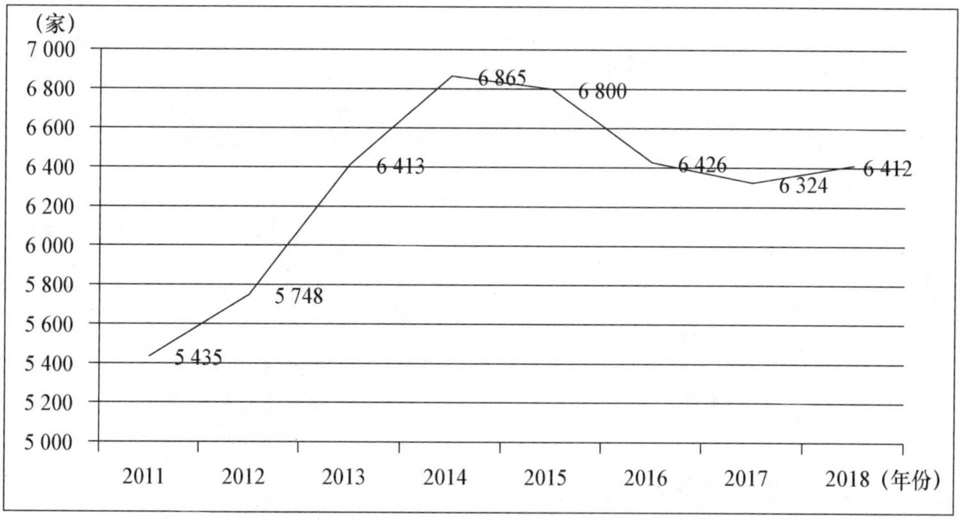

图 11-4　中国台湾地区 2011—2018 年 9 月经纪业设立备查数量

资料来源：https://pri.land.moi.gov.tw/realestate_query/.

11.1.3　台湾地区不动产经纪法律体系

本节将介绍台湾地区不动产经纪业基本规范，并讨论行业资格、从业人员相关法律和其他有关法律规范。

11.1.3.1　行业基本管理规范

1999 年公布的“不动产经纪业管理条例”是台湾地区不动产经纪业管理最基本之法条，“条例”第一条即开宗明义地表明其目的：“为管理不动产经纪业，建立不动产交易秩序，保障交易者权益，促进不动产交易市场健全发展，特制定本条例”。经纪业之管理，依该条例之规定；该条例未规定者，适用其他有关法律之规定，因此后续又颁发其他相关法令以形成完整配套。表 11-2 总结了台湾地区不动产经纪业行业管理规范。

表 11-2　台湾地区不动产经纪业行业管理规范

发布时间	名称	主要目的
1999 年 2 月 3 日	“不动产经纪业管理条例”	为不动产经纪业管理之“主法”
2000 年 4 月 19 日	“不动产经纪业管理条例施行细则”	依“条例”第三十九条细则需求规定订定之
2001 年 12 月 14 日	“不动产中介经纪业伦理规范”	主要订定经纪业于执行业务时，应恪遵之法令及规范
2000 年 12 月 28 日	“不动产代销经纪业伦理规范”	“不动产代销经纪商业同业公会台湾联合会”为建立不动产交易秩序，依“条例”第七条特别订定
2000 年 7 月 19 日	“不动产中介经纪业报酬计收标准规定”	记载不动产经纪业或经纪人员经营中介业务者有关收取报酬佣金之规定

续表

发布时间	名称	主要目的
2002年12月13日	"不动产经纪业业务检查及违法经营经纪业务查处注意事项"	为利市县执行不动产经纪业业务检查，及查明处理非经纪业而经营中介或代销业务者特订定该注意事项
2011年3月17日	"办理不动产经纪业广告查核作业注意事项"	为利市县执行查核不动产经纪业受托居间或代理销售（租赁）不动产之广告案件，以保护消费者权益，促进不动产交易安全，特订定该注意事项
2015年11月25日	"不动产说明书应记载及不得记载事项"	依"条例"第二十二条应由经纪人签章之文件里的不动产说明书之相关规范

11.1.3.2 从业单位管理规范

经营经纪业者，应向当局申请许可后，依法办理公司或商业登记；其经营境外不动产中介或代销业务者，应以公司型态组织依法办理登记为限。前项申请许可之事项及其应备文件，由台湾当局定之。经纪业分设营业处所，应向市或县政府申请备查。表 11-3 为台湾地区不动产经纪业从业资格管理规范。

表 11-3 台湾地区不动产经纪业从业资格管理规范

发布时间	名称	主要目的
2000年3月10日	"不动产经纪业或经纪人员奖励办法"	依"条例"第二十八条，奖励经纪业或经纪人员之事项及机关特定之
2001年6月11日	"不动产经纪业营业保证金缴存或提供担保办法"	依"条例"第七条提及应缴之营业保证金及缴存或提供担保之办法，而由台湾当局定之
2001年6月12日	"不动产经纪业营业保证基金管理委员会组织及基金管理办法"	依"条例"第八条营业保证基金之管理中，"基金管理委员会"之组织及基金管理办法由台湾当局定之
2010年12月24日	"优良不动产经纪业认证作业要点"	为鼓励不动产经纪业提升经营及服务质量，推行优良不动产经纪业认证及发给认证标章作业，以保障消费者权益
2011年3月8日	"优良不动产经纪业认证收费标准"	依"规费法"第十条第一项规定订定之
2011年1月21日	"优良不动产经纪业认证审议小组设置要点"	为审议优良不动产经纪业认证相关事项作业，特设"优良不动产经纪业认证审议小组"
2006年6月20日	"不动产经纪业经营许可与备查事宜"	不动产经纪业申请许可审查须知、申请书之相关规范

11.1.3.3 从业人员管理规范

基于"条例"第三章中关于经纪人员之相关及补充法律，台湾地区不动产经纪业主要从业人员包括不动产经纪人及不动产经纪营业员，表 11-4 为台湾地区不动产经纪业从业人员管理规范。

表 11－4 台湾地区不动产经纪业从业人员管理规范

发布时间	名称	主要目的
2000 年 7 月 12 日	“不动产经纪人员奖惩委员会组织规程”	依“条例”第三十三条，经纪人员奖惩之办理、奖惩委员会之组织，由台湾当局定之
2000 年 11 月 29 日	“不动产经纪人专业训练机构团体认可办法”	依“条例”第十五条机构、团体应具备之资格、认可程序、训练课程范围及废止认可条件等事项之办法，由台湾当局定之
2001 年 2 月 28 日	“不动产经纪营业员专业训练机构团体认可办法”	依“条例”第十三条经纪营业员之训练资格、课程、收费费额及其他应遵行事项之办法，由台湾当局定之
1999 年 10 月 20 日	“不动产经纪营业员测定办法”（已废除）	现由“不动产经纪营业员专业训练机构团体认可办法”替代
2006 年 5 月 29 日	“不动产经纪人证书费收费标准”	依“条例”第三十八条之一及“规费法”第十条第一项规定订定之
2007 年 7 月 5 日	“不动产经纪营业员登录及证明收费标准”	依“条例”第十三条第四项及“规费法”第十条第一项规定订定之

11.1.3.4 其他相关管理规范

“条例”的设计，必须配合既定的相关法令。举例来说，在公司登记以及纠纷处理方面，经纪业必须依照“条例”以及“公司法”、“商业登记法”的配套，通过“登记”管理经纪业；“公平交易委员会”也常引用“公平交易法”对经纪业加以处分，而“消费者保护法”规范无过失责任、定型化契约以及广告内容。各项法律的搭配使得“条例”更加完备（见表 11－5）。

表 11－5 台湾地区不动产经纪业其他相关管理规范

发布时间	名称	主要目的
1994 年 1 月 11 日	“消费者保护法”	为保护消费者权益，促进消费生活安全，提升消费生活质量，特制定本法
1994 年 11 月 2 日	“消费者保护法施行细则”	“消费者保护法”之施行细则
1991 年 2 月 4 日	“公平交易法”	为维护交易秩序与消费者利益，确保公平竞争，促进经济之安定与繁荣，特制定本法
1992 年 6 月 24 日	“公平交易法施行细则”	“公平交易法”之施行细则
2001 年 5 月 22 日	“公平交易委员会对于不动产经纪业之规范说明”	为使不动产经纪业者均能秉持信息透明及信实服务所订之行业规范，能消弭交易纠纷，有益不动产经纪业之发展
2002 年 12 月 30 日	“公平交易委员会对于不动产经纪业实施联卖制度之规范说明”	汇整分析“不动产经纪业者实施联卖制度”可能涉及违反公平交易法之行为态样，依自由进出原则、禁止相互约束原则及透明化原则，研订本规范说明
1993 年 6 月 16 日	“公平交易委员会对于同业公会之规范说明”	为使“同业公会”了解“公平交易法”之有关规定俾利遵循外，同时作为本会处理相关案件之参考

续表

发布时间	名称	主要目的
1999年6月2日	“公平交易委员会对于加盟业主经营行为之规范说明”	为维护连锁加盟之交易秩序、确保加盟事业之公平竞争，爰汇整及分析加盟业主可能涉及公平交易法之行为态样，研订本规范说明
2002年11月6日	“公平交易委员会对于预售屋销售行为之规范说明”	为维护交易秩序与消费者利益，爰汇整分析建筑开发业者可能涉及违反公平交易法之行为态样，订定本规范说明，俾使相关业者知所行止，同时作为本会今后处理相关案件之参考
2006年8月9日	“公平交易委员会对于不动产广告案件之处理原则”	为维护交易秩序，保障消费者权益，避免不动产业以不当广告行为误导交易相对人并形成不公平竞争，特订定本处理原则

总的来说，“不动产经纪业管理条例”“公平交易法”“消费者保护法”“不动产中介经纪伦理规范”“代销业伦理规范”“全联会章程”建构起消费者纠纷处理程序的六大防护网，规范了房地产经纪行业与公会行为，也为消费者争取权益提供了法源依据。

11.2 中国台湾地区房地产经纪基本制度

“不动产经纪业管理条例”的颁布确立了台湾地区不动产经纪业管理的基本，并透过上述相关法律之补充延伸，形成诸多制度规范、管理特色，详述如下：

11.2.1 执业资格与教育训练制度

证照是执业前提，并要求定期换证，借以确保经纪从业人员之专业知识，是不动产经纪业管理条例之重大特色之一。经纪业不得雇用不具备经纪人员资格者从事中介或代销业务。

1. 积极要件

“条例”将经纪人员区分为经纪人以及经纪营业员两级。经纪人的职务为执行中介或代销业务，经纪营业员的职务为协助经纪人执行中介或代销业务。

(1) 经纪人的积极要件。一是考试及格，经不动产经纪人考试合格并领有不动产经纪人证书者，才可担任，经不动产经纪人考试合格并领有不动产经纪人证书者，才可担任不动产经纪人，以具备专业知识引导消费者正确交易。二是实务经验，这是基于房地产的独特性与区域市场差异化，因此即使经不动产经纪人考试合格，还应具备1年以上经纪营业员经验，始得向市或县请领经纪人证书。三是训练换证，基于不动产知识日新月异，故在参考美、日之证照更新制度后规定，经纪人证书有效期限为4年，期满时，经纪人应检附其于4年内在台湾当局认可之“机构”“团体”完成专业训练30个小时以上的证明文件，在市或县办理换证。

(2) 经纪营业员的积极要件。第一，训练合格或具经纪人考试资格，要件有三项：一是在经台湾当局或其认可之“机构”“团体”举办不动产经纪营业员训练合格；二是已通过不动产经纪人之考试；三是向台湾当局指定之“机构”“团体”登录及领有不动产经纪营业员证明。第二，训练换证，为确保素质提升，经纪营业员训练不得少于 30 个小时，其证明有效期限为 4 年，期满时，经纪营业员应检附完成训练 20 个小时以上之证明文件，向台湾当局指定之“机构”“团体”重新办理登录。

2. **消极要件**

有下列情形之一者，不得充任经纪人员，已充任者，应撤销或废止其证书或证明：

一是无行为能力或限制行为能力者；二是受破产宣告尚未复权者，在还未依法清偿或其他方法解免其全部债务，并向法院提出解除破产宣告复权之前，或在破产终结 3 年后、协调履行后，还未提出解除破产宣告复权之前，该债务人不得从事经纪工作；三是特定犯罪，严格禁止曾犯下诈欺、背信、侵占罪、性侵害罪行的人担任经纪工作；四是感训处分，依法被认定具黑道背景者，不宜从事经纪业；五是撤销或废止许可，经纪人员因收取差价或其他报酬，处停止执行业务处分尚未执行完毕，或废止经纪人员证书或证明处分未满 5 年者，不宜从事经纪业。

11.2.2　佣金制度

为导正过去台湾地区房仲业者收取不当服务报酬的行为，维护交易当事人权益，台湾于 2000 年订颁“不动产中介经纪业报酬计收标准规定”。依照该规定，房仲业者或经纪人员向买卖一方或双方收取服务报酬总额合计不得超过该不动产实际成交价金的 6%，而这 6%并非固定收费比率，而是上限，房仲业者或经纪人员应依个案状况就其收费标准妥否向消费者说明，且不得有联合垄断、欺罔或显失公平之行为，违反此规定者，其已收取之差价或其他报酬，应于加计利息后加倍返还支付人，并将所欲收取报酬标准及买卖或租赁一方或双方之比率，记载于房地产委托销售契约书、要约书，或租赁委托契约书、要约书，俾使买卖或租赁双方事先充分了解。

11.2.3　“业必归会”制度

依“条例”规定，经纪业经许可，办妥公司登记或商业登记，并加入登记所在地之“同业公会”后方得营业，也就是说“同业公会”为台湾地区经纪业成立之必要条件，并经纪业得视业务性质并经核准后，分别组织中介经纪业或代销经纪业“同业公会”，目前，台湾地区设有“不动产中介经纪商业同业公会台湾联合会”，并各县市也有其公会，如“台北市不动产中介经纪商业同业公会”“高雄市不动产中介经纪商业同业公会”等，共计 20 家“同业公会”。

以“不动产中介经纪商业同业公会台湾联合会”为例，其会费有二：一是会员入会时，一次缴纳入会费新台币 10 万元；二为常年会费与会员代表会费：会员常年会费每年应缴新台币 10 万元整；会员代表会费每名每年应缴新台币 5 000 元整，并由会员公会负责缴纳。

总结来说，“同业公会”最重要的功能，除了如前述建立行业与台湾当局良好沟通协调机制、完善行业规则外，更重要的是彰显“人必归业、业必归会”制度，经纪业须加入登记所在地的“同业公会”后方得营业，并应于6个月内开始营业，且公会对经纪业通过加入权进行约束，地方公会约束经纪业的加入权，“联合会”约束地方公会的加入权，一旦会员违反了“地方公会”或“联合会”的章程而被退会，经纪业将不得再执业，最后，各分会有权依“全联会”及本会订定之对非法经纪业及人员检举奖励办法，主动积极配合当局清查不法经纪业者，以最终确保房地产经纪业者及消费者权益，并建立现代化不动产经纪人与信息流通制度，增进业界繁荣，开拓交流并协调有关部门机构拟定不动产之政策法令，协助立法及法令推行。

11.2.4 公示制度

台湾地区设立经纪业信息公示制度，其中包含两项主要公示办法。

第一，经纪业的公示，应将其中介或代销经纪业相关证照及许可文件连同经纪人证书公示于营业处所明显之处，便利主管机关查核以及民众辨识。而加盟的经纪业，也同样必须要于明显之处公示其为加盟店字样，包括在广告及名片等明显处。

第二，建立不动产经纪业信息系统，由于不动产交易过程牵涉之法令甚多，为避免民众受骗，方便民众辨识合法业者，由台湾相关主管部门及“不动产中介经纪商业同业公会全联会”共同建制信息平台，民众可通过台湾相关主管部门网站查询合法业者信息（http://pri.land.moi.gov.tw/query/），系统内提供已向主管机关申请设立备查之业者信息，并设置不动产业者地图式查询系统，提供查询合法之不动产经纪业者、地政士及不动产估价师，另也可查询优良不动产经纪人员、地政士及不动产估价师。

此外，订立“不动产经纪业业务检查及违法经营经纪业务查处注意事项”，主管机关得执行经纪业业务检查及查处违法经营经纪业务者，组成业务检查小组，其成员包括地政、商业管理及政风等单位人员，并得由地政单位选任1人为领队。必要时得请洽台湾当局所属相关单位、消费者保护官、所在地不动产中介或“代销经纪商业同业公会”协助，以查明处理非经纪业而经营中介或代销业务者，或无依法登记之业者，以促进不动产交易市场健全发展。

11.2.5 评奖制度：金仲奖

为表扬杰出不动产经纪业及不动产经纪营业人员刻苦、坚毅、淬砺奋发之工作精神，并提升台湾地区不动产经纪业及不动产经纪营业人员服务质量，导正不动产交易风气，台湾地区借由一年一度的“金仲奖”颁奖活动表扬楷模、树立典范，让不动产经纪业及不动产经纪人员交相竞逐，截至2019年已举办20届。

“金仲奖”颁奖活动由“不动产中介经纪商业同业公会台湾联合会”主办，并设立不动产经纪业组、经纪人组、经纪营业员组三个组别进行评选，从各县市公会推荐的“金仲奖”楷模名单中进行评选。以2019年第20届为例，评选出不动产经纪业组10家、经纪人组及经纪营业员组各15名入围评审团大奖，再经决选选出各组5个名额参加评审团大奖，是由主管机关、产业代表、专家、学者、当地主管部门担任评审团评审委员评定之，主要评选标准为从业资料、奋斗历程（成功方法及途径等）、具体服务事迹，于当场机智对答。获奖之经纪人员将受公开表扬，并对外公告优秀经纪人员之名单，鼓励民众选择高质量之经纪人员，进而造福消费大众、维护不动产交易之安全与品质。

11.2.6　营业保证金制度

不动产经纪业应于加入登记所在地之“同业公会”之前，其经营中介业务者，向台湾地区“不动产中介经纪商业同业公会台湾联合会”缴存营业保证金；其经营代销业务者，向台湾地区“不动产代销经纪商业同业公会全联合会”缴存营业保证金；其同时经营中介及代销业务者，得择一为缴存对象。经纪业依下列规定，缴存营业保证金，但最高不得超过新台币 1 000 万元：

（1）经纪业设置营业处所在五处以下者，每一营业处所缴存新台币 25 万元，逾 5 处营业处所者，每增加一营业处所，增缴新台币 10 万元。

（2）每一营业处所所置经纪人人数逾 5 人者，每增加一人，增缴新台币 3 万元。

若经纪业因新增营业处所或经纪人，致已缴存之营业保证金低于规定数额，则需依规定补足营业保证金，营业保证金具附随性，经纪业变更组织，如独资商号改为合伙商号，抑或有限公司改为股份有限公司，其所缴存营业保证金的权利将随之移转。若经纪业因申请解散，得自核准注销营业之日满一年后的两年内，请求退还原缴存之营业保证金，但不包括营业保证金之利息，而该利息将由全联会用于健全不动产经纪制度。

当经纪业以及经纪人员因债务不履行或侵权行为负有损害赔偿责任时，受有损害之人得向“不动产中介经纪商业同业公会台湾联合会”请求以经纪业所缴存之营业保证金代为赔偿。营业保证金具独立性，不因经纪业或经纪人员之债务债权关系而为让与、扣押、抵销或设定负担。总结来说，营业保证金可动用的时机有三，分别是健全不动产经纪制度、代为损害赔偿以及经纪业申请解散时退还。

11.2.7　服务规范制度

“条例”规范了经纪业者的主要服务规范与义务，如下：

1. 雇用受限之义务

经纪业仅得雇用具备经纪人员资格者从事中介或代销业务，且其各营业处所至少应置经纪人一人。

2. 签章义务

对于房地产交易，如委由经纪业，下列文件应由经纪业指派经纪人签章：（1）不动产出租、出售委托契约书；（2）不动产承租、承购要约书；（3）定金收据；（4）不动产广告稿；（5）不动产说明书；（6）不动产租赁、买卖契约书。

3. 使用不动产说明书解说及交付

为了保障消费者权益，使不动产之信息公开并且书面化，经纪人员在执行业务过程中，应以不动产说明书向与委托人交易之相对人（若为委托销售，相对人即为买方）解说。而当双方当事人签订租赁或买卖契约书时，经纪人应将不动产说明书交付与委托人交易之相对人。“条例”第二项进一步要求，在不动产说明书提供解说前，须经委托人签章，若委托人拒绝签章，经纪业不得接受其委托。而在双方当事人签订租赁或买卖契约书时，交易之相对人亦有在不动产说明书上签章之义务。

4. **保密义务**

经纪人员对于因业务知悉或持有之他人秘密，不得无故泄露。对于无故或有故之判断，最简易的解释即为是否有正当理由，所以对于是否为凶宅之信息，经纪人员不负有保密义务。

5. **容忍检查义务**

主管机关得查询或取阅经纪业执行业务有关记录及文件，经纪业不得拒绝，并得限期令所辖区域内之经纪业及外县市经纪业于所辖区域内设立的营业处所，提出申请书一式两份、公司或商业登记证明文件复印件、营业保证金缴存证明复印件、“同业公会”会员证明复印件、不动产经纪人员名册及其证书复印件以及其他业务执行之相关数据、说明书，经纪业不得规避、妨碍或拒绝。为避免扰民，“不动产经纪业管理条例施行细则”要求，经纪业执行业务过程，应记录其办理情形。

6. **赔偿责任**

原来不动产经纪人造成委托人的损害，委托人只能通过民法的规定予以救济，“条例”则明确制定相关特别规定，保障委托人的权益。损害赔偿分为连带损害赔偿与营业保证金代为赔偿。

连带损害赔偿责任。因可归责于经纪业的事由不能履行委托契约，致委托人受损害时，由该经纪业负损害赔偿责任。而因经纪人员因故意或过失致交易当事人受损害者，该经纪业应与经纪人员负连带损害赔偿责任，加重经纪业者的责任，因不动产经纪业或不动产经纪人员执行业务致交易当事人损失，经仲裁或基金管理委员会决议后，受害人得于该经纪业缴存的营业保证金提供担保的总额内，向不动产中介经纪业或“不动产代销经纪业同业公会台湾联合会”请求代为赔偿。

知识链接 11-1

不动产说明书

为促进不动产合理交易，推出不动产说明书制度，提供成交行情，让买卖双方阅读同一份信息，杜绝不肖房仲业者对卖方提供筛选过的偏低行情用以议价，对买方提供偏高行情以吊价之荒谬行径，避免误导消费者，以确立经纪人公正客观立场。

土地之应记载事项

1. 土地坐落、基地面积、权利范围、地籍图等。
2. 权利种类：所有权、他项权利、信托登记。
3. 所有权人或他项权利人。
4. 现况是否有依惯例使用、有无共有人分管协议，供公众通行之私有道路。
5. 有无出租、出借或占用、被占用情形。
6. 有无供公众通行之私有道路。

7. 土地使用管制内容：土地使用分区、是否属不得兴建农舍及应叙明之事项。

8. 土地权利登记状态：有无他项权利之设定情形，或是限制登记、信托登记等情形。

9. 重要交易条件：交易种类、交易价金、付款方式、应纳税费项目、规费项目及负担方式。

10. 其他重要事项：外围环境、是否已办理地籍重测、有无越界建筑、公告征收、公共基础设施等。

成屋之应记载事项

1. 建筑改良物标示：权利范围、坐落、建号、门牌、面积、建筑完成日期、建物改良用途、信托登记及其他注记事项。

2. 目前管理使用情况：是否有住户规约、共享部分有无分管协议及其协议内容、水电瓦斯供应情形、有无出租或占用情形、建物目前作住宅使用是否位于工业区或不得作住宅使用之商业区或其他分区，房屋有无施作夹层等。

3. 建筑改良物有无他项权利设定情形、信托登记，以及限制登记。

4. 建筑改良物瑕疵情形。

5. 重要交易条件：交易种类、交易价金、付款方式、应纳税额、规费项目及负担方式、卖方是否有附赠买方设备。

6. 停车位记载情形：有无办理登记、使用约定、平面式或机械式车位、车位编号。

资料来源："中国台湾地区不动产说明书应记载及不得记载事项"。

11.2.8　禁止行为制度

1. 专任义务及竞业禁止义务

经纪人员只能专任一个经纪业，不得为自己或其他经纪业执行中介或代销业务，因为若经纪人员于多间经纪业任职，消费者难以辨识其所代表之经纪业，应由何经纪业所缴存的营业保证金负代偿之责易产生争议，此外，也为避免经纪人员利用机密资源在各经纪业之间为自己或其他经纪业谋利。但经所属经纪业同意为他经纪业执行业务者，不在此限。

2. 不实或引人错误广告与标示

广告宣传规范原来在"公平交易法"以及"消费者保护法"已有相应的规定，"条例"颁布时也进一步规范。这些法令均要求经纪业之广告及销售内容，应与事实相符，并注明经纪业名称，而为避免经纪业以夸大不实广告欺瞒消费者，当经纪业之广告及销售内容与事实不符时，应负损害赔偿之责任。此外，"公平交易法"更规范了广告代理业在明知或可得知情形下，仍制作或设计有错误引导之广告，与广告主负连带损害赔偿责任；广告媒体业在明知或可得知其所传播或刊载之广告有错误引导之虞时，仍予传播或刊载，亦予传播或刊载，亦与广告主负连带损害赔偿责任。

3. 禁止赚取差价

对不动产市场来说，必须要有足够之市场信息以及充分之竞争，消费者才不会当冤大头，但不动产之信息公开以及健全估价制度的难度大于限制不动产经纪业赚取差价，所以必须采取禁止赚取差价此种治标不治本的方式。禁止赚取差价的理由，由“不动产经纪业管理条例”第一条的立法意旨可知，是为维持不动产的交易秩序，即促进不动产交易价格的稳定。因此“条例”规定，若经纪业或经纪人员收取差价或其他报酬的话，应将其已收取之差价或其他报酬，加计利息后加倍返还支付人。台湾当局亦基于此，发布了不动产经纪业报酬计收标准的“上限”，规定其向买卖或租赁之一方或双方收取报酬之总额合计不得超过该不动产实际成交价金6%或一个半月之租金。

4. **联合行为**

“公平交易法”对联合行为之规范，系“原则禁止、例外许可”，其中，禁止行为是指事业以契约、协议或其他方式之合意，与有竞争关系之他事业共同决定商品或服务之价格，或限制数量、技术、产品、设备、交易对象、交易地区等，相互约束事业活动之行为而言。许可行为包括：促进事业合理经营，商品市场价格低于平均生产成本而难以继续维持或生产过剩，增进中小企业之经营效率等。

5. **影响交易秩序之欺罔或显失公平行为**

从事房屋中介交易时，以欺罔手段赚取差价，足以影响交易秩序，将处以新台币20万元的罚款。案例包括：(1) 中介因于广播、电视及车厢广告，刊播“永庆房屋领先信义房屋一分钟”等系列广告，被依法要求其立即停止该违法行为；(2) 中介于从事房屋中介交易，提出斡旋金要求时，未同时告知购屋人斡旋金与台湾当局版“要约书”之区别及其替代关系，足以影响交易秩序之欺罔行为，处以新台币25万元罚款；(3) 中介于报纸广告上，就其所提供中介服务之建物内容为虚伪不实及错误引导之表示，被依法要求应立即停止该违法行为，并处以新台币5万元罚款。

11.3 中国台湾地区不动产经纪行业之基本经验

11.3.1 中国台湾地区经纪行业的正向影响与不足

“条例”正式施行后，中国台湾地区的房地产经纪行业管理真正进入“人必归业、业必归会”的管理制度，公会被无形之中赋予更大的约束权力。

11.3.1.1 建立房地产交易市场机制

机制一：淘汰不良经纪业，建立专业证照制度。有犯罪前科的人不能申请经营经纪业，有助于维持房地产经纪行业的良好信誉与道德水平。另外，“业必归会”及“保证金缴交”的规定，加重了房地产经纪业的经营成本，促进小型的房地产经纪公司退出市场或是兼并整合，有利于市场竞争。

机制二：加重行业的责任义务，搭建起良性的同业竞争制度。通过对各项业务加以规范，对大多数的房地产经纪业与经纪人员产生实质的约束力。而经纪业之间、经纪人员之间的竞争，通过公会管理与举报制度的建立，能够相互制衡竞争，建立起一套良性的行业竞争制度。

机制三："人必归业、业必归会"。房地产经纪人员应专门任职于一家房地产经纪业，即"人必归业"；经纪业应加入"同业公会"，并通过公会组织强化管理，即"业必归会"。"同业公会"对于房地产市场动态的掌握及经纪业者的营运模式均能充分了解，故可协助政府管理行业，让经纪业得以整合强化自身的素质与自我管理能力，以有效地提供客户所需要的服务，并让以往通过"借牌、靠行"的方式非法营业的小型房地产经纪公司受到公会的约束。

11.3.1.2　部分行业行为及行业设置规定仍难以管理

1. 开发商自建自售的行为，未予规范

"条例"针对开发商自建自售，或是土地所有权人以自有土地自建自售等这两类对象仍未纳入管理，这也表明，自建自售的建案，其售屋人员不须经过不动产经纪人考试，即可进行房地产销售工作。消费者一旦买到有瑕疵的房地产，将可能求偿无门，也没有可规范的行业基金能够补偿。

2. 对于房地产营销与广告业务分别委托的情事无法管理

房地产经纪业负责销售住宅，广告业负责编辑与刊登广告，两者所提供的销售房屋信息应当一致。然而，当"条例"继续允许开发商分别委托，则一旦广告业广告不实，房地产经纪业是否应负责任，实有疑义。

关于经纪业设立的营业处所至少应置经纪人一人的规定，在实务上难以察查。立意良好，然而"条例"并未规定如何建立检查机制，如检查的机构、人力设置、资金来源等，这使得相关规定难以落实，针对借牌、挂靠的情形，只交由公会自我约束的做法不够积极。

11.3.2　对其他地区房地产经纪业的启示与借鉴

1. 对经纪从业者的要求

(1) 强制要求加入行业协会。可要求经纪业在经主管机关之许可、办妥公司登记或商业登记后，以及从业人员取得职业资格后，加入企业所在地的房地产经纪（中介）协会，以真正彰显行业协会的功能。

(2) 可规定取得职业资格的人员接受一段时间的训练。要求房地产经纪人考试及格后，还应具备一年以上经纪人协理经验，才能领取房地产经纪人证书。中国大陆地区的房地产经纪人职业资格制度以大学学历（学位）证书为报考房地产经纪人的资格条件。

(3) 可区分房地产经纪人和协理办理延续注册的方式。可要求房地产经纪人在注册期满时，提供完成的继续教育证明文件，且继续教育时数应较经纪人协理更长，彰显经纪人工作所需要的较高专业性。

(4) 可再细化对经纪专业人员申请资格的约束条件。对于经纪专业人员，存在无行为能力或限制行为能力、已破产、犯诈欺、信用欺诈、侵占罪、性侵害犯罪等情形时，应规定其不得从事房地产经纪业。

2. **对经纪行业的要求**

（1）强制建立营业保证金制度。可要求房地产经纪机构在完成工商营业登记后，向房地产经纪（中介）行业协会缴存营业保证金，房地产交易当事人受到损害时，可以请求以经纪业所缴存之营业保证金代为赔偿；也可利用营业保证金所生的利息健全房地产经纪制度，保障受到损害的消费者的合法权益。

（2）可将房地产经纪机构规范区分为直营与加盟。加盟经营者是以契约约定使用他方所发展之服务、营运方式、商标或服务标志等，并受其规范或监督，但直营体系对房地产经纪专业人员素质的要求较为严格，也强调房地产经纪专业人员的再教育，建立了较佳的商誉，因此相较而言，加盟经营对消费者保障较为不足，故可要求房地产加盟经营者在门店招牌、广告及从业人员名片等明显处，标明加盟店或加盟经营字样。

3. **对法律相关规范的改进**

（1）可再细化对于房地产经纪业及人员的处罚规定。对应受罚款的违法违规行为以及惩戒措施加以分级，加大处罚的力度。

（2）可完善消费者保护及房地产经纪专业人员道德约束的配套法令。可在法令中增加关于消费者保护的内容，要求公平交易，以防止消费者在房地产交易过程中受到损害，并补救和赔偿其所受到的损害。

本章小结

1. 中国台湾不动产经纪业如今发展平稳，进入不动产经纪业的成熟期。其中，以中国台湾地区六市（县）最活跃，包含台北市、新北市、桃园市、台中市、台南市以及高雄市。

2. 中国台湾地区不动产经纪业主要通过“不动产经纪业管理条例”规范，辅以“公平交易法”“消费者保护法”等配套法源，并由台湾当局统一管理，强调“同业公会”的重要性。整体来说，法律规范，职责划分明确，配套法律完善。

3. 中国台湾地区经纪机构开业规定明确，有“营业保证基金”“同业公会”等特色，其中经纪人员与经纪营业员需要经过证照考试，还要受训，以确保素质得以执业，并有多项义务与责任。

关键术语

“营业保证基金”　“同业公会”　不动产说明书　“不动产经纪业管理条例”　不动产经纪人　不动产经纪营业员　直营店　加盟店　“消费者保护法”　“公平交易法”

复习思考题

1. 分析中国台湾地区房地产经纪业可供借鉴参考之处。

2. 比较台湾地区与大陆房地产经纪业的异同。

3. 试讨论不动产说明书的特征、优点，以及可能产生的问题。

4. 试说明在中国台湾地区从事不动产经纪业，在向主管机关申请不动产经纪业开业时，应符合哪些要件?

5. 假如台湾地区的不动产经纪人员甲某为增加业绩以提高收入，分别于A、B两家经纪业营业处所任职，此种情形是否符合台湾地区“不动产经纪业管理条例”规定？若否，试论述背后可能发生的问题与原因。

参考文献

[1] 谢吉钦．不动产服务制度之研究．台湾政治大学暨私立地政研究所合办地政研究所硕士论文，1977.

[2] 来璋．中国台湾当前房地产中介问题之探讨．理论与政策，1991，4(2).

[3] 简佩如．不动产中介法律问题之研究．台湾政治大学法律学研究所硕士论文，2004.

图书在版编目（CIP）数据

房地产经纪理论与实务/张秀智等著. --北京：中国人民大学出版社，2021.9
新编21世纪房地产系列教材
ISBN 978-7-300-29815-3

Ⅰ.①房… Ⅱ.①张… Ⅲ.①房地产业-经纪人-中国-高等学校-教材 Ⅳ.①F299.233.55

中国版本图书馆CIP数据核字（2021）第174095号

新编21世纪房地产系列教材
房地产经纪理论与实务
张秀智　黄　英　曹伊清　等　著
Fangdichan Jingji Lilun yu Shiwu

出版发行	中国人民大学出版社		
社　　址	北京中关村大街31号	**邮政编码**	100080
电　　话	010－62511242（总编室）		010－62511770（质管部）
	010－82501766（邮购部）		010－62514148（门市部）
	010－62515195（发行公司）		010－62515275（盗版举报）
网　　址	http://www.crup.com.cn		
经　　销	新华书店		
印　　刷	天津鑫丰华印务有限公司		
规　　格	185 mm×260 mm　16开本	**版　　次**	2020年9月第1版
印　　张	14.75 插页1	**印　　次**	2021年9月第1次印刷
字　　数	341 000	**定　　价**	45.00元

教学支持说明

（教学课件）

中国人民大学出版社政治与公共管理出版分社秉承"出教材学术精品，育人文社科英才"的出版宗旨，多年来，出版了大批高质量的公共管理、教育学、政治学、政治理论公共课教材和学术著作。

我们为本教材制作了相应的 PPT 教学课件，任何一位采用本书作为授课教材的教师均可免费获得该课件。为了确保该课件仅为授课教师获得，烦请您填写如下材料，并将相关信息通过 E-mail 发送给我们，我们将在收到相关信息后通过 E-mail 给您发送该课件。欢迎您加入我们的 QQ 群（全国政管教师交流群，群号为 236159213），或登录我社官方网站（www. crup. com. cn），注册并认证成为教师会员，以获得更好的服务。

我们的联系方式：

地址：（100872）北京市中关村大街甲 59 号文化大厦 1202 室

中国人民大学出版社政治与公共管理出版分社

电话：（010）82502724　62514775（传真）

E-mail：ggglcbfs@vip. 163. com

QQ 群：236159213

兹证明＿＿＿＿＿＿大学/学院＿＿＿＿＿院/系＿＿＿＿＿专业＿＿＿＿＿学年第＿＿＿＿＿学期开设的＿＿＿＿＿＿＿＿课程，采用中国人民大学出版社出版的＿＿＿＿＿＿＿＿＿＿＿＿＿＿＿＿＿（书名、作者）作为本课程教材。授课教师为＿＿＿＿＿＿，授课班级共＿＿＿＿个、学生＿＿＿＿人。授课教师需要与本书配套的教学课件。

联 系 人：＿＿＿＿＿＿＿＿＿＿＿＿

通信地址：＿＿＿＿＿＿＿＿＿＿＿＿

邮　　编：＿＿＿＿＿＿＿＿＿＿＿＿

电　　话：＿＿＿＿＿＿＿＿＿＿＿＿

E-mail：＿＿＿＿＿＿＿＿＿＿＿＿＿

系/院主任：＿＿＿＿＿＿（签字）

（系/院办公室章）

＿＿＿＿年＿＿＿月＿＿＿日